高等学校水土保持与荒漠化防治专业教材

水土保持与荒漠化防治专业实习实训

陈奇伯　王克勤　主编

中国林业出版社

内容简介

水土保持与荒漠化防治专业学生的实训锻炼和实践应用能力是培养应用型人才的关键环节。本教材对水土保持与荒漠化防治专业各门专业课程的实习目的、实习内容、实习要求、实训手段进行了系统阐述。内容主要包括：《土壤侵蚀原理》课程实习，《水文与水资源学》课程实习，《林业生态工程学》课程设计，《水土保持工程学》课程设计，《荒漠化防治工程学》课程实习，《风沙物理学》课程实习，《水工钢筋混凝土与砌体结构》课程设计，《农田水利学》课程设计，《水土保持规划》课程设计，《水土保持方案编制》课程设计，《环境影响评价》课程设计，《水土保持CAD制图》课程设计，《水土保持地理信息系统》课程实习，《专业综合实习》，《毕业实习与毕业论文》。

本教材的特点，一是按课程分类，依照课程内容和特点安排专业课程的实习实训内容和要求；二是实习实训内容具体、要求明确、利于操作；三是紧密结合生产实际，应用性强，实习实训内容都是目前水土保持与荒漠化防治学科和行业领域在生产实践中应用最多最广的典型范例。

本教材适用于水土保持与荒漠化防治专业本科生实习实训使用，也可供相关专业学生和相关从业人员参考学习。

图书在版编目（CIP）数据

水土保持与荒漠化防治专业实习实训/陈奇伯，王克勤主编．—北京：中国林业出版社，2012.4
（2023.2 重印）

高等学校水土保持与荒漠化防治专业教材

ISBN 978-7-5038-6560-2

Ⅰ．①水… Ⅱ．①陈…②王… Ⅲ．①水土保持—高等学校—教材②沙漠化—防治—高等学校—教材 Ⅳ．①S157②P941.73

中国版本图书馆 CIP 数据核字（2012）第 084229 号

审图号：GS京（2022）1064号

中国林业出版社·教育分社

策划、责任编辑：肖基浒　　　　　　　　电　　话：（010）83143555

出版发行	中国林业出版社（100009　北京市西城区德内大街刘海胡同7号） E-mail：jiaocaipublic@163.com　电话：（010）83143500 Http：//www.forestry.gov.cn/lycb.html
经　销	新华书店
印　刷	三河市祥达印刷包装有限公司
版　次	2012年4月第1版
印　次	2023年2月第2次
开　本	850mm×1168mm　1/16
印　张	14.5
字　数	326千字
定　价	42.00元

未经许可，不得以任何方式复制或抄袭本书之部分或全部内容。

版权所有　侵权必究

《水土保持与荒漠化防治专业实习实训》编写人员

主　编：陈奇伯　王克勤

编　委（以姓氏笔画为序）

　　　　马建刚（西南林业大学）
　　　　王　立（甘肃农业大学）
　　　　王　妍（西南林业大学）
　　　　王　蕙（甘肃农业大学）
　　　　王克勤（西南林业大学）
　　　　卢炜丽（西南林业大学）
　　　　齐　实（北京林业大学）
　　　　齐丹卉（西南林业大学）
　　　　许　丽（内蒙古农业大学）
　　　　李小英（西南林业大学）
　　　　李艳梅（西南林业大学）
　　　　张玉珍（甘肃农业大学）
　　　　张光灿（山东农业大学）
　　　　宋维峰（西南林业大学）
　　　　陈奇伯（西南林业大学）
　　　　武淑文（西南林业大学）
　　　　胡兵辉（西南林业大学）
　　　　赵建民（西北农林科技大学）
　　　　夏红云（西南林业大学）
　　　　涂　璟（西南林业大学）
　　　　脱云飞（西南林业大学）
　　　　黄新会（西南林业大学）

主　审：张洪江（北京林业大学）

前　言

在我国经济社会发展的新阶段，水土保持的地位和内容发生了重大变化，水土保持工作领域进一步拓宽，开发建设项目水土保持、城市水土保持、生态清洁小流域建设和水土保持生态修复等已成为水土保持工作的新内容。水土保持与国家经济社会发展的关系也越来越密切，小康社会建设、新农村建设，资源节约型、环境友好型社会建设，生态文明建设都与水土保持密不可分。随着国家对开发建设项目造成水土流失防治的法规和政策进一步完善，水土保持与荒漠化防治专业学生的就业渠道不再局限于水利、林业、农业等部门，交通运输、工矿企业、水利水电、农林开发等行业和部门对水土保持专业人才的需求也越来越多，因此，培养适合新时期用人单位需求的复合型实用专业人才成为当务之急。《国家中长期教育改革和发展规划纲要》（2010～2020年）明确指出，"加强实验室、校内外实习基地、课程教材等基本建设；深化教学改革；强化实践教学环节"是今后高等教育发展中全面提高人才培养质量的重要内容。

水土保持是一门实践性、应用性很强的学科。长期以来，在水土保持与荒漠化防治本科专业学生的培养中，虽然各相关高校采取了多种行之有效的方法，增加了学生实践教学学时，开设了应用型课程的实习、课程设计等实践教学内容，但截至目前，还缺乏一套适合水土保持与荒漠化防治专业本科生特点，并与用人单位需求无缝链接的实践教学教材。本教材实习实训课程的选择，首先考虑了《水土保持与荒漠化防治专业建设规范》确定的必修课和选修课，考虑到水土保持制图与其他专业制图的差异以及水土保持地理信息系统的特点，增加了两门计算机类课程。另外，对专业综合实习、毕业实习与毕业论文主要提出了相关要求。《水土保持与荒漠化防治专业实习实训》按水土保持与荒漠化防治专业的专业课程分类，制定了各门专业课程的实习目的、实习内容、实训手段，并与生产实践紧密结合，通过野外实地调查，根据已获取的背景资料，以完成与生产实际水土保持各类项目报告内容基本一致的课程设计为出发点，如水土保持规划报告、开发建设项目水土保持方案报告、林业生态工程设计报告、环境影响评价报告等，目的在于培养学生将所学专业知识直接应用于生产实践的能力，缩短从学生到技术人员的过渡期。为此，西南林业大学在教育部"水土保持与荒漠化防治第一类特色专业建设"、云南省高等教育教学改革研究课题"环境生态类本科专业实践教学改革研究"、"云南省水土保持与荒漠化防治实验教学示范中心"、"云南省水土保持与荒漠化防治重点专业"、"云南省水土保持与荒漠化防治教学团队"、

"西南林业大学水土保持与荒漠化防治重点学科"、"西南林业大学生态学重点学科"等专业和学科建设项目共同支持下，联合具有丰富水土保持与荒漠化防治专业办学经验的北京林业大学、西北农林科技大学、山东农业大学、内蒙古农业大学和甘肃农业大学等兄弟院校同仁精诚合作、群策群力，经多次召开编委会会议讨论、修改和审订，共同完成了《水土保持与荒漠化防治专业实习实训》的编写。

全书共分15个实训，实训1为土壤侵蚀原理课程实习，实训2为水文与水资源学课程实习，实训3为林业生态工程学课程设计，实训4为水土保持工程学课程设计，实训5为荒漠化防治工程学课程实习，实训6为风沙物理学课程实习，实训7为水工钢筋混凝土与砌体结构课程设计，实训8为农田水利学课程设计，实训9为水土保持规划课程设计，实训10为水土保持方案编制课程设计，实训11为水土保持CAD制图课程设计，实训12为水土保持地理信息系统课程实习，实训13为环境影响评价课程设计，实训14为专业综合实习，实训15为毕业实习与毕业论文（设计）。全书突出课程实习与课程设计实训，专业综合实习强化专业知识的综合运行，毕业实习要求依托各级各类科研课题、社会服务项目在大学3年级提前选题并尽早介入开展工作。

本教材主编单位为西南林业大学，参编单位有北京林业大学、西北农林科技大学、西南林业大学、山东农业大学、内蒙古农业大学、甘肃农业大学。陈奇伯教授、王克勤教授任主编。各章编写者为：

实训1	卢炜丽	实训9	陈奇伯、齐实
实训2	黄新会、张玉珍	实训10	李艳梅
实训3	王克勤、涂璟、张光灿	实训11	夏红云
实训4	马建刚、王立	实训12	王妍
实训5	胡兵辉、赵建民	实训13	武淑文
实训6	王蕙	实训14	陈奇伯、李小英、宋维峰
实训7	脱云飞	实训15	齐丹卉
实训8	脱云飞、许丽		

全书最后由陈奇伯、王克勤修改定稿。北京林业大学张洪江教授为本书担当主审。

本书参考和引用了众多专家、学者和科研、规划设计单位的珍贵资料和研究成果，除注明出处的部分外，限于体例，未能一一说明。在此谨向有关作者和单位致以诚挚的谢意！中国林业出版社对本书出版给予了大力支持，在此表示衷心感谢！

由于编者水平有限，书中难免有不妥或疏漏之处，敬请广大读者和专家给予批评指正。

编　者

2011年5月

目 录

前 言

实训 1　土壤侵蚀原理课程实习 ·· 1
　1.1　实习目的 ·· 1
　1.2　实习内容 ·· 1
　　1.2.1　室内人工模拟降雨侵蚀 ·· 1
　　1.2.2　野外实习内容 ·· 1
　1.3　实习计划与安排 ·· 2
　　1.3.1　实习安排 ·· 2
　　1.3.2　考核办法 ·· 2
　1.4　实习操作方法 ·· 2
　　1.4.1　物品准备 ·· 2
　　1.4.2　实习操作设计 ·· 2
　　1.4.3　室内人工模拟降雨侵蚀实验的步骤 ·· 3
　　1.4.4　野外实习的方法 ·· 4
　1.5　实习报告要求 ·· 6
　　1.5.1　实习报告总体要求 ·· 6
　　1.5.2　实习报告正文要求 ·· 6

实训 2　水文与水资源学课程实习 ·· 7
　2.1　实习目的 ·· 7
　2.2　实习内容 ·· 7
　2.3　实习计划与安排 ·· 7
　　2.3.1　实习安排 ·· 7
　　2.3.2　考核办法 ·· 8
　2.4　观测方法 ·· 8
　　2.4.1　降水观测 ·· 8
　　2.4.2　蒸发观测 ·· 9
　　2.4.3　水深、流速、流量等的测量与计算 ·· 11
　2.5　水文资料整编 ·· 15

2.5.1　原始资料的审核 …………………………………………………… 15
　　2.5.2　河道流量资料整编 ………………………………………………… 16
2.6　水文资料参考 …………………………………………………………………… 18
　　2.6.1　插补水文资料 ………………………………………………………… 18
　　2.6.2　水位流量关系曲线的确定与延长水文资料 ……………………… 19
2.7　实习报告要求 …………………………………………………………………… 20
　　2.7.1　实习报告总体要求 …………………………………………………… 20
　　2.7.2　实习报告写作要求 …………………………………………………… 20

实训3　林业生态工程学课程设计 …………………………………………………… 22
3.1　实习目的 ………………………………………………………………………… 22
3.2　实习内容 ………………………………………………………………………… 22
　　3.2.1　野外考察实习 ………………………………………………………… 22
　　3.2.2　室内课程设计 ………………………………………………………… 22
3.3　实习计划与安排 ………………………………………………………………… 22
　　3.3.1　实习安排 ……………………………………………………………… 22
　　3.3.2　考核办法 ……………………………………………………………… 23
3.4　实习操作方法 …………………………………………………………………… 23
　　3.4.1　野外实习参观 ………………………………………………………… 23
　　3.4.2　林业生态工程体系的设计 …………………………………………… 24
3.5　课程设计背景资料 ……………………………………………………………… 24
　　3.5.1　自然概况 ……………………………………………………………… 24
　　3.5.2　社会经济状况 ………………………………………………………… 26
　　3.5.3　水土流失和水土保持现状 …………………………………………… 27
3.6　实习报告要求 …………………………………………………………………… 29

实训4　水土保持工程学课程设计 …………………………………………………… 31
4.1　实习目的 ………………………………………………………………………… 31
4.2　实习内容 ………………………………………………………………………… 31
　　4.2.1　拦砂坝设计 …………………………………………………………… 31
　　4.2.2　梯田设计 ……………………………………………………………… 31
4.3　实习计划与安排 ………………………………………………………………… 32
　　4.3.1　实习安排 ……………………………………………………………… 32
　　4.3.2　考核办法 ……………………………………………………………… 32
4.4　拦砂坝设计背景资料 …………………………………………………………… 32
　　4.4.1　地理位置及地形概况 ………………………………………………… 32
　　4.4.2　水文地质 ……………………………………………………………… 32

4.4.3 植被 ·· 34
4.4.4 泥石流概况 ·· 34
4.4.5 泥石流特征 ·· 34
4.4.6 泥石流成因 ·· 34
4.5 梯田设计背景资料 ·· 35
4.6 实习报告要求 ·· 37
4.6.1 课程设计总体要求 ·· 37
4.6.2 拦砂坝设计要求 ·· 37
4.6.3 梯田设计要求 ·· 39

实训 5 荒漠化防治工程学课程实习 ··· 42
5.1 实习目的 ·· 42
5.2 实习内容 ·· 42
5.2.1 室内实习 ·· 42
5.2.2 野外实习 ·· 42
5.3 实习计划与安排 ·· 43
5.3.1 实习安排 ·· 43
5.3.2 考核办法 ·· 43
5.4 实习器材 ·· 43
5.5 课程学习背景资料 ·· 44
5.5.1 荒漠化概况 ·· 44
5.5.2 实习地概况 ·· 47
5.6 实习报告要求 ·· 49
5.6.1 实习报告总体要求 ·· 49
5.6.2 实习报告写作要求 ·· 50

实训 6 风沙物理学课程实习 ··· 52
6.1 实习目的 ·· 52
6.2 实习内容 ·· 52
6.3 实习计划与安排 ·· 52
6.3.1 实习安排 ·· 52
6.3.2 考核办法 ·· 53
6.4 实习操作方法 ·· 53
6.4.1 风速观测 ·· 53
6.4.2 风沙流结构、下垫面粗糙度等测量与计算 ·································· 55
6.4.3 风信资料的整理与转移 ·· 58
6.5 实习报告要求 ·· 60

实训 7　水工钢筋混凝土与砌体结构课程设计 …… 61
7.1　实习目的 …… 61
7.2　实习内容 …… 61
7.3　实习计划与安排 …… 61
7.3.1　实习安排 …… 61
7.3.2　考核办法 …… 62
7.4　现浇钢筋混凝土楼盖板设计基本资料 …… 62
7.5　现浇钢筋混凝土楼盖板设计步骤 …… 63
7.6　实习报告要求 …… 63

实训 8　农田水利学课程设计 …… 64
8.1　实习目的 …… 64
8.2　实习内容 …… 64
8.3　实习计划及安排 …… 65
8.3.1　实习安排 …… 65
8.3.2　考核办法 …… 65
8.4　实习操作方法 …… 65
8.4.1　熟悉灌区基本情况及有关资料 …… 65
8.4.2　作物灌溉制度的制定 …… 65
8.4.3　设计灌水率的确定 …… 68
8.4.4　各级灌排渠道的规划布置 …… 68
8.4.5　各级灌溉渠道设计流量的推求 …… 69
8.4.6　干渠纵横断面设计 …… 69
8.5　课程设计背景资料 …… 71
8.6　实习设计成果要求 …… 76

实训 9　水土保持规划课程设计 …… 77
9.1　实习目的 …… 77
9.2　实习内容 …… 77
9.3　实习计划与安排 …… 78
9.3.1　实习安排 …… 78
9.3.2　考核内容 …… 78
9.4　课程设计背景资料 …… 78
9.4.1　基本情况 …… 78
9.4.2　规划相关参数 …… 93
9.5　实习报告要求 …… 95
9.5.1　实习报告总体要求 …… 95

9.5.2　实习报告写作要求 …………………………………………… 95

实训 10　水土保持方案编制课程设计 ……………………………………… 98
10.1　实习目的 ………………………………………………………………… 98
10.2　实习内容 ………………………………………………………………… 98
　　10.2.1　野外参观实习 ………………………………………………… 98
　　10.2.2　水土保持方案编制 …………………………………………… 98
10.3　实习计划与安排 ……………………………………………………… 100
　　10.3.1　实习安排 ……………………………………………………… 100
　　10.3.2　考核办法 ……………………………………………………… 100
10.4　课程设计背景资料 …………………………………………………… 100
　　10.4.1　料场背景资料 ………………………………………………… 100
　　10.4.2　渣场背景资料 ………………………………………………… 102
　　10.4.3　项目区概况 …………………………………………………… 103
10.5　实习报告要求 ………………………………………………………… 103
　　10.5.1　野外考察实习报告 …………………………………………… 103
　　10.5.2　水土保持方案报告 …………………………………………… 103

实训 11　水土保持 CAD 制图课程设计 ………………………………………… 112
11.1　实习目的 ……………………………………………………………… 112
11.2　实习内容 ……………………………………………………………… 112
　　11.2.1　施工总体布置图绘制 ………………………………………… 112
　　11.2.2　弃渣场斜坡防护工程设计图绘制 …………………………… 113
　　11.2.3　排洪渠横断面设计图绘制 …………………………………… 114
　　11.2.4　排矸场拦矸坝设计图绘制 …………………………………… 114
　　11.2.5　表层剥离土临时防护工程设计图绘制 ……………………… 115
　　11.2.6　拱坝平面布置图的绘制 ……………………………………… 116
　　11.2.7　植物工程设计图绘制 ………………………………………… 117
11.3　实习计划与安排 ……………………………………………………… 118
　　11.3.1　实习安排 ……………………………………………………… 118
　　11.3.2　考核办法 ……………………………………………………… 118
11.4　课程设计背景材料 …………………………………………………… 119
　　11.4.1　水土保持制图相关内容 ……………………………………… 119
　　11.4.2　施工总体布置图材料 ………………………………………… 121
　　11.4.3　某弃渣场斜坡防护案例资料 ………………………………… 123
　　11.4.4　某排洪渠设计资料 …………………………………………… 123
　　11.4.5　某排矸场拦矸坝设计资料 …………………………………… 123

  11.4.6 某建设项目表层剥离土临时防护工程设计资料 ………………………… 125
  11.4.7 某拱坝设计资料 …………………………………………………………… 125
  11.4.8 植物设计配置图 …………………………………………………………… 126
 11.5 实习报告要求 ………………………………………………………………………… 128
  11.5.1 实习报告总体要求 ………………………………………………………… 129
  11.5.2 实习报告写作要求 ………………………………………………………… 129

实训 12 水土保持地理信息系统课程实习 ……………………………………… 132
 12.1 实习目的 ……………………………………………………………………………… 132
 12.2 实习内容 ……………………………………………………………………………… 132
  12.2.1 野外实践 …………………………………………………………………… 132
  12.2.2 室内计算机操作 …………………………………………………………… 133
 12.3 实习计划与安排 ……………………………………………………………………… 139
  12.3.1 实习安排 …………………………………………………………………… 139
  12.3.2 考核办法 …………………………………………………………………… 139
 12.4 课程实习背景资料 …………………………………………………………………… 139
  12.4.1 鄂温克旗概况 ……………………………………………………………… 139
  12.4.2 土地利用现状分类标准 …………………………………………………… 140
 12.5 实习报告要求 ………………………………………………………………………… 143
  12.5.1 实习报告总体要求 ………………………………………………………… 143
  12.5.2 实习报告写作要求 ………………………………………………………… 143

实训 13 环境影响评价课程设计 …………………………………………………… 145
 13.1 实习目的 ……………………………………………………………………………… 145
 13.2 实习内容 ……………………………………………………………………………… 145
 13.3 实习计划与安排 ……………………………………………………………………… 145
  13.3.1 实习安排 …………………………………………………………………… 145
  13.3.2 考核办法 …………………………………………………………………… 145
 13.4 课程实习背景资料 …………………………………………………………………… 146
  13.4.1 基本概况 …………………………………………………………………… 146
  13.4.2 自然环境概况 ……………………………………………………………… 147
  13.4.3 社会环境概况 ……………………………………………………………… 147
  13.4.4 拟建学生公寓概况 ………………………………………………………… 148
 13.5 实习报告要求 ………………………………………………………………………… 149
  13.5.1 实习报告总体要求 ………………………………………………………… 149
  13.5.2 环境影响评价报告表书写作要求 ………………………………………… 149
  13.5.3 环境影响评价报告书写作要求 …………………………………………… 151

实训 14 专业综合实习 ……………………………………………………………… 166

14.1 实习目的 …………………………………………………………………………………… 166
14.2 实习内容 …………………………………………………………………………………… 166
　14.2.1 小流域尺度土壤侵蚀规律调查与识别 ……………………………………………… 166
　14.2.2 小流域水土流失综合防治措施布局调查与分析 …………………………………… 167
　14.2.3 开发建设项目水土保持监测 ………………………………………………………… 167
14.3 实习计划与安排 …………………………………………………………………………… 167
　14.3.1 实习安排 ……………………………………………………………………………… 167
　14.3.2 考核方法 ……………………………………………………………………………… 168
14.4 实习操作方法 ……………………………………………………………………………… 168
　14.4.1 小流域尺度土壤侵蚀规律调查与识别实习 ………………………………………… 168
　14.4.2 小流域水土流失综合防治措施布局调查与分析实习 ……………………………… 169
　14.4.3 开发建设项目水土保持监测 ………………………………………………………… 170
14.5 综合实习背景资料 ………………………………………………………………………… 171
　14.5.1 东川实习地点情况简介 ……………………………………………………………… 171
　14.5.2 大春河小流域实习点情况简介 ……………………………………………………… 177
14.6 实习报告要求 ……………………………………………………………………………… 181
　14.6.1 实习报告总体要求 …………………………………………………………………… 181
　14.6.2 小流域尺度土壤侵蚀调查报告 ……………………………………………………… 181
　14.6.3 小流域水土流失综合防治措施布局与效益评价报告 ……………………………… 182
　14.6.4 开发建设项目水土保持设施验收技术规程实习报告 ……………………………… 183
　14.6.5 开发建设项目水土保持监测实习报告 ……………………………………………… 185

实训15 毕业实习与毕业论文（设计） ……………………………………………………… 186
15.1 实习目的 …………………………………………………………………………………… 186
15.2 实习内容 …………………………………………………………………………………… 186
15.3 实习计划与安排 …………………………………………………………………………… 187
15.4 毕业论文要求 ……………………………………………………………………………… 188
　15.4.1 毕业论文（设计）的基本结构 ……………………………………………………… 188
　15.4.2 毕业论文（设计）的写作细则 ……………………………………………………… 189
　15.4.3 毕业论文（设计）要求 ……………………………………………………………… 192
　15.4.4 毕业论文（设计）评分标准 ………………………………………………………… 192

参考文献 …………………………………………………………………………………………… 204
附　录
　附图1
　附图2
　附图3
　附图4

实训 1
土壤侵蚀原理课程实习

《土壤侵蚀原理》是水土保持与荒漠化防治专业的核心专业基础课程，课程内容主要包括土壤侵蚀基本概念、土壤侵蚀类型与形式、水力侵蚀、风力侵蚀、重力侵蚀、混合侵蚀、化学侵蚀、我国土壤侵蚀分区、土壤侵蚀调查与评价、土壤侵蚀监测预报等。

《土壤侵蚀原理》作为水土保持与荒漠化防治专业的核心专业基础课程，涉及水力学、水文学、土壤学、气象学、生态学和岩土力学等前期课程内容，涉及面较广，基础性较强。通过本课程学习要使学生了解土壤侵蚀及其相关的基本概念、掌握土壤侵蚀发生的基本规律，并具备水土资源及土壤侵蚀监测、土壤侵蚀调查和土壤侵蚀评价的基本技能。其中土壤侵蚀试验和观测是本门课程要求掌握的基本技能，因此将结合学科特点和本课程教学计划进行为期3天的实践教学。

根据《土壤侵蚀原理》教学计划要求，安排学生进行人工室内模拟降雨侵蚀实验和野外对土壤侵蚀综合类型、形式和形态特征的观测，共两部分内容。

1.1 实习目的

人工室内模拟降雨实验的目的主要是通过本实验，使学生了解人工模拟降雨设施的工作原理，掌握降雨导致的土壤侵蚀、降雨侵蚀的发生过程、影响降雨侵蚀量的主要因素等。

野外对土壤侵蚀综合类型、形式和形态特征的观测实习目的主要是通过野外的实地调查，了解土壤侵蚀的类型、形式、形态特征及土壤侵蚀量的大小。

1.2 实习内容

1.2.1 室内人工模拟降雨侵蚀

①采用一种土壤，通过改变降雨强度，探讨土壤侵蚀量的大小。
②采用一种土壤，通过改变地面坡度，探讨土壤侵蚀量的大小。

1.2.2 野外实习内容

①调查出现的土壤侵蚀类型及形式。

②调查不同土壤侵蚀类型和形式的分布。
③调查出现的沟蚀和重力侵蚀的侵蚀量。
④调查和分析水土流失的危害，提出简要的防护措施建议。

1.3 实习计划与安排

1.3.1 实习安排

室内模拟实验为1天，在人工模拟降雨实验室进行。野外实习为1天，在选定的实习地点进行。撰写实习报告1天。共计3天。

1.3.2 考核办法

实习成绩由两部分组成：一是根据学生实习过程中的表现打分，占20%；二是实习报告的成绩，占80%。

1.4 实习操作方法

1.4.1 物品准备

(1)室内人工模拟降雨侵蚀实验需准备的实验物品

可变坡度土壤侵蚀槽1个(1.0 m×3.0 m)；供试土壤适量(1.0 m³以上)装入土壤侵蚀槽；量筒(1 000 mL)10个；塑料瓶(1 000 mL)30个；塑料漏斗30个；定性滤纸(20 cm)2盒；烘箱1个；天平(感量0.01)2个；记录及计算用品适量。

(2)野外实习需准备的实习物品

手持GPS定位仪、测绳、卷尺、海拔表、手持罗盘、记录本等。

1.4.2 实习操作设计

1.4.2.1 室内人工模拟降雨侵蚀实验的设计

(1)地面坡度设计

地面坡度分为5°、10°、15°、20°、25°、30°和35°7个坡度级。

(2)降雨强度设计

降雨强度分为30 mm/h、40 mm/h、50 mm/h、60 mm/h、70 mm/h、80 mm/h和90 mm/h 7个降雨级别。

1.4.2.2 野外实习的设计

野外实习主要是选点的问题。野外实习的目的是通过野外的实地调查，了解土壤侵蚀的类型、形式、形态特征及调查土壤侵蚀量的大小。因此，在野外实习的选点上，最基本的是所选地点应具备土壤侵蚀的主要类型，如存在水力侵蚀、重力侵蚀、或风力侵蚀、混合侵蚀等，当然，具备的类型越多、越丰富越好。另外，还有经费、距离长短等其他因素的考虑，最后确定实习地点。

1.4.3 室内人工模拟降雨侵蚀实验的步骤

①将填充有土壤样品的可变坡度土壤侵蚀槽安置于人工模拟降雨机的正下方，向人工模拟降雨机注水并将模拟降雨机的供水阀门调整至降雨强度为 10 mm/h 左右。

②将人工模拟降雨机的工作方式置于手动方式挡，开启电源使人工模拟降雨机降雨约 2 h，以使土壤侵蚀槽内的土壤样品水分含量逐渐升高达到上下一致。

③调节土壤侵蚀槽的倾斜程度，使被实验的土壤表面坡度达到 5°并保持这一坡度。

④调节模拟降雨机的供水阀门至降雨强度为 30 mm/h。保持这一降雨强度约 10 min 左右以使土壤侵蚀槽内土壤表面产生的地表径流量均匀一致。

⑤用 1 000 mL 量筒从土壤侵蚀槽的集水口取含有泥沙的水样 800~1 000 mL 并记录采取水样体积和所经历的时间段填入表 1-1。将放好滤纸的漏斗置于塑料瓶，将含有泥沙的水样过滤备用。用同样方法再连续取水样两个，分别进行记录和过滤备用。

⑥再分别调节模拟降雨机的供水阀门至降雨强度为 40 mm/h、50 mm/h、60 mm/h、70 mm/h、80 mm/h 和 90 mm/h，各保持这些降雨强度约 10 min 以使土壤侵蚀槽内土壤表面产生的地表径流量均匀一致，重复第 5 步过程及内容，将相关数据分别记录于表 1-1 中。

⑦按不同地面坡度将水样编号用铅笔分别写在过滤纸上，放入干燥箱内（烘箱温度应≤80℃）烘 5~7 h 后，取出包有泥沙的过滤纸称重。扣除过滤纸重量后将泥沙重量分别记入表 1-1 的相关栏内。

表 1-1　人工模拟降雨土壤侵蚀记录表

水样编号	地面坡度（°）	降雨强度（mm/h）	水样体积（mL）	历时（min）	烘干重（g）	产沙量 [g/(m²·h)]
1		30				
2		30				
3		30				
4		40				
5		40				
6		40				
7		50				
8		50				
9		50				
10		60				
11		60				
12		60				
13		70				
14		70				

（续）

水样编号	地面坡度（°）	降雨强度（mm/h）	水样体积（mL）	历时（min）	烘干重（g）	产沙量[g/(m²·h)]
15		70				
16		80				
17		80				
18		80				
19		90				
20		90				
21		90				

实验时间：　　年　月　日　　　　　　记录人：

⑧数据整理与分析。将表1-1的地面坡度、降雨强度和产沙量栏内的实验数据进行整理（将相同地面坡度和同一降雨强度下的3个产沙量数据初步对比分析，如果相对相差均≤5%，取3个产沙量数据的平均值作为该种条件下的产沙量值；如其中一个数据的相对相差均>5%，则剔除该数据取另2个产沙量数据的平均值作为该种条件下的产沙量值）后，输入计算机以产沙量为因变量、以地面坡度和降雨强度为自变量进行多元线性回归分析，得方程如式（1-1）：

$$y = ax_1 + bx_2 + c \tag{1-1}$$

式中　y——土壤侵蚀量[g/(m²·h)]；

　　　x_1——地面坡度(°)；

　　　x_2——降雨强度(mm/h)；

　　　a，b——变量x_1，x_2的系数；

　　　c——常数。

1.4.4　野外实习的方法

1.4.4.1　水力侵蚀类型的观测

土壤侵蚀的类型有多种，其中水力侵蚀是目前世界上分布最广、危害也最为普遍的一种土壤侵蚀类型。水力侵蚀的形式有雨滴击溅侵蚀、面蚀、沟蚀，山洪侵蚀、海岸浪蚀和库岸浪蚀。

野外区分面蚀和沟蚀，主要看冲沟的宽度和深度是否超过20 cm，超过20 cm就是沟蚀，反之就是面蚀。面蚀又可分为层状面蚀、砂砾化面蚀、鳞片状面蚀和细沟状面蚀。

层状面蚀是坡面上均匀的损失一层土壤的过程。层状面蚀大多发生在质地均匀的农耕地及农闲地上，或者是作物生长初期，根系还没有固结土体，松散的土粒易被地表径流带走。

砂砾化面蚀多发生在农耕地上，在分散地表径流作用下，土壤表层的细粒、黏粒及腐殖质被带走，砂砾等粗骨质残留在地表，耕作后粗骨质翻入深层，如此反复，土壤中的细粒越来越少，石砾越来越多，土地肥力下降，耕作困难，最后导致弃耕，此种过程成为砂砾化面蚀。

鳞片状面蚀一般发生在非农业用地上，如草地、灌木林地、茶园、果园等，由于人或动物的严重踩踏破坏，地被物不能及时恢复，呈鳞片状凸斑或踏成呈网状的羊道，植被呈鳞片状分布，暴雨后，植物生长不好或没有植物生长的局部有面蚀或者面蚀较为严重，植物生长较好或有植物生长的局部无面蚀或面蚀较轻微，这种面蚀称为鳞片状面蚀，有时又称鱼鳞状面蚀。

细沟状面蚀，地表径流的冲蚀，使地面出现了细沟，这些细沟的宽度和深度均不超过 20 cm，称为细沟状面蚀。

当侵蚀沟的宽度和深度均超过 20 cm 时，就形成了沟蚀。一个典型的侵蚀沟由沟头、沟沿、沟底及水道、沟坡、沟口和冲积扇组成。

1.4.4.2 侵蚀量的调查

面蚀侵蚀量的调查主要采用侵蚀针法，沟蚀侵蚀量的调查主要采用侵蚀沟样方法。

(1) 侵蚀针法调查计算

为了便于观测，将需要进行观测的区域，打成 5 m×10 m 的小样方，若地形不适合布设该面积小区，小区的面积可小些，在样方内将直径 0.6 m、长 20~30 cm 的铁钉相距 50 cm×50 cm 分上中下、左中右纵横沿坡面垂直方向打入坡面。为了避免在铁帽处淤积，可把铁钉留出一段距离，并在铁帽上涂上油漆，编号登记入册，在每次暴雨后和汛期终了以及时段末，通过观测铁帽出露地面高度与原出露高度的差值，就可计算土壤侵蚀深度及土壤侵蚀量。计算公式为：

$$A = ZS/1\ 000\ \cos\theta \tag{1-2}$$

式中　A ——土壤侵蚀量 $[g/(m^2 \cdot h)]$；

　　　Z ——侵蚀深度 (mm)；

　　　S ——侵蚀面积 (m^2)；

　　　θ ——坡度。

(2) 侵蚀沟样方法调查计算

在已经发生侵蚀的地方，通过选定样方，测定样方内侵蚀沟的数量、深度和断面形状来确定沟蚀量，样方大小取 5~10 m 宽的坡面，侵蚀沟按大 (沟宽 > 100 cm)、中 (沟宽 30~100 cm)、小 (沟宽 < 30 cm) 三类统计，测定每条沟的沟长和上中下各坡位的沟顶宽、底宽、沟深，以此推算出侵蚀量。

由于受侵蚀历时和外部环境的干扰，侵蚀的实际发生过程是不断发生变化的，为了解土壤侵蚀的实际发生过程，在进行侵蚀沟样方法测定的同时，还应通过照相、录像等方式记录其发生过程。

1.5 实习报告要求

1.5.1 实习报告总体要求

实习报告字数在 4 000~6 000 字为宜，封面应该含课程名称、学生姓名、学生学号、班级、实习时间、实习地点、指导老师等，要求统一使用 A4 纸打印稿，统一左侧装订。

1.5.2 实习报告写作要求

实习的目的和意义、实习时间和地点、实习内容和方法、实习主要记录、结果分析或讨论、实习小结等。

描述实验过程，根据数据分析结果和构建的回归数学模型，讨论降雨强度、地面坡度对土壤侵蚀量的影响。

记录所见到的土壤侵蚀类型、形式和形态特征并计算侵蚀量的大小。

实训 2
水文与水资源学课程实习

2.1 实习目的

本次实习的目的是理论联系实际,将课堂的理论教学与实践中的水文与水资源问题紧密结合,让学生对已学过的水文与水资源方面的基础理论知识加深理解,培养学生的独立工作和解决实际问题的能力。实习选择水文测验和水文资料整编两部分内容,主要目的是使学生加深实践中对水文资料的获取和整理分析工作的理解。

2.2 实习内容

①选择水文观测设备齐全、交通方便的水文测站,通过老师和技术人员讲解及实际操作,了解水文测站的布设要求和断面布设,了解并掌握降雨、蒸发、水位、水深、流速、流量等水文要素的测定、测验方法。

②动手观测部分水文要素,获得观测资料。或者教师提供水文资料,练习水文资料整编的主要过程。

2.3 实习计划与安排

2.3.1 实习安排

实习时间一共 3 天,以室外水文测站参观、操作和室内查找资料相结合的方式进行。

第 1 天:室内,教师讲解水文与水资源学实习课程的目的、内容、计划安排、实习要求和考核办法等;学生查资料了解水文测站的布设、水文要素的观测仪器、测量方法、分析计算整编方法等。

第 2 天:参观水文测站,测站技术人员讲解测站的成立情况,降雨、蒸发、水位、水深、流速、流量等水文要素的测定、分析计算和整编方法;学生分组完成对某一水文要素的测验工作。

第 3 天:室内,学生做水文资料的整编工作,主要实习缺测数据的插补、水位流量关系曲线的绘制和延长等内容。结合第 2 天实习内容,按要求写出实习报告。

2.3.2 考核办法

实习成绩由两部分组成:一是水文站参观占20%,主要根据出勤、参观过程中提问问题的积极性等表现量化打分;二是水文与水资源学实习报告占80%,参考以下方面进行量化打分:①有无拷贝抄袭;②内容是否完整;③写作是否规范、语言是否通顺;④是否有自己的思考和总结。

2.4 观测方法

2.4.1 降水观测

器测法是观测降水量最常用的方法,观测仪器通常有雨量器和自记雨量计。

2.4.1.1 雨量器

雨量器是直接观测降水量的器具。它是一个圆柱形金属筒,由承雨器、漏斗、储水瓶和雨量杯组成,如图2-1所示。承雨器口径为20 cm,安装时器口一般距地面70 cm,筒口保持水平。雨量器下部放储水瓶收集雨水。观测时将雨量器里的储水瓶迅速取出,换上空的储水瓶,然后用特制的雨量杯测定储水瓶中收集的雨水,分辨率为0.1 mm。当降雪时,仅用外筒作为承雪器具,待雪融化后计算降水量。

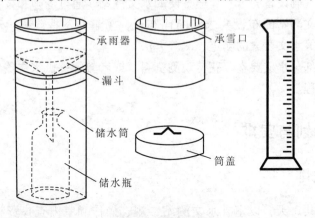

图 2-1 雨量器示意

用雨量器观测降水量的方法一般是采用分段定时观测,即把一天分成几个等长度的时段,如分成4段(每段6 h)或分成8段(每段3 h)等,分段数目根据需要和可能而定。一般采用2段制进行观测,即每日8:00及20:00各观测一次,雨季时增加观测段次,雨量大时还需加测。日雨量是以每天上午8:00作为分界,将本日8:00至翌日8:00的降水量作为本日的降水量。

2.2.1.2 自记雨量计

自记雨量计是观测降雨过程的自记仪器。常用的自记雨量计有3种类型:称重式、虹吸式(浮子式)(图 2-2)和翻斗式(图 2-3)。称重式能够测量各种类型的降水，其余两种基本上只限于观测降雨。按记录周期分，有日记、周记、月记和年记。在传递方式上，已研制出有线远传和无线远传(遥测)的雨量计。

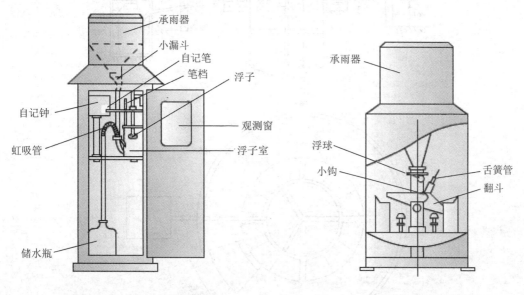

图 2-2　虹吸式自记雨量计示意　　　　图 2-3　翻斗式自记雨量计示意

2.4.2　蒸发观测

流域的表面一般包括水面、土壤和植物覆盖等，当把流域作为一个整体时，发生在这一蒸发面上的蒸发就被称为流域总蒸发或流域蒸散发，它是流域内各类蒸发的总和。

2.4.2.1　水面蒸发

确定水面蒸发量的大小，通常有两种途径：器测法和间接计算法。

(1) 器测法

我国水文和气象部门采用的水面蒸发器有 E-601 型蒸发器、口径为 80 cm 带套盆的蒸发器、口径为 20 cm 的蒸发皿、以及水面面积为 20 m^2 和 100 m^2 的大型蒸发池 5 种。其中 E-601 型蒸发器是口径为 60 cm 的埋在地表下的带套盆的蒸发器，其内盆面积 300 cm^2，如图 2-4 所示。这种蒸发器稳定性较好，是目前水文部门观测水面蒸发普遍采用的标准仪器。蒸发量每日 8:00 观测一次，以 8:00 为日分界，得蒸发器一日 (今日 8:00 至翌日 8:00) 的蒸发水深，即日水面蒸发量。一月中每日蒸发量之和为月蒸发量，一年中每日蒸发量之总和为年蒸发量。

蒸发器观测的数值不能直接作为大水体的水面蒸发值，必须经过折算才能求出自然水面的实际蒸发量。实际资料分析表明，E-601 型的蒸发接近天然，其折算系数常在 1.00 附近，而 80 cm 蒸发器及 20 cm 蒸发皿的折算系数一般小于 1.00。水文年鉴中所刊布的蒸发资料是蒸发器的观测资料，使用时应注意蒸发器的型号，并进行折算。

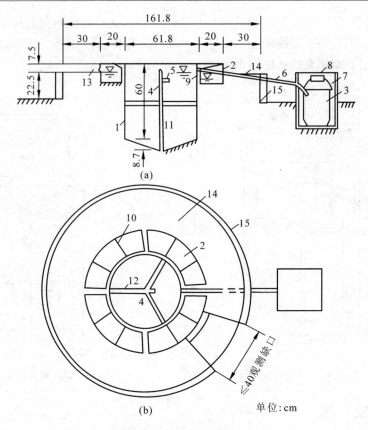

图 2-4 E-601 型蒸发器示意

(a) 剖面图　(b) 平面图

1. 蒸发器；2. 水圈；3. 溢流桶；4. 测针桩；5. 器内水面指示针；6. 溢流用胶管；
7. 放溢流桶的箱；8. 箱盖；9. 溢流嘴；10. 水圈外缘的撑挡；11. 直管；12. 直管支撑；
13. 排水孔；14. 土圈；15. 土圈外围的防坍设施

（2）间接计算法

间接计算法是利用气象或水文观测资料间接推算蒸发量的方法，包括水汽输送法、热量平衡法、彭曼法、水量平衡法、经验公式等。这种方法需要专门的气象或水文观测资料，在实际工作中往往难以获得，因而除专门研究外，较少采用。

2.4.2.2 土壤蒸发

土壤蒸发量的确定一般有 2 种方法，器测法和间接计算法。

（1）器测法

土壤蒸发器的种类很多，目前常用的为 ГГИ-500 型土壤蒸发器如图所示。器测法需定期对土样称重，再按式(2-1)推算出时段蒸发量：

$$E = 0.02(G_1 - G_2) - (R + q) + P \tag{2-1}$$

式中　E——观测时段内土壤蒸发量(mm)；

G_1，G_2——时段初和时段末筒内土样的质量(g)；

P——观测时段内的降雨量(mm);

R——观测时段内产生的径流量(mm);

q——观测时段内渗漏的水量(mm);

0.02——蒸发器单位换算系数。

由于器测时土壤本身的热力条件与天然情况不同,其水分交换与实际情况差别较大,并且器测法只适用于单点,所以,观测结果只能在某些条件下应用或参考。对于较大面积的情况,因流域下垫面条件复杂,难以分清土壤蒸发和植物散发,所以器测法很少在生产上具体应用,多用于对蒸发规律的研究。

(2)间接计算法

间接计算法是从土壤蒸发的物理概念出发,以水量平衡、热量平衡、乱流扩散等理论为基础,建立包括影响蒸发的一些主要因素在内的理论、半理论半经验或经验公式来估算土壤的蒸发量的一种方法。

2.4.2.3 植物散发

植物散发指在植物生长期间,水分从叶面和枝干蒸发进入大气的过程,又称蒸腾。植物散发比水面蒸发及土壤蒸发更为复杂,它与土壤环境、植物的生理结构以及大气状况有密切的关系。

(1)器测法

在天然条件下,由于无法对大面积的植物散发进行观测,只能在实验条件下对小样本进行测定分析,过程如下:用一个不漏水圆筒,里面装满足够植物生长的土块,种上植物,土壤表面密封以防土壤蒸发,水分只能通过植物叶面逸出。视植物生长需水情况,随时灌水。

试验期内,测定时段始末植物及容器重量和注水重量,按式(2-2)求散发量:

$$E = G + (G_1 - G_2) \tag{2-2}$$

式中 E——时段散发量(m^3);

G——时段注水量(m^3);

G_1,G_2——时段初和时段末圆筒内土壤的水量(m^3)。

器测法不可能模拟天然条件下的植物散发,所以上述方法只能在理论研究时应用,实际工作中难以直接引用。

(2)水量平衡法

根据水量平衡原理,测定出一块样地或流域的整片植物群落生长期始末的土壤含水量、蒸发量、降雨量、径流量和渗漏量,再用水量平衡方程即可推算出植物生长期的散发量。

此外,还可以用热量平衡法或数学模型进行估算。

2.4.3 水深、流速、流量等的测量与计算

通过河流某一断面的流量 Q 可表示为断面平均流速 v 和过水断面面积 A 的乘积,即

$$Q = v \cdot A \tag{2-3}$$

流速仪法测流,是以式(2-3)为依据,将过水断面划分为若干部分,用普通测量的方法测算出各部分断面的面积,用流速仪测算出各部分面积上的平均流速,部分面积乘以相应部分面积上的平均流速,称为部分流量。部分流量的总和即为断面的流量。因此,流量测验包括断面测量和流速测量两部分工作。

2.4.3.1 断面测量

河道断面测量,是在断面上布设一定数量的测深垂线,如图2-5所示,测得每条测深垂线的起点距D_i和水深H_i,从施测的水位减去水深,即得各测深垂线处的河底高程,便可绘制断面图。

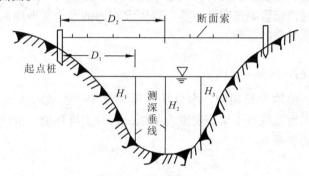

图 2-5 断面测量示意

(1)水深测量

通常采用测深杆、测深锤(或铅鱼)、回声测深仪等器具施测。测深杆是一种精度较高的测深工具,当水深小于5 m,流速小于3.0 m/s时,应尽量采用。测深锤(或铅鱼)适于在流速和水深都较大的情况下使用。回声测深仪一般适用于水深较大,含沙量小的江河湖库。

(2)起点距测量

起点距是指断面上测深垂线到断面起点桩的水平距离。起点距可用断面索法和仪器交会法测定。

①断面索法 如图2-5,是一种架设在横断面上的钢丝缆索上系好表示起点距的标志,直接读得各测深垂线起点距的一种方法,适用于河宽不大,有条件架设断面索的测站。

②仪器测角交会法 包括经纬仪交会法和六分仪交会法等。当使用经纬仪作前方交会时,将仪器架设在C点测出夹角,如图2-6所示,再用式(2-4)计算出起点距。

$$D = L \cdot \tan\varphi \tag{2-4}$$

式中 D——起点距(m);
    L——基线长度(m);
    φ——基线与经纬仪视线间的夹角(°)。

六分仪交会法是在船上测出夹角β,再按式(2-5)计算起点距:

$$D = L \cdot \cot\beta \tag{2-5}$$

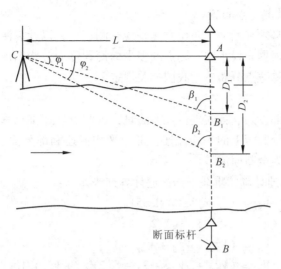

图 2-6　测角交会法测定起点距示意

2.4.3.2　流速测量

(1) 点流速测定

流速仪是用来测定水流中任意指定点沿流向的水平流速的仪器。我国采用的主要是旋杯式(图 2-7)和旋桨式(图 2-8)两类。流速仪转子的转速 n 与流速 v 的关系，在流速仪检定槽中通过实验率定，其关系式一般为 $v = Kn + C$，式中 K、C 分别为仪器检定常数与摩阻系数。

测流时，对于某一测点，记下仪器的总转数 N 和测速历时 T，求出转速 $n = N/T$，由式 $v = Kn + C$ 即可求出该测点的流速 v。为消除流速脉动的影响，要求 $T > 100$ s。

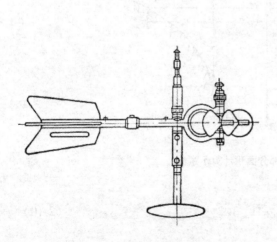

图 2-7　LS 68-2 型旋杯式流速仪

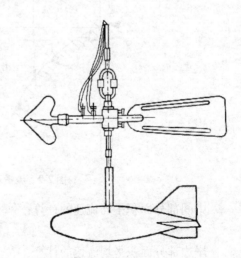

图 2-8　LS 25-1 型旋桨式流速仪

(2) 流速垂线及测速点布置

流速仪测速时必须在断面上布设测速垂线和测速点，以计算测量断面面积上的流速。测速的方法，根据布设垂线、测点的多少繁简程度而分为精测法、常测法和简测法，其布线数目及测速点分布参考我国相关规定。

(3) 流量计算

流量计算一般都以列表方式进行。方法是：由测点流速推求垂线平均流速，由垂线平均流速推求部分面积上的平均流速，部分平均流速和部分面积相乘得部分流量，各部分流量之和即为全断面流量。

① 垂线平均流速计算　垂线平均流速计算方法如下：

一点法　　　　$V_m = V_{0.6}$ 或 $V_m = 0.85V_{0.0}$ 　　　　　　　　　　(2-6)

二点法　　　　$V_m = (V_{0.2} + V_{0.8})/2$ 　　　　　　　　　　　　　　(2-7)

三点法　　　　$V_m = (V_{0.2} + V_{0.6} + V_{0.8})/3$ 　　　　　　　　　　(2-8)

五点法　　　　$V_m = (V_{0.0} + 3V_{0.2} + 3V_{0.6} + 2V_{0.8} + V_{1.0})/10$ 　(2-9)

式中　V_m——垂线平均流速(m/s)；

$V_{0.0}$，$V_{0.2}$，$V_{0.6}$，$V_{0.8}$，$V_{1.0}$——水面、$0.2H$，…，河底处的测点流速(m/s)。

② 部分面积平均流速计算　指两测速垂线间部分面积的平均流速，以及岸边或死水边与断面两端测速垂线间部分面积的平均流速，如图2-9所示。图的下半部表示断面图，上半部表示垂线平均流速沿断面的分布图。

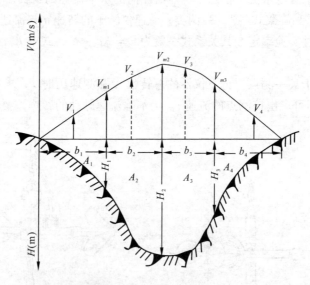

图2-9　流量及部分面积计算示意

中间部分面积平均流速的计算：

$$V_i = (V_{m_1} + V_{m_2})/2 \quad (2\text{-}10)$$

岸边部分面积平均流速的计算：

$$V_1 = \alpha V_{m_1} \quad (2\text{-}11)$$

$$V_{n+1} = \alpha V_{mn} \quad (2\text{-}12)$$

式中 α——岸边系数，与岸边性质有关，斜岸边 $a=0.67\sim0.75$，陡岸边 $a=0.8\sim0.9$，死水边 $a=0.5\sim0.67$。

③部分面积计算 部分面积以测速垂线为分界。中间部分按梯形计算，岸边部分按三角形计算如图 2-9 所示。

中间部分面积，例如 A_2 面积的计算：
$$A_2 = (H_1 + H_2) \cdot b_2/2 \tag{2-13}$$

岸边部分面积如 A_1 面积的计算：
$$A_1 = H_1 \cdot b_1/2 \tag{2-14}$$

④断面流量计算
$$Q = A_1V_1 + A_2V_2 + \cdots + A_nV_n = q_1 + q_2 + \cdots + q_n \tag{2-15}$$

式中 q_i——各部分面积的流量。

⑤断面平均流速计算
$$\bar{v} = Q/A \tag{2-16}$$

式中 $\bar{v}$——断面平均流速(m/s)；
A——过水断面面积(m^2)，为各部分面积之和。

2.5 水文资料整编

水文站在外业测验中测取的资料是离散的、彼此独立的、甚至可能是错误的。所以，需要对测取的水文资料进行检验、整理、分析，并将其加工成系统、完整、可靠的水文资料，这就是水文资料的整编。水文资料整编主要是对河道流量资料进行整编，重点是对水位流量关系曲线进行高低水延长。

2.5.1 原始资料的审核

审核时应检查每支水尺使用的日期及零点调和是否正确，换读水尺时的水位是否衔接，抽检水位计算是否正确，审查水位的缺测、插补、改正是否妥当，日平均水位的计算及月、年极值的挑选是否有误，以及对断流情况处理是否合理等。当遇到水位缺测而未插补时，整编时应予以插补，插补方法主要有直线插补法、水位相关曲线法和水位过程线法等。

(1) 直线插补法

当缺测期间的水位变化平缓，或虽有较大变化，但属单一上涨或下落时，可用此法。缺测日期的水位为：
$$Z_i = Z_1 + i \cdot \Delta Z \quad (i = 1, 2, \cdots, n) \tag{2-17}$$

式中 Z_1——缺测阶段前一日的水位；
i——缺测天数；
ΔZ——每日插补的水位差值。

(2) 水位相关曲线法

若缺测期间水位变化较大，跨越峰、谷，且当本站水位与邻站水位有相关关系时，可点绘水位关系线，用邻站水位插补本站水位。

(3) 水位过程线法

当缺测期间水位有起伏变化，上下站间区间径流增减不多，且水位过程又大致相似时，可用此法。制作时，将本站与邻站的水位绘在同一张、同一坐标的过程线纸上，缺测期间的水位参照邻近站的水位过程线趋势，勾绘出本站水位过程线，从而在过程线上查读缺测日期的水位。

2.5.2 河道流量资料整编

河道流量资料整编的内容一般包括：水位流量、水位面积和水位流速关系曲线的绘制，低水放大图的绘制，编辑推流时段表，绘制逐时水位过程线，突出点的检查分析、定线，编制水位流量关系推流表，以及水位流量关系曲线的高低水延长等。由于实习时间的限制，本实习重点放在水位流量关系曲线的绘制与延长上。

2.5.2.1 水位流量关系曲线的确定

绘制水位流量关系曲线时，应在同一张方格纸上，以水位为纵坐标，依次以流量、面积、流速为横坐标，点绘实测点。纵横比例尺要选取 1、2、5 的 10 的整数倍，以方便读图；根据图纸的大小及水位、流量、面积、流速的变幅确定合理的比例，使各曲线分别与横轴大致成 45°、60°、60°的夹角，并使三线互不相交。为了便于分析测点的走向变化，应在每个测点的右上角或同一水平线以外的一定位置，注明测点序号。测流方法不同的测点，用不同的符号表示（○表示流速仪法测得的点子；△表示浮标法测得的点子；▽表示深水浮标法或浮杆法测得的点子；×表示用水力学法推算的或上年末、下年初的接头点子）。水位流量关系曲线的确定方法有多种，这里仅实习 2 种：单一曲线法和连时序法。

(1) 单一曲线法

测站控制良好，各级水位流量关系都保持稳定，关系点子密集成带状，无明显系统偏离，可通过点群中心，绘制一条单一水位流量（面积、流速）关系曲线。

(2) 连时序法

受单因素或混合因素影响的水位流量关系可用连时序法勾绘水位流量关系曲线。此法需先作出逐时水位过程线，参照水位过程线，按照实测流量点的先后顺序，勾绘水位流量关系曲线、水位面积关系曲线。当连时序为绳套曲线时，其绳套顶部和底部应分别与相应洪峰的峰顶和峰谷相切。当关系曲线定好并标出线号后，即可用逐时水位直接在相应时段的曲线上查读流量。

2.5.2.2 水位流量关系曲线的高低水延长

测站测流时，由于施测条件限制或其他原因，缺测或漏测最高水位或最低水位的流量。在这种情况下，需将水位流量关系曲线作高、低水部分的外延，才能得到完整的流量过程。规范要求，高水延长不得超过当年实测流量所占水位变幅的 30%，低水延长不得超过 10%，如超过此限度，至少要用两种方法延长，作对比验证，并在有关成果表中对延长的根据作出说明。

(1) 水位流量关系曲线的高水延长

在断面冲淤变化不大时，一般可用水位面积、水位流速关系曲线法及水力学公式法延长；历年水位流量关系比较稳定时，可参考邻近年份的曲线趋势延长；有历史洪水调查资料时，可参考历史资料进行延长；如果断面变化剧烈，峰前峰后实测大断面不能代表高水断面而延长困难时，可借用上下游站的实测流量资料来延长。此次实习主要练习用水位面积、水位流速关系曲线法及水力学公式法高水延长。

①利用水位面积、水位流速关系曲线高水延长 在测验河段顺直、河床稳定、面积冲淤变化不大的情况下，水位面积、水位流速测点往往比较密集，关系曲线稳定且有明显的趋势。延长时，可根据实测大断面资料，将中、低水实测的 $Z-A$ 曲线延长至所需要的最高水位。水位流速关系曲线的高水部分，当河槽为单式时，水位流速关系曲线为一条以纵轴为渐近线的曲线，可利用这一特性顺势延长实测的 $Z-V$ 关系曲线。然后由水位在 $Z-A$、$Z-V$ 曲线上查出面积和流速，两者相乘得流量，点绘在 $Z-Q$ 关系曲线图上，从而可以依据这些测点向上延长水位流量关系曲线。

②水力学公式法延长 此法实质上与上法相同，只是在延长 $Z-V$ 曲线时，要利用水力学公式计算出需要延长部分的 V 值。最常见的是用曼宁公式计算出需要延长部分的 V 值，并用平均水深代替水力半径 R。由于大断面资料已知，因此关键在于确定高水时的河床糙率 n 和水面比降 I。分两种情况，有高水比降资料和无高水比降资料。

高水有比降资料时，只需确定高水时的河床糙率 n 值。可利用中低水的 $Z-n$ 曲线，查出高水时的 n 值，代入曼宁公式，计算出高水时的 V 和 Q，点绘在 $Z-Q$、$Z-V$ 关系曲线图上，即可依据这些测点向上延长 $Z-Q$、$Z-V$ 关系曲线。

高水无比降资料时，可利用实测流量资料，点绘 $Z-(1/n)S^{1/2}$ 曲线。一般当测验河段顺直、断面稳定、河底坡度平缓时，高水的 $(1/n)S^{1/2}$ 接近一个常数，故可顺趋势沿平行于纵轴的方向，向上延长 $Z-(1/n)S^{1/2}$ 曲线。然后用实测断面结合大断面资料，计算各级水位的 $AR^{2/3}$ 值，并点绘 $Z-AR^{2/3}$ 曲线至高水部分。高水延长范围内按不同水位分别在 $Z-(1/n)S^{1/2}$ 曲线和 $Z-(1/n)S^{1/2}$ 曲线上查取 $(1/n)S^{1/2}$ 值和 $AR^{2/3}$ 值，相乘得流量，从而可以延长 $Z-Q$ 曲线。

(2) 水位流量关系曲线的低水延长

低水延长常采用断流水位法。所谓断流水位，是指流量为零时的水位，一般情况下断流水位的水深为零。此法关键在于如何确定断流水位，最好的办法是根据测点纵横断面资料确定。当没有条件时，可用分析法确定断流水位。

假定水位流量关系曲线为单一抛物线形，方程式为：

$$Q = K(Z - Z_0)^n \tag{2-18}$$

式中 Z_0——断流水位；

K，n——参数。

在水位流量关系曲线的中低水弯曲部分顺序取 a、b、c 三个点，使三点的流量满足

$$Q_b^2 = Q_a Q_c \tag{2-19}$$

则:
$$K^2(Z_b - Z_0)^{2n} = K^2(Z_a - Z_0)^n (Z_c - Z_0)^n \tag{2-20}$$

可解得断流水位为:
$$Z_0 = \frac{Z_a Z_c - Z_b^2}{Z_a + Z_c - 2Z_b} \tag{2-21}$$

求得断流水位后,以坐标$(Z_0, 0)$为控制点,将水位流量关系曲线向下延长至当年最低水位。

2.6 水文资料参考

2.6.1 插补水文资料

表2-1是某水文站1955年1月和2月的水位观测资料,教师可选择若干水位观测值为空缺,指导学生用直线插补法插补空缺水位。

表2-1 ×××水文站日平均水位观测值

年份	日期	水位(m)	年份	日期	水位(m)
1955	1955-1-1	21.78	1955	1955-1-24	25.88
1955	1955-1-2	22.41	1955	1955-1-25	26.20
1955	1955-1-3	22.86	1955	1955-1-26	26.30
1955	1955-1-4	23.42	1955	1955-1-27	25.91
1955	1955-1-5	23.79	1955	1955-1-28	25.50
1955	1955-1-6	24.03	1955	1955-1-29	25.11
1955	1955-1-7	24.10	1955	1955-1-30	24.71
1955	1955-1-8	24.13	1955	1955-1-31	24.30
1955	1955-1-9	24.16	1955	1955-2-1	23.91
1955	1955-1-10	24.19	1955	1955-2-2	23.55
1955	1955-1-11	24.08	1955	1955-2-3	23.22
1955	1955-1-12	23.91	1955	1955-2-4	22.94
1955	1955-1-13	23.71	1955	1955-2-5	22.72
1955	1955-1-14	23.52	1955	1955-2-6	22.55
1955	1955-1-15	23.40	1955	1955-2-7	22.39
1955	1955-1-16	23.33	1955	1955-2-8	22.24
1955	1955-1-17	23.34	1955	1955-2-9	22.17
1955	1955-1-18	23.31	1955	1955-2-10	22.22
1955	1955-1-19	23.22	1955	1955-2-11	22.31
1955	1955-1-20	23.18	1955	1955-2-12	22.39
1955	1955-1-21	23.37	1955	1955-2-13	22.51
1955	1955-1-22	23.97	1955	1955-2-14	22.62
1955	1955-1-23	24.93	1955	1955-2-15	22.70

续表

年份	日期	水位(m)	年份	日期	水位(m)
1955	1955-2-16	22.75	1955	1955-2-23	22.23
1955	1955-2-17	22.72	1955	1955-2-24	22.13
1955	1955-2-18	22.63	1955	1955-2-25	22.02
1955	1955-2-19	22.53	1955	1955-2-26	21.92
1955	1955-2-20	22.39	1955	1955-2-27	21.85
1955	1955-2-21	22.31	1955	1955-2-28	21.80
1955	1955-2-22	22.30			

2.6.2 水位流量关系曲线的确定与延长水文资料

表2-2为某水文站日平均水位和相应日平均流量观测值，教师可选取部分水位流量观测数据指导学生练习用连时序法确定水位流量关系曲线、水位流量关系曲线的高低水延长。

表2-2 ×××水文站日平均水位和日平均流量观测值

年份	日期	流量(m³/s)	水位(m)	年份	日期	流量(m³/s)	水位(m)
1952	1952-7-1	31.9	20.60	1952	1952-7-23	76.1	21.01
1952	1952-7-2	30.0	20.58	1952	1952-7-24	73.3	20.96
1952	1952-7-3	34.3	20.62	1952	1952-7-25	99.3	21.19
1952	1952-7-4	53.8	20.80	1952	1952-7-26	154.2	21.56
1952	1952-7-5	76.2	21.00	1952	1952-7-27	182.4	21.81
1952	1952-7-6	97.1	21.18	1952	1952-7-28	177.8	21.78
1952	1952-7-7	142.9	21.48	1952	1952-7-29	182.5	21.80
1952	1952-7-8	208.0	21.86	1952	1952-7-30	187.0	21.84
1952	1952-7-9	340.0	22.63	1952	1952-7-31	182.0	21.82
1952	1952-7-10	367.0	23.03	1952	1952-8-1	172.6	21.76
1952	1952-7-11	317.5	22.91	1952	1952-8-2	158.7	21.66
1952	1952-7-12	282.2	22.56	1952	1952-8-3	139.6	21.52
1952	1952-7-13	226.8	22.21	1952	1952-8-4	117.5	21.36
1952	1952-7-14	194.5	21.95	1952	1952-8-5	109.1	21.29
1952	1952-7-15	169.1	21.75	1952	1952-8-6	107.6	21.28
1952	1952-7-16	148.0	21.58	1952	1952-8-7	132.2	21.38
1952	1952-7-17	138.9	21.51	1952	1952-8-8	232.0	22.10
1952	1952-7-18	126.3	21.42	1952	1952-8-9	219.0	22.13
1952	1952-7-19	112.8	21.32	1952	1952-8-10	192.0	21.93
1952	1952-7-20	100.5	21.23	1952	1952-8-11	170.0	21.75
1952	1952-7-21	90.7	21.15	1952	1952-8-12	167.5	21.62
1952	1952-7-22	82.3	21.07	1952	1952-8-13	231.0	21.84

续表

年份	日期	流量(m³/s)	水位(m)	年份	日期	流量(m³/s)	水位(m)
1952	1952-8-14	331.9	22.58	1952	1952-9-7	1 141.0	26.66
1952	1952-8-15	405.0	23.07	1952	1952-9-8	1 354.0	26.79
1952	1952-8-16	485.0	23.40	1952	1952-9-9	1 373.0	27.23
1952	1952-8-17	465.0	23.65	1952	1952-9-10	1 488.0	27.43
1952	1952-8-18	435.2	23.61	1952	1952-9-11	1 304.0	27.40
1952	1952-8-19	391.8	23.39	1952	1952-9-12	1 373.0	27.23
1952	1952-8-20	343.0	23.09	1952	1952-9-13	1 192.0	27.11
1952	1952-8-21	301.0	22.79	1952	1952-9-14	1 187.0	27.09
1952	1952-8-22	256.5	22.46	1952	1952-9-15	1 160.0	27.00
1952	1952-8-23	332.0	22.50	1952	1952-9-16	1 110.0	26.81
1952	1952-8-24	768.0	23.39	1952	1952-9-17	1 120.0	26.61
1952	1952-8-25	1 293.5	25.55	1952	1952-9-18	1 053.0	26.39
1952	1952-8-26	1 348.0	26.74	1952	1952-9-19	1 270.0	26.43
1952	1952-8-27	1 318.0	26.93	1952	1952-9-20	1 350.0	26.92
1952	1952-8-28	1 135.0	26.78	1952	1952-9-21	1 240.0	27.17
1952	1952-8-29	1 302.0	26.81	1952	1952-9-22	1 180.0	27.08
1952	1952-8-30	1 478.0	27.22	1952	1952-9-23	1 088.0	26.81
1952	1952-8-31	1 610.0	27.57	1952	1952-9-24	1 006.0	26.48
1952	1952-9-1	1 722.0	27.83	1952	1952-9-25	1 103.0	26.34
1952	1952-9-2	1 515.0	27.93	1952	1952-9-26	1 272.0	26.64
1952	1952-9-3	1 220.0	27.78	1952	1952-9-27	1 229.0	26.93
1952	1952-9-4	1 070.0	27.46	1952	1952-9-28	1 013.0	26.78
1952	1952-9-5	981.0	27.15	1952	1952-9-29	789.0	26.26
1952	1952-9-6	920.0	26.85	1952	1952-9-30	750.0	25.73

2.7 实习报告要求

2.7.1 实习报告总体要求

实习报告字数在 4 000~6 000 字为宜，封面应该包含课程名称、指导教师、学生姓名、学生学号和写作日期，要求统一使用 A4 纸打印稿，统一左侧装订。

2.7.2 实习报告写作要求

报告正文应包括实习目的、实习时间、实习地点、实习内容、实习体会等五部分内容。具体可参照以下提纲写作。

一、实习目的

二、实习时间

三、实习地点

四、实习内容

1. ＊＊＊水文站概况

2. 水文观测

本部分内容应包括水文站的全部观测项目,如水位观测、流量观测、降雨观测等。

3. 水文资料整编

因时间限制,只训练水位—流量关系曲线的确定、延长和插补水文资料。要求说明整编方法,并利用本教程所提供数据列出整编成果。

4. 水资源实习

要求说明水资源资料的收集途径、水资源的评价方法。查阅资料,针对全国或某一区域,了解水资源概况、存在的矛盾及解决办法。

五、实习体会

本部分内容要求根据实习内容,事实求是地写出自己的实习体会,如对我国水文观测现状的看法,我国(或部分地区)水资源问题的看法,学习这门课的心得体会等等。不得抄袭,且作为实习报告给分的依据之一。

实训 3
林业生态工程学课程设计

3.1 实习目的

林业生态工程建设是为了改善植被生长的环境、控制径流起点、防治土壤侵蚀、避免水害、保护农田，根据生态学、生态经济学、系统科学与生态工程学的原理与技术，针对自然环境特征和社会经济发展现状进行的以木本植物为主体，并将相应的动物和微生物等生物种群进行人工匹配结合而形成稳定高效的人工复合生态经济系统。林业生态工程学课程设计是林业生态工程学课程的一个重要教学环节。

通过对林业生态工程试点区域的考察实习，使学生将课堂中学习的理论知识与实践相结合，形成初步的感性认识；通过对指定区域的林业生态工程进行设计，使学生掌握和理解理论知识的具体和综合应用，提高学生的实践工作能力。

3.2 实习内容

3.2.1 野外考察实习

考察地点可以根据当地的实际情况，选择具有代表性的小流域建设现场或治理成果区，类型可以包括江河中上游水源涵养林业生态工程、侵蚀沟道林业生态工程、坡面防护林林业生态工程、库岸防护林林业生态工程等。

3.2.2 室内课程设计

进行指定小流域的林业生态工程设计，编写设计说明书，绘制设计图，课程设计指定小流域的背景材料见 3.5。

3.3 实习计划与安排

3.3.1 实习安排

第 1~2 天：参观各地区具有代表性的林业生态工程建设。
第 3~5 天：小流域的林业生态工程课程设计。

野外参观考察要求：
①参观期间严格遵守各项法律法规，爱护沿途的各项设施。
②遵守参观单位的各项规定，不能随意动用他人物品。
③听从实习指导教师和参观单位工作人员的安排，注意安全。
④参观考察时与实习内容所列出的要点相结合进行思考。

3.3.2 考核办法

实习成绩由两部分组成：一是课程设计的成绩，占80%；二是综合实习的成绩，占20%。主要根据实习过程中的表现、参观考察实习报告，进行量化打分。

3.4 实习操作方法

本门课程实习包括两部分内容：野外参观实习和林业生态工程的设计。

3.4.1 野外实习参观

为了增加学生对课本知识的感性认识，让学生实地感受和理解不同类型林业生态工程体系治理的成效和采取的不同措施，在本门课程中设置了野外实习参观这一环节。在参观时，要求了解实习地的自然地理、地貌特征，观察当地林业生态工程的景观格局及林种配置和不同林业生态工程的树种配置，具体内容如下：

(1)实习地的自然地理、地貌特征

包括地理位置、地理地貌特征、地质与土壤、气候特征、植被情况、水土流失状况和社会经济情况。

(2)林业生态工程体系的景观格局

主要指林业生态工程体系的林种"水平配置"，反映了林种之间的相互关系。包括各林种的形状和面积、林种之间的相对位置关系。具体内容包括：
①坡面林业生态工程体系的林种配置。
②沟道林业生态工程体系的林种配置。
③特种经济林的林种配置。
④库岸防护林业生态工程体系的林种配置。

(3)不同林业生态工程体系林种的树种配置

主要指林业生态工程体系各林种的"垂直配置"，反映了林种内部的结构。包括各林种的组成树种或植物种的选择和林分立体结构的配合形成。具体内容包括：
①坡面防护林树种配置。
②坡面薪炭林树种配置。
③坡面用材林树种配置。
④沟道防护林树种配置。
⑤特种经济林树种配置。

⑥库岸防护林树种配置。

3.4.2 林业生态工程体系的设计

为了让学生能够了解并熟悉小流域或一个地区林业生态工程规划设计的全过程，掌握林业生态工程体系规划设计的方法、步骤和技能，本次实习内容还包括林业生态工程体系的课程设计，林业生态工程体系设计包括规划、可行性研究和初步设计三个阶段，本实习针对林业生态工程的初步设计阶段要求进行。林业生态工程初步设计是对项目的各项工程进行通盘研究、总体安排和概略计算，以设计说明和设计图、表等形式阐明在指定的地点、时间和投资控制数以内，拟建设工程在技术上的可能性和经济上的合理性，对各项拟建工程作出基本技术、经济规定，并据此编制建设项目总概算书。

初步设计成果文件一般应分为两个层次：第一层次，项目初步设计总说明（含总概算书）及总体规划设计图；第二层次，各个单项工程初步或扩大初步设计说明（含综合概算）及设计图。本实习的具体材料是针对一个小流域，要求按第二层次编制初步设计成果。

具体内容及工作步骤如下：
(1) 课程设计的具体内容
课程设计的具体内容包括以下4个方面，设计成果说明书的提纲要求见3.6。
①林业生态工程体系的总体布局。
②林业生态工程具体林种的典型设计。
③林业生态工程体系的投资概算。
④林业生态工程体系的总体布局图和各林种的典型设计图。
(2) 课程设计工作步骤
① 在地形图上划定一个完整的小流域（回龙小流域），区别小流域内的土地利用类型，并量算流域面积和各土地利用类型斑块的面积，提取各种土地利用类型斑块的地形地貌、坡度、坡位等自然条件因子。回龙小流域地形图见附图1。
② 按主导因子分级组合法，对小流域进行立地类型划分，勾绘立地条件类型小班图，每一小班的面积不大于 $6\ hm^2$，对每一类型的面积进行量算。
③ 根据立地类型的特点配置合理的林业生态工程体系。
④ 对每一种林业生态工程林种进行造林模式设计，包括树种的选择、整地方式方法、种植点配置、苗木规格、造林季节、种植等内容。
⑤ 进行简单的经费概算。
⑥ 进行简单的效益分析。

3.5 课程设计背景资料

3.5.1 自然概况

3.5.1.1 地理位置

回龙小流域位于云南省砚山县中部，距县城西北 3 km，距州府文山 35 km，距省会昆明 336 km。海拔在 1 500～1 900 m，地理位置为 104°17′44″E，23°36′50″N。东与江那镇大外革村委会相邻，南与江那镇郊址村委会相邻，西与江那镇路德村委会迤勒村相邻，西北与江那镇舍木那、铳卡两村委会相邻。回龙小流域属珠江流域西江水系，公革河的一个集水单元，为公革河的源头，交通便捷，323 国道从境内穿过。

3.5.1.2　地质地貌

回龙小流域位于云贵高原南缘，总体地势自西向东倾斜，高原面保存较完整，地貌类型属侵蚀构造浅切割中山山地地貌。构造侵蚀中山丘陵地形，地质构造较复杂，其两侧为三江褶皱系哀牢山褶皱带，褶皱的翼部伴有平行的小断层，地层以碎屑岩为主，出露有第四系、泥盆系、奥陶系、寒武系地层。

(1)第四系(Q)

主要分布在河谷、洼地、山坡、山麓等，与下伏地层呈不整合接触，厚度较小。

①残坡积层(Q^{el+dl})　分布在山坡、山麓等部位，岩性为浅黄色、紫灰色砂质黏土，含少量碎石，局部有白色黏土透镜体，结构松散。

②冲洪积层(Q^{al+pl})　分布在河谷底部，岩性为浅黄色黏土、亚黏土，含砂浑圆状、次棱角状砾石、漂石。

(2)泥盆系(D)

①下泥盆统坡脚组(D_1^p)　棕黄色、灰绿色泥岩，粉砂质泥岩，页岩，局部夹粉砂岩，厚43～256 m。

②下泥盆系统翠峰山组(D_1^l)　上部紫灰色、棕红色页岩夹粉砂岩，中部灰白色中层状细砂岩，下部紫红色页岩及粉细砂岩，厚91～1 334 m。

(3)奥陶系(Q)

下奥陶统湄潭组(Q_1^m)　浅黄、灰绿及浅色薄弱——中层粉砂岩、砂质泥岩，局部夹中层细砂岩。厚124～614 m。

(4)寒武系(E)

上寒武统歇场组(E_3^x)　夹深灰色薄——中厚层白云岩、泥质条带白云质灰岩，局部夹少量硅质岩团块。厚335～613 m。

3.5.1.3　水文气象

回龙小流域地处北回归线附近云贵高原地带，属北亚热带高原季风气候，气候温和，年平均气温16℃，极端最高气温33.2℃，极端最低气温-7.8℃。7月气温最高，为26.1℃，1月气温最低，为10℃左右。无霜期302d，全年大于等于10℃积温为4 851℃。年平均降水量1 012.5 mm，降水垂直分布特点是随海拔高度上升逐渐递增。多年平均日照时数1 934.9 h，年蒸发量为1 100 mm。干湿季节分明，旱季为11月至翌年4月，受季风气候的影响，空气干燥、风大、蒸发量大，其降水量仅占全年14%～17%，而蒸发量却占全年的63%，雨季为5～10月，受西北和东南暖湿气流控制，降雨多，占年降水量83%～86%。而其中以7～8月最多，占全年的17%～23%。日照短，风速小。气候垂直变化异常明显，立体气候特征突出。

3.5.1.4 河流泥沙

回龙流域径流有泉水 3 处,涧沟 12 条,径流总量 $413 \times 10^4 \mathrm{m}^3$。流域内的公革河发源于回龙水库,河道比降在 2%~8%,多年平均含沙率、输沙量及变化趋势为:20 世纪 70 年代含沙率为 $0.48 \mathrm{~kg/m}^3$,输沙量为 198 t;20 世纪 80 年代含沙率为 $0.8 \mathrm{~kg/m}^3$,输沙量为 330 t;90 年代含沙率为 $1.19 \mathrm{~kg/m}^3$,输沙量为 419 t,含沙率、输沙量呈递增趋势。

3.5.1.5 土壤

回龙小流域内土壤为砂页岩类坡积地表覆盖层,以砂页岩黄壤土、红壤土、鸡粪土为主。脱硅富铝化作用强烈,铁猛结核较多,有机质含量为 1.4%~4.5%,pH 值为 4.5~6.8。砂页岩黄、红壤土主要分布在林地、旱地,鸡粪土分布于旱地、水田。土层厚为 0.3~0.5 m。适合植被、作物的生长。

3.5.1.6 植被

由于当地群众水土保持意识淡薄,森林植被受到了不同程度的破坏,植被覆盖率由 20 世纪 50 年代初期的 50% 下降到现在的 33%。坡耕地多,顺坡耕作时有发生,土壤侵蚀严重。造林结构以云南松、麻栎、栓皮栎、水冬瓜、直杆桉及针阔叶混交的灌木林为主,以蕨类、豆科、菊科、茜草科等草本植物为辅。农作物有水稻、玉米、小麦、大豆、花生等,经济作物有烟草、蔬菜等,经济林及果树有桃、李、椿、梨、柑、橘、竹等。

3.5.2 社会经济状况

3.5.2.1 行政区划与人口分布

回龙小流域内共有 5 个自然村 765 户 3 359 人,居住着汉、壮、彝等民族,人口密度 171 人/km²。农业人口 3 334 人,占流域人口的 99.3%,农业劳动力 1 930 人。

3.5.2.2 土地利用现状

(1)耕地

回龙小流域有耕地面积 907.93 hm²,占流域面积的 46.2%。其中,水田 99.80 hm²,梯田 41.73 hm²,坡耕地 766.40 hm²(11 496 亩*,其中坡度大于 25°的有 630 亩)。坡耕地占耕地面积的 84.4%,过多的坡耕地是水土流失的主要因素。灌溉设施欠缺,部分水田、梯田呈"靠天吃饭"局面,干旱季节对作物长势极为不利。

(2)林地

流域内林地为 662.87 hm²,占流域面积的 33.7%。疏幼林 323.53 hm²,占林地面

---

* 1 亩 =1/15 hm²。

积的 48.8%；有林地 329.73 hm^2，占林地面积的 49.7%；灌木林 3.20 hm^2；果木林 6.40 hm^2。

(3) 水域

回龙小流域水域面积为 53.07 hm^2，占流域面积的 2.7%。主要由回龙水库、公革河、泉水、水工建筑物构成。

(4) 未利用地

未利用土地包括荒山坡及难利用地。荒山荒坡 295.00 hm^2，占流域面积的 15%；难利用地包括裸土地、裸岩、石砾地等，共 6.20 hm^2。

(5) 非生产用地

非生产用地包括村庄、交通用地、田坎、坟墓、田间道路等，共 39.40 hm^2，占流域面积的 2%。

3.5.2.3 农业生产情况

流域内现有耕地面积 908 hm^2，属典型的农业区，其中坡耕地 766.4 hm^2，人均耕地 0.27 hm^2，水田 119.6 hm^2，粮食总产量 107.5×10^4 kg，农业人均有粮 320 kg。农作物以水稻、玉米、小麦为主，经济作物有烟草、辣椒、蔬菜等，果树有李、梨、桃等。水利基础设施薄弱，农田水利化程度较低，2001 年农民人均纯收入 720 元。

3.5.2.4 工、农业产值

回龙小流域地处北亚热带与暖温带交汇处，气候温和，属典型的农业区，目前境内无成规模的乡镇企业，其主要经济来源是农业经济收入。2001 年农业总产值为 497.6 万元，其中，农业产值为 420 万元，林业产值为 15.6 万元，牧业产值为 62 万元。

3.5.3 水土流失和水土保持现状

3.5.3.1 水土流失现状

流域内水土流失面积为 13.85 km^2，占小流域面积的 70.15%。轻度流失面积 3.4 km^2，占流失总面积的 24.6%，主要分布于原有疏幼林地。中度流失面积 5.48 km^2，占流失面积的 39.6%，主要分布于荒山荒坡。强度流失面积 4.26 km^2，占流失面积的 30.7%，主要分布于坡耕地。极强度流失面积 0.71 km^2，占流失总面积的 5.1%，主要分布于冲沟地段。小流域多年平均土壤侵蚀模数为 2 600 t/(km^2·a)，年侵蚀总量 $5.106\ 4 \times 10^4$ t，年平均侵蚀深 2 mm。水土流失主要发生在坡耕地和荒山荒坡，以面蚀为主，伴有部分滑坡。

3.5.3.2 水土流失成因

(1) 自然因素

①地质地貌　流域内地形破碎且高差大、地形复杂、立体气候明显，抗侵蚀能力差。在风化和雨水的强烈侵蚀下，土壤结构受到破坏，形成了水土流失。

②岩性　流域内有较多的砂页岩、砂砾、碎石裸露于地表，易风化，土壤结构松散，遇大雨、暴雨时，易产生泥石流。

③植被　植被是防止水土流失和土壤侵蚀的主要措施，由于流域内植被覆盖率低，抗侵蚀能力弱，雨滴直接对地表产生侵蚀，且流域内坡耕地多，水土流失加剧。

④降雨　降雨是形成水土流失的最主要原因，回龙小流域属北亚热带季风气候，降雨多发生在夏季，且呈单点性暴雨、连续降雨等形式，土壤含水量达到饱和，内摩擦角变小，易产生滑坡、塌方等，造成新的水土流失。

(2) 人为因素

①坡耕地　流域内坡耕地较多，且有相当部分为陡坡耕地，据不完全统计，坡度大于25°的坡耕地多达42 hm^2，加上顺坡耕作时有发生，一遇暴雨及坡面径流，极易形成水土流失，增加了"三跑"(跑水、跑土、跑肥)，导致土壤变薄，耕地减少，土壤肥力及有机质下降。

②人口增长　由于区内人口增长过快，生活和生产资源匮乏，农民知识贫乏，水土保持意识薄弱，生活贫困，传统耕作方式的沿用致使陡坡地增加，加之开荒日趋严重，从而加剧了水土流失。

③植被破坏　植被是控制水土流失的有效途径，但由于区内人口的过快增长和过度垦荒，森林植被遭受严重破坏，致使区内林草覆盖率从新中国成立初期的50%以上减少到33%，导致水土保持功能下降，水土流失加剧。

3.5.3.3　水土流失危害

水土流失危害主要表现在以下几点：

(1) 地力减弱

水土流失破坏表层土壤的团粒结构，导致耕作层变薄、土壤肥力下降、保水性能变差，农作物生长所需的氮、磷、钾等养分大量流失，使生产发展受到阻碍。

(2) 淤积水库、河道，抬高河床、降低防洪标准

坡耕地多、土壤侵蚀严重的地方，每年雨季，山洪携带大量的泥沙流入河道、水库、渠道等，降低了水利工程的效能，缩短水利工程的使用寿命。

(3) 洪灾频繁、水质变差、人畜饮水困难

林草覆盖率低，水源难以涵养，遇暴雨时，极易引发洪涝灾害。雨季河水浑浊，旱季河流干枯，使得灌溉、城乡供水日趋紧张，人畜饮水越来越困难。

3.5.3.4　水土保持工作开展情况

水土保持是国民经济和社会发展的基础，是国土整治、江河治理的根本。搞好水土保持工作，保护、利用好水土资源，对减轻洪旱灾害、改善生态环境、发展生产有着十分重要的意义。

砚山县委、县政府在"八五"期间就把水土保持工作纳入了议事日程，并于1998年5月成立了县水土保持委员会和执行机构水保办，建立健全了水土保持机构。在贯彻执行《中华人民共和国水土保持法》《中华人民共和国水土保持条例》《云南省实施

《中华人民共和国水土保持法》办法》的基础上,积极开展普法、规划、预防、治理和宣传等水土保持工作。积极开展农田水利建设,建成引水、拦蓄等水利工程。发动群众进行义务植树造林,1989 年后开展了坡改梯工程,1992~1994 年在各级政府的支持下,在丰收水库、稼依水库、听湖水库、回龙水库、红舍克水库、弯里坡水库等地植树745.18 hm²。其中,经济林 35.70 hm²,水源涵养林 709.48 hm²,经济效益、社会效益显著。近年来,群众水土保持意识逐步增强,正大力发展果木林。

3.6 实习报告要求

(1)野外考察实习报告

在野外考察实习结束后,根据参观和调查内容,完成考察实习报告,字数不少于 3 000 字。

(2)课程设计报告

①要求每一位同学独立完成课程设计。

②要求每一位同学单独提供以下最终成果。

• 按小班绘制回龙小流域林业生态工程体系总体布设图。

• 绘制回龙小流域土地利用现状图。

• 编写回龙小流域林业生态工程体系规划设计说明书,包括文字说明(约 1.5 万字)、造林模式设计图、计算表格。

(3)课程设计报告书撰写提纲

本次课程设计报告书撰写提纲范例:包括六个方面的内容:前言、回龙小流域概况、总体布局、林种典型设计、经费概算、设计结论。具体资料参看林业生态工程学教材。

前言

本部分主要从小流域林业生态工程体系设计的意义和思路两方面阐述。

1. 回龙小流域概况

2. 回龙小流域林业生态工程体系总体布局

2.1 布局原则

2.2 林业生态工程体系结构

2.3 立地类型划分

2.3.1 原则

2.3.2 主导因子的确定

2.3.3 立地类型划分结果

3. 林业生态工程体系布局

不同类型的林业生态工程体系有不同的林种组成,每个林种的面积要进行汇总。

4. 林业生态工程体系林种典型设计

由于不同林种从树种选择和结构设计、造林地施工与管理、造林方法、幼林地管理与成林抚育管理各个环节有所不同,在设计时要针对不同林种分别进行,以一种林种为例，典型设计具体内容包括七个方面，每个林种要附上造林模式典型设计图。

4.1 树种选择

(1) 选择原则

(2) 树种选择

4.2 整地

4.3 密度确定

4.4 种植点配置

4.5 种苗选择

4.6 栽植

4.7 抚育管理

……

5. 经费概算

6. 效益分析

实训 4
水土保持工程学课程设计

4.1 实习目的

水土保持工程学是一门应用型科学，工程类型很多、特点迥异，要牢固地掌握所学知识，提高分析问题和工作实践能力，需要通过野外实习和课程设计来加以保证。课程设计在理论学习结束后进行。通过课程设计掌握一项或几项水土保持工程措施的工程原理、工程布局、工程结构、功能特点、断面尺寸、CAD 制图、建筑材料、稳定分析等各个环节，最终达到掌握该项工程的设计要点，实现合理布局、安全经济、效益显著的目的。

课程设计旨在培养学生学会综合运用课堂上所学的理论知识，提高解决实际问题的能力，达到学以致用，理论联系实际的目的，并巩固和加深对所学知识的理解，掌握水土保持工程设计的一般思路和方法。

4.2 实习内容

水土保持工程类型丰富多样，要想通过一次课程设计对各项工程都能加深印象和掌握是不可能的，鉴于时间有限，本指导书选取典型泥石流沟道的拦砂坝设计和坡改梯为基本内容，进行水土保持工程措施设计。要求能够独立分析材料中提供的基本情况，运用水土保持原理以及工程学相关的理论知识，合理进行设计。

4.2.1 拦砂坝设计

选取典型泥石流沟道的拦砂坝设计为基本内容之一，进行水土保持工程措施设计。根据提供的材料进行综合分析，对流域基本情况有整体把握后，确定泥石流设计参数，再依次确定拦挡工程的规模、断面尺寸、需要采取的工程措施的设计以及概预算等，同时根据设计的数据绘制 CAD 图。

4.2.2 梯田设计

梯田是重要的水土保持工程措施类型之一，也是重要的农业用地，本设计选取坡面相对一致的小流域内的一片坡耕地，作为耕作区进行梯田设计，将坡耕地改造成高效梯田。主要是根据提供的资料和课本知识,确定梯田最优断面,再计算措施工程量和投资,同时根据设计的数据绘制 CAD 图。

4.3 实习计划与安排

4.3.1 实习安排

本实习采用课程设计的方式在室内完成,在课程相关章节结束或是课程结束后即可布置任务进行课程设计。拦砂坝设计和坡改梯任选一个,根据实习内容安排实习进度。

(1)拦砂坝设计

熟悉资料,明确设计要求和内容,分析并确定设计中的适用方法和依据,泥石流设计参数计算共 1 天,拦砂坝坝型选择和断面设计,排导槽及其他需要的工程措施设计和稳定计算绘图 3 天,绘图、投资估算和课程设计提交 1 天。

(2)坡改梯设计

熟悉资料,明确设计要求和内容,分析并确定设计中的适用方法和依据共 1 天,梯田断面形式选择、断面确定 1 天,梯田修筑土石方量计算及 CAD 图件绘制 1 天,投资概算 1 天,施工、维护、培肥地力说明及课程设计整理提交 1 天。

4.3.2 考核办法

实习成绩由两部分组成:一是室内集中辅导出勤率打分,占15%;二是课程设计报告打分,占85%,设计报告参考以下方面进行量化打分:①内容及其结构是否完整;②有无抄袭现象;③计算及其图件绘制是否准确。

4.4 拦砂坝设计背景资料

4.4.1 地理位置及地形概况

怒江州六库镇位于云南省西北部,芭蕉河位于六库镇西坡,地理坐标为:98°49′24″E ~ 98°51′36″E,25°50′00″N ~ 25°51′30″N。芭蕉河源于著名的高黎贡山东坡,怒江西岸,汇水面积为 4.08 km², 全沟长 4.33 km,流向自西向东,最高点海拔为 2 450 m,山口处海拔为 880 m,高差达 1 570 m,比降为 25%。沟床叠水、陡坎、拐弯多见。沟床阻塞系数为 1.3 ~ 1.7,沟侧山坡 30° ~ 35°,局部达 60°。河流出口后堆积有不同时期的洪积物,与怒江交汇处海拔为 790 m,相关图件见图 4-1 和附图 2。

4.4.2 水文地质

流域内主要分布的地层有元古代高黎贡山群变质岩系,以片岩、片麻岩、混合岩、变粒岩为主。山口地带出露寒武系保山组砂岩、板岩,产状为250L40。三叠河弯街组(T3)碳酸盐岩,以白云岩为主,产状为230L55,其表层大部分覆盖有厚 0.5 ~

4.4 拦砂坝设计背景资料

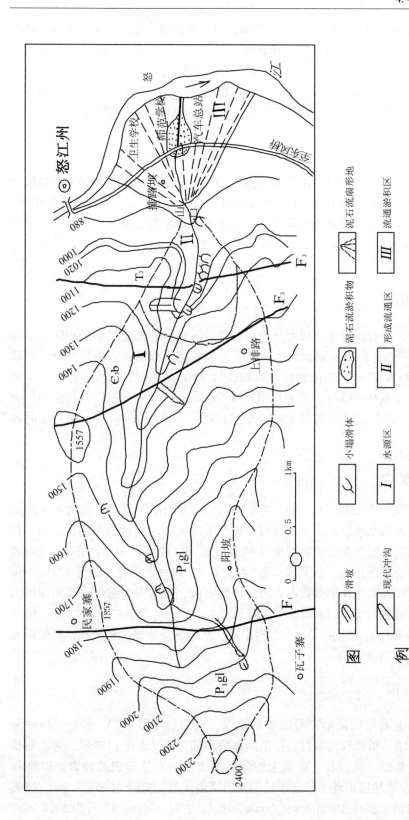

图 4-1 芭蕉河泥石流地质略图

1.0 m 的坡残积层。山口以东至怒江约 1 100 m，为一洪积扇，怒江州卫生学校、师范学校和汽车总站等单位设于此地，是州府重镇之一。新生代以来，构造应力呈东西向强烈挤压，地壳持续抬升，在长期地质营力作用下，岩体破碎，节理裂隙发育，溪沟下切，风化土层深厚，崩塌、滑坡发育，松散体物质储量达 $1\ 369 \times 10^4 \text{m}^3$，可移方量 $410 \times 10^4 \text{m}^3$，固体物质源丰富，为泥石流的形成创造了必要的物质条件。

4.4.3 植被

该流域属于亚热带湿润气候，年平均气温为 20.2 ℃，最高气温为 26.6 ℃，极端最高气温可达 41.6 ℃，最低气温达 4.5 ℃。年平均降水量为 1 011 mm，5～10 月为雨季，降水量占全年的 70%。芭蕉河内常年有水，但随季节流量暴涨暴落，旱季最小流量为 0.02 m³/s，雨季可增加数十倍。全流域林地面积占 68%，郁闭度为 60%，坡耕地占 32%。

4.4.4 泥石流概况

从流域特点看，泥石流形成过程可分为水源区、形成区、流通区和淤积区。水源区位于主沟海拔 1 060 m 以上，面积为 3.62 km²。发育有滑坡 3 个，坍塌 3 处，松散固体物质储量为 $636 \times 10^4 \text{m}^3$，单位储存量为 $120.44 \times 10^4 \text{m}^3/\text{km}^2$；形成区位于主沟海拔 1 060～880 m，面积 0.46 km²，发育有滑坡 4 个，坍塌 5 处，松散固体物质储量为 $730 \times 10^4 \text{m}^3$；流通、淤积区位于海拔 880 m 至怒江边，长度为 1.01 km，泥石流时冲时淤。

4.4.5 泥石流特征

1989 年 10 月 20 日 20：00 时，芭蕉河爆发了一场灾害性泥石流。高约 3 m 的泥石流龙头夹裹着巨大的漂砾急汇而下，冲毁、於埋了沟道两岸附近的州汽车总站、州邮电局、州民族师范学校等 6 个单位的房屋 40 栋，桥梁 2 座等，估计经济损失达 889 万元。根据灾后现场调查，泥石流剖面多为"泥包砾"，泥面呈黄色，坡降 8.7%，保存 1 年多仍未脱落，表明浆体稠度很高，为黏性泥石流。据房屋墙壁的泥痕和固体沉积物厚度，推算出流体容重为 21 kN/m³，经采样粒度分析，测得中值粒径为 $d_{50} = 2.5$ mm，用泥痕计算得流速为 4～5 m/s，根据武汉水电学院水槽实验公式计算的流速为 4.08 m/s，流量为 160 m³/s。

4.4.6 泥石流成因

芭蕉河山口以上属中山地形，侵蚀切割较深，大部分地段呈"V"形谷，岸壁陡峻，岸体破碎，崩塌、滑坡较为发育，松散固体物质储量达 $1\ 269 \times 10^4 \text{m}^3$，为泥石流的形成创造了物质基础。历时长、强度大的降雨是激发泥石流形成的动力。1989 年 10 月 3 日至 20 日，该地区出现了长达半月的连阴降雨天气，共降雨 461.7 mm，突破了历史同期所有极值，其中 10 日为 69.4 mm，16 日为 74.5 mm，17 日为 59.8 mm，

19 日为 50.5 mm，20 日晚又出现了高强度点暴雨而触发了大规模泥石流。

据资料记载，20 世纪 20 年代，该地区曾爆发过一次规模最大的泥石流。1949 年又爆发一次，但规模较小。从泥石流堆积扇的分布、厚度及堆积旋回分析，芭蕉河泥石流在历史上活动频繁，规模宏大，后期呈衰减之势，但近年来，随着人口增多，人类活动加剧，毁林开荒使生态恶化，泥石流活动趋于活跃。为此，积极对泥石流进行防治是完全必要的。

4.5　梯田设计背景资料

统计资料显示，目前我国共有耕地 1.217×10^8 hm²，其中坡耕地约为 $2\,390 \times 10^4$ hm²，占了近 1/5。作为水土流失的易发地，坡耕地不仅单产低，而且随着土壤中氮、磷、钾等有机质的不断流失，其地力会持续下降。

有鉴于此，水利部部署编制了《全国坡耕地水土流失综合整治工程规划》，计划实施坡耕地综合整治面积 1.333×10^4 hm²。其中坡耕地整治最重要有效的措施就是"坡改梯"，通过"坡改梯"建设高标准基本农田，使得坡耕地水土流失得到有效控制；土地理化性质得到明显改良，有效减轻自然灾害损失和水土流失造成的面源污染；促进退耕还林还草和生态恢复，使流域生态环境得到显著改善。

在《全国坡耕地水土流失综合整治工程规划》的指导下，山西省政府将西宋庄流域列为全省第一批重点梯田建设区域之一，准备给予充足的资金支持西宋庄流域各个自然村进行坡耕地整治工程，以增产增收，要求尽量考虑社会进步和经济发展对农业生产的要求，尽量实现区域水土资源的充分利用。新修梯田和坡改梯工程采用流域组织规划、自然村分散实施的方式进行。

试根据下面资料、表 4-1 和附图 3 内容进行梯田设计。

西宋庄流域位于交口县桃红坡镇，流域面积 4.31 km²，地貌类型属黄土丘陵沟壑区，水土流失严重，多年平均侵蚀模数 $10\,800$ t/(km²·a)[$8\,000$ m³/(km²·a)]，流域内涉及 5 个自然村，930 口人，300 个劳力，有耕地面积 180 hm²，全部为坡耕地，坡耕地坡度相对较陡，大部分地方坡长均在 1 km 以上，地面坡度集中在 8°~15°。地块间几乎没有其他非流失地类分割，没有地埂或地埂过于低矮、截排水设施不到位、耕作习惯不利于减缓水土流失等因素的存在，流域内坡耕地上水土流失的面积占到流域总面积的 82.52%，中度以上流失面积占到坡耕地总面积的 58.49%，每年坡耕地上的水土流失量达到 2.0×10^4 t。由于严重的水土流失，耕地保水、保土、保肥能力差，耕地质量不高。区域人均产粮仅有 250kg 左右，人均收入仅为 460 元。农业耕作全部为牲畜耕地。

该区属大陆性半干旱气候，春冬干燥多风，夏秋雨量集中，多年平均降雨量 580 mm，其中，7、8、9 三个月降雨量占全年的 60%，年蒸发量 1 715.8 mm，年平均气温 7.5℃，无霜期 150~170 天，区域土层深厚，平均约 25 m。

本区域土壤以典型黄土为主，粉质偏黏，土壤内摩擦角 22°，内聚力 9 kPa，湿容重 1.70 t/m³，重力加速度 9.81 m/s²。

表 4-1 本区域田坎高度与田坎坡度关系表

参考数据	地面坡度 $\theta(°)$															
	5				10				15				20			25
$H(m)$	1.0	1.5	2.0	2.5	1.0	1.5	2.0	2.5	1.0	1.5	2.0	2.5	1.0	1.5	2.0	2.5 1.0 1.5 2.0 2.5
$\alpha(°)$	76	75	74	73	75	74	73	72	74	73	72	72	74	73	72	71 73 72 71 70

4.6 实习报告要求

4.6.1 课程设计总体要求

(1) 根据材料中的自然条件及水土流失特点进行正确的工程选择与布局。

(2) 力求达到工程结构合理、安全稳定、效益显著的原则。

(3) 工程图件须用计算机辅助设计软件 AutoCAD 绘制，图件绘制在适合尺寸的图纸上，图排版有序，有图件名称、图件比例、尺寸标注和标题栏。具体绘图规范可见《水利水电工程制图标准水土保持图》(SL 73.6—2001)。

(4) 每人完成设计报告书一份，报告书须图文并茂，文、图、表内容一致；

(5) 编写设计时，应有自己的见解，在规定时间内独立完成。设计书力求简练，符合逻辑，书写认真；图表清晰，装订整齐。严禁照抄照搬。

(6) 设计报告封面写清楚课程设计内容、姓名、学号、班级、指导老师。

4.6.2 拦砂坝设计要求

设计报告书的组成大致如下：

第一章 小流域基本情况

一、地理位置及地形概况

二、水文地质

三、植被

四、泥石流概况

五、泥石流特征

六、泥石流成因

第二章 泥石流设计参数计算

一、不同设计频率的最大 24 h 降水量(H_{24p})的计算

1. 将芭蕉河流域 1958~1989 年 32 年的实测最大 24 h 降水量列于表 4-2 中，计算出系列的统计参数，如均方差、变差系数、偏差系数，然后在频率格纸上点汇暴雨频率曲线。

2. 适线：采用不同的 C_s 值进行适线，列表计算：理论频率曲线计算表。分别绘制出理论频率曲线，然后找出与经验点据配合得较好的理论曲线，在此曲线上查找不同频率的最大 24 h 降水量，列成表格。

表 4-2　芭蕉河流域设计暴雨频率计算表

序号	时间	H_{24i}(mm)	H_{24i}大→小	经验频率(%) $p=m/(n+1)$
①	②	③	④	⑤
1	1958-08-15	86.0		
2	1957-07-09	64.8		
3	1960-07-16	45.4		
4	1961-06-30	51.4		
5	1962-08-21	63.7		
6	1963-07-25	41.9		
7	1964-05-20	66.3		
8	1965-09-05	71.7		
9	1966-07-12	88.6		
10	1967-09-10	57.5		
11	1968-08-11	55.2		
12	1969-09-03	44.6		
13	1970-08-17	52.1		
14	1971-07-28	44.8		
15	1972-11-04	54.2		
16	1973-07-24	64.9		
17	1974-08-05	41.8		
18	1975-07-30	52.4		
19	1976-06-18	70.5		
20	1977-07-06	66.3		
21	1978-08-21	53.3		
22	1979-08-14	56.7		
23	1980-06-28	38.6		
24	1981-07-21	47.8		
25	1982-08-14	55.2		
26	1983-08-24	61.5		
27	1984-09-16	35.6		
28	1985-07-09	43.8		
29	1986-07-28	72.3		
30	1987-09-07	59.8		
31	1988-08-17	56.5		
32	1989-10-10	74.5		

二、清水洪峰流量(Q_{wp})计算，列表

按照公式 $Q_{wp}=k_m \cdot F^{\frac{2}{3}} \cdot k_p$ 来计算，其中 $k_m=2.6\text{m}^3/(\text{s}\cdot\text{km}^2)$，选取 $C_s=2C_v$，$C_v=0.35$，然后查 P-Ⅲ型模比系数可得出 k_p。

三、泥石流洪峰流量(Q_{cp})计算，列表

泥石流洪峰流量计算参见教材提供的方法，结合资料进行选择。

四、泥石年流淤积量(W_{cp})计算，列表

泥石流淤积量计算采用侵蚀模数法，根据对流域综合情况的判断，给出林地和坡耕地的侵蚀模数，给出输移比，结合侵蚀物容重和不同地类面积计算W_{cp}。参考林地侵蚀模数为：1 000 t/(km²·a)，坡耕地侵蚀模数为：8 000 t/(km²·a)。

将泥石流设计参数计算列于表4-3。

表4-3 参数计算表

P
k_p
Q_{wp}
Q_{cp}

第三章 拦砂坝设计

一、坝址选择：说明选址原因，并在地形图上相应的位置标示出来。

二、坝型选择：要求写出坝型名称和建筑材料。

三、坝的设计：(一)初步拟定断面尺寸，并绘制断面图；(二)溢流口水力计算；(三)稳定性分析；(四)坝下消能设计，并绘图。

四、拦砂坝库容及淤积年限计算。

第四章 排导槽设计

一、排导槽平面布置形式，需在地形图上示意性绘制出布置位置。

二、排导槽断面设计：纵坡降、断面型式、断面尺寸、过流泥深、建筑材料等，并绘图。

第五章 水土保持工程投资估算

一、拦砂坝部分：(一)主体工程量，单价(见表4-4，也可根据水土保持相关定额计算单价)，小计；(二)副坝(或其他消能工程)工程量，单价，小计。

表4-4 拦砂坝设计水土保持投资估算表(元)

编号	名称	单位	数量	单价	合计	备注
一	工程措施					
1	主坝					
	土方开挖	m³		20		
	$M_{7.5}$浆砌块石	m³		220		
2	副坝					
	土方开挖	m³		20		
	$M_{7.5}$浆砌块石	m³		220		
3	排导槽					
	土方开挖	m³		20		
	$M_{7.5}$浆砌块石	m³		220		

(续)

编号	名称	单位	数量	单价	合计	备注
二	植物措施(无)					
三	临时措施(无)					
四	其他费用					
1	建设管理费	%	2			
2	工程建设监理费	%	1.5			
3	科研勘测设计费	%	6			
	一至四部分合计					
五	基本预备费	%	5			
六	总投资					

二、排导槽部分：挖方量，砌石方量。

三、总造价：按照工程的设计尺寸，计算各个工程的工程量，写出必要的计算过程。然后把"其他费用"一并考虑，将结果填与水土保持投资估算表。

4.6.3 梯田设计要求

按照附图3粗虚线划定范围作为1个耕作区进行梯田设计，设计时只考虑田块及其相关设计，附属设施只做说明不做设计。

梯田设计基本原则遵循以下几点：
①与农业规划相一致，因地制宜，统一规划，在5°~25°的坡耕地上修建。
②投资省、工程(量)少、便于施工。
③集中连片、规模适度、便于管理。
④埂坎材料就地取材，设计合理、稳定、占地损失少。
⑤灌排结合、水系、道路与田块综合配套布设。
⑥先进行田坎高度设计，由田坎高度控制田面宽度。
⑦同一地形坡度按同一坎高设计。

设计标准遵循以下几点：
①水平梯田的设计防洪标准为10年一遇24 h最大暴雨，一般减少径流90%以上。
②保留活土层在70%以上。因为活土层是经过多年耕作熟化的土壤，结构好、肥力高，适宜作物生长。坡面平整时，表土复原是改造成功与否的关键。
③土层厚度60~80 cm，熟土层在30~50 cm，进行适当深翻，是改善土壤理化性状，增加土壤团粒结构，促进土壤熟化的最佳层位。
④田坎牢固，田面平整，讲究施工操作程序和技术质量要求。
⑤各种配套设施到位。

设计报告书的组成大致如下：

第一章 耕作区基本情况

一、地形地貌

二、土地利用现状

第二章　梯田设计参数计算

一、设计原则和设计标准

二、梯田断面形式选择

三、田面宽度初步拟定

四、梯田断面拟定(绘制 A-A、B-B 剖面图,分析剖面图,根据拟定的田面宽度,计算田坎高度,拟定田坎坡度,拟定田埂尺寸;数据列进表4-5)

五、田坎稳定分析

六、梯田需功量计算(填入表4-6、表4-7)

七、最优断面选择及绘图

第三章　附属设施规划说明(图上画出位置示意)

第四章　施工组织

第五章　工程量及投资概算

一、工程量汇总

二、投资概算(填入表4-8)

表4-5　梯田设计情况表

地面坡度 θ	地坎高度 H	田面宽度 Bm	地坎侧坡 α	斜坡长度 $Hb(L)$	田坎稳定系数

表4-6　耕作区内梯田工程逐块分坡度单位面积工程量统计表

地面坡度 θ	地坎高度 H	田面宽度 Bm	地坎侧坡 α	斜坡长度 $Hb(L)$	单位面积土方工程量 (m^3/hm^2)	保留表土工程量 (m^3/hm^2)	单位面积筑埂工程量 (m^3)	覆表土工程量 (m^3/hm^2)

表4-7　耕作区内梯田工程逐块分坡度总面积工程量统计表

地面坡度 θ	坡改梯面积 (hm^2)	土方工程量 (m^3)	表土工程量 (m^3)	单位面积筑埂工程量 (m^3)	覆表土工程量 (m^3)

表 4-8　工程投资概算表　　　　　　　　　　　　　单位：元

编号	工程或费用名称	单位	数量	单价	合计
一	梯田工程				
1	推土机坡改梯(1°)	hm^2			
	田坎清基	m^3			
	筑埂	m^3			
	保留表土	m^3			
	修平田面	m^3			
	覆表土	m^3			
2	推土机坡改梯(2°)	hm^2			
	保留表土	m^3			
	修平田面	m^3			
	田坎清基	m^3			
	覆表土	m^3			
	筑埂	m^3			
3	推土机坡改梯(3°)	hm^2			
⋮	⋮	⋮			
二	第二部分　独立费用				
1	建设管理费	%	1.6		
2	科研勘测设计费	%	3.5		
3	工程建设监理费	%	1.5		
4	水土保持监测费	%	0.6		
三	第三部分(一至二部分之和)				
	预备费	%	3.0		
	工程总投资				

实训 5
荒漠化防治工程学课程实习

5.1 实习目的

通过荒漠化防治工程学实习使学生对荒漠化的过程及危害、荒漠化防治工程措施的种类、特征、作用机理、布局与实施方法，以及荒漠化防治工程体系有一个直观的认识与了解，巩固和强化学生对荒漠化防治理论与方法的学习成果，使学生获得荒漠化防治的基本实践经验，为今后工作或进一步的学习打下基础。

5.2 实习内容

荒漠化防治工程学实习课程可分为室内实习与野外实习两种形式，以野外实习为主。

5.2.1 室内实习

室内实习主要形式有室内观摩(教学录像、图片、实物展示等)、室内实验与课程设计(数据处理、撰写实习报告)等。

①在世界地图上指出全球主要干旱气候带与荒漠化地区的分布范围，并分析其成因。

②在中国地图上指出我国主要荒漠化土地类型的分布范围，并分析影响我国北方荒漠化(沙漠化)进程的主要因素。

③通过实物、图片和教学录像了解主要荒漠化地区自然地理和生态环境的主要特点。

④进行土壤颗粒组成的测定(比重计速测法)，统计野外调查数据，总结室内和野外认知内容，撰写实习报告。

5.2.2 野外实习

野外实习主要形式包括野外调查、野外观测、样品采集和生产实践等。

①荒漠化地区的自然地理环境和人文环境，包括气候、土壤、地貌、植被、人类活动及其影响和作用。

②荒漠化地区相关气候因子测定、土壤样品采集和植被组成调查的主要过程与方法。

③荒漠化防治工程措施实习，如植物固沙，掌握植物治沙的特点、机理、基本原则、实施过程与步骤，不同沙区适宜的治沙植物种类、整地措施与植物治沙模式；机械沙障，掌握机械沙障的种类、特点、治沙原理，实施过程与步骤。

5.3 实习计划与安排

5.3.1 实习安排

第1天：室内实习，了解荒漠化地区自然与人文环境等；

第2天：野外实习，认识荒漠化地区的自然与人文环境等，测定相关气象因子、采样、调查等；

第3天：野外实习，荒漠化防治工程措施实习，如植物固沙、机械沙障等；

第4天：野外、室内实习，补充野外调查数据，进行土壤颗粒组成分析；

第5天：室内实习，总结实习内容，撰写实习报告。

野外实习要求：

①严格遵守各项规定，爱护沿途的各项设施、设备。

②遵守实习教学环节的各项规定，不随意丢弃垃圾。

③听从实习指导教师的安排，注意安全。

④对实习要点进行思考，理论联系实际。

⑤学生每人交一份实习报告，教师向院里交一份实习总结。

5.3.2 考核办法

实习成绩由两部分组成：第一部分是实习报告的成绩，占80%；第二部分实习期间表现的成绩，占20%，主要根据实习过程中的表现、参观考察实习报告，进行量化打分。

5.4 实习器材

影像、图片、便携式气象站（图5-1）、望远镜、标杆、皮尺、铁铲、土袋、孔筛、手套、铅笔、橡皮、小刀、手持GPS、照相机、调查统计表格、天平（感量0.01 g）、有柄瓷钵、橡皮塞玻棒、大漏斗、定时钟、沉降筒、搅拌棒、温度计、甲种比重计（鲍氏比重计）等。

图5-1 便携式气象站

5.5 课程实习背景资料

5.5.1 荒漠化概况

5.5.1.1 世界气候类型与荒漠化分布

在世界地图上，我们会发现五大洲都有一些被灰色斑点覆盖的地方，那里就是沙漠。沙漠是荒漠地带的主体，荒漠是在沙漠气候下形成的一种地理景观。沙漠气候形成的原因是空气含水量低，或气流下沉而难以成云致雨，同时蒸发强度大，降水量远大于蒸发量。

沙漠气候集中在副热带地区大陆的中部与西岸以及中纬度的内陆地区，包括热带沙漠与温带荒漠两种类型（图5-2）。热带沙漠的形成主要由于受到副热带高压带与信风带的交替控制，副热带高压控制下的气流下沉而难以成云致雨，而信风带（北半球为东北风，南半球为东南风）的背风海岸（大陆西岸），风从陆地吹向海洋，极其干燥。在副热带大陆西岸寒流经过的沿海地带还有一种特殊的副热带大陆西岸多雾干旱气候，由于受副热带高压和沿岸寒流的共同影响，近地表大气出现逆温层，从海洋蒸发的水汽难以上升，而积聚在地表附近，空气湿度大，但难以成云致雨，只成雾。温带荒漠主要分布在大陆内部以及高大山系背风坡雨影带，是海洋湿润水汽难以到达造成的。

亚洲与非洲荒漠面积最为广阔，西起20°W的大西洋海岸、东到120°E的中国北方地区，南至15°S的非洲萨瓦纳草原（由于来自阿拉伯半岛的干燥的东北季风，以及埃塞俄比亚高原阻挡了东南信风越过赤道形成的西南暖湿气流，导致干旱气候在东北非洲之角地区向南延伸到赤道附近），北达50°N接近北方针叶林带，从西南向东北延伸，形成了纵横数万里，跨越亚、非、欧（欧洲荒漠仅分布在东南一隅，是中亚荒漠向西延伸的部分）20几个国家的亚非荒漠带，包括撒哈拉沙漠、鲁卜哈利沙漠、塔尔沙漠、卡拉库姆沙漠、塔克拉玛干沙漠等世界著名的大沙漠。在非洲西南部的纳米比亚、博茨瓦纳、南非三国境内也有面积较大的荒漠地带，其中包括著名的纳米布沙漠。澳大利亚是除南极洲之外降水量最为稀少的大陆。由于大分水岭山脉的影响，来自南太平洋的东南信风只影响其东海岸，除西南角（帕斯）向南突出，冬季受西风带影响，为地中海气候外，澳大利亚中西部荒漠广布，有维多利亚沙漠、大沙沙漠等。美洲荒漠面积较小，主要分布在墨西哥北部与美国西南部。其形成除受副热带高压影响外，也由于高大的落基山脉阻碍了西风带带来的太平洋湿润水汽；同时，墨西哥湾湿热气流在向高纬度输送的过程中，由于地转偏向力的作用，向右偏转为西南风，难以到达美国西部地区。南美洲是世界水资源最为充沛的大陆，其热带荒漠主要集中在安第斯山脉以西的太平洋海岸。由于受寒流影响以及高大的安第斯山阻挡了水汽充沛的东南信风气流，导致荒漠地带从秘鲁中部起向北延伸很远，直到赤道附近。秘鲁北部的阿塔卡马沙漠号称世界"干极"，曾经有从1845年到1936年连续91年滴雨未下的记录。南美洲的温带荒漠分布在阿根廷南部，即巴塔哥尼亚高原，其形成主要是因为处于安第斯山东麓的西风带背风坡雨影区。以上就是世界主要的荒漠化地带。

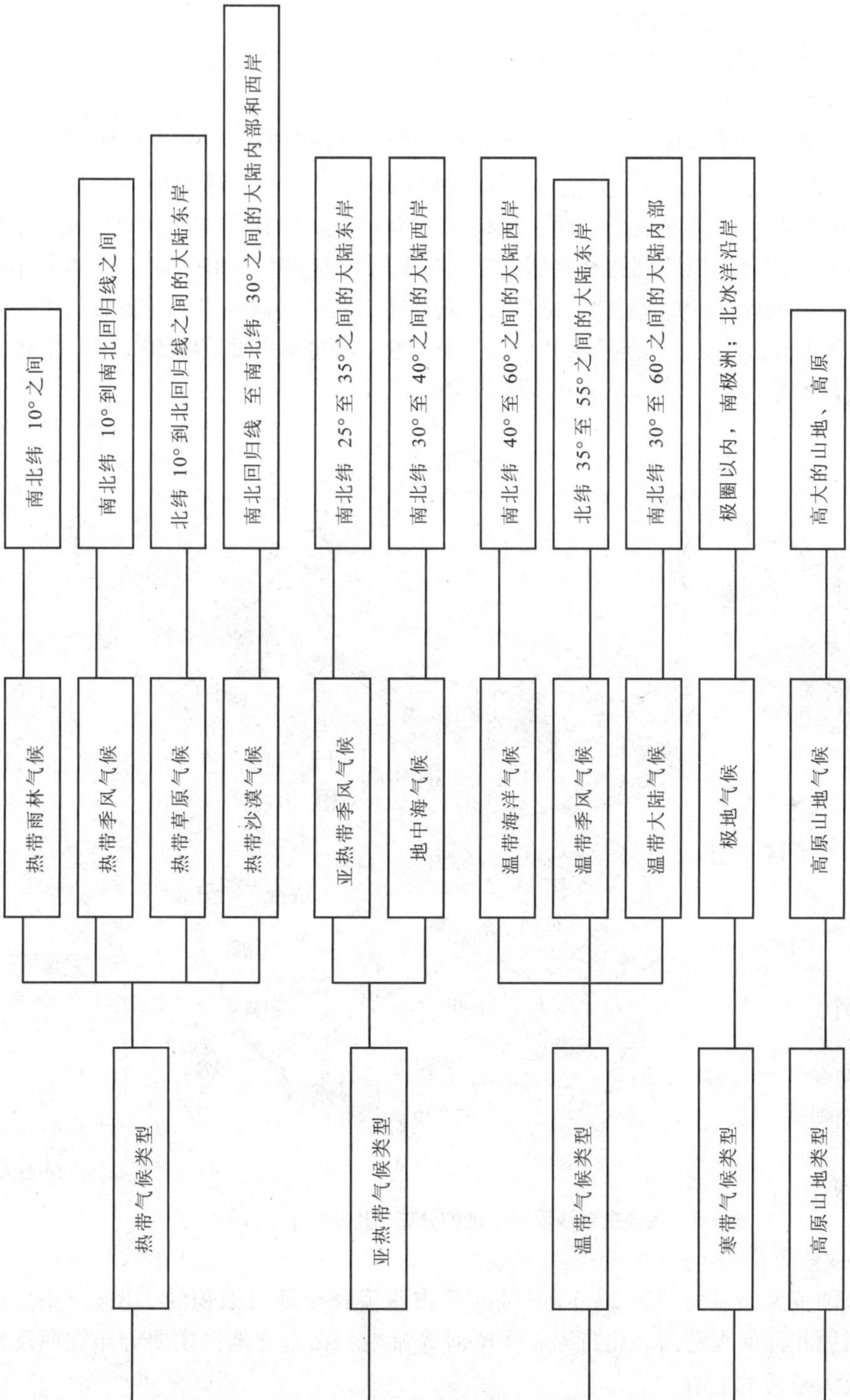

图 5-2 世界气候类型的分布

- 世界主要气候类型及分布
  - 热带气候类型
    - 热带雨林气候 —— 南北纬 10°之间
    - 热带季风气候 —— 南北纬 10°到南北回归线之间
    - 热带草原气候 —— 北纬 10°到北回归线之间的大陆东岸
    - 热带沙漠气候 —— 南北回归线至南北纬 30°之间的大陆内部和西岸
  - 亚热带气候类型
    - 亚热带季风气候 —— 南北纬 25°至 35°之间的大陆东岸
    - 地中海气候 —— 南北纬 30°至 40°之间的大陆西岸
  - 温带气候类型
    - 温带海洋气候 —— 南北纬 40°至 60°之间的大陆西岸
    - 温带季风气候 —— 北纬 35°至 55°之间的大陆东岸
    - 温带大陆气候 —— 南北纬 30°至 60°之间的大陆内部
  - 寒带气候类型
    - 极地气候 —— 极圈以内，南极洲；北冰洋沿岸
  - 高原山地类型
    - 高原山地气候 —— 高大的山地、高原

5.5.1.2 我国荒漠化土地分布特征

我国有风蚀荒漠化、水蚀荒漠化、冻融荒漠化、土壤盐渍化等4种类型的荒漠化土地。

(1) 风蚀荒漠化

我国风蚀荒漠化土地面积 $160.7 \times 10^4 km^2$，主要分布在干旱、半干旱地区，在各类型荒漠化土地中是面积最大、分布最广的一种(图5-3)。其中，干旱地区约有 $87.6 \times 10^4 km^2$，大体分布在内蒙古狼山以西，腾格里沙漠和龙首山以北包括河西走廊以北、柴达木盆地及其以北、以西到西藏北部。半干旱地区约有 $49.2 \times 10^4 km^2$，大体分布在内蒙古狼山以东向南，穿杭锦后旗、磴口县、乌海市，然后向西纵贯河西走廊的中—东部直到肃北蒙古族自治县，呈连续大片分布。亚湿润干旱地区约 $23.9 \times 10^4 km^2$，主要分布在毛乌素沙漠东部至内蒙古东部和106°E之间。

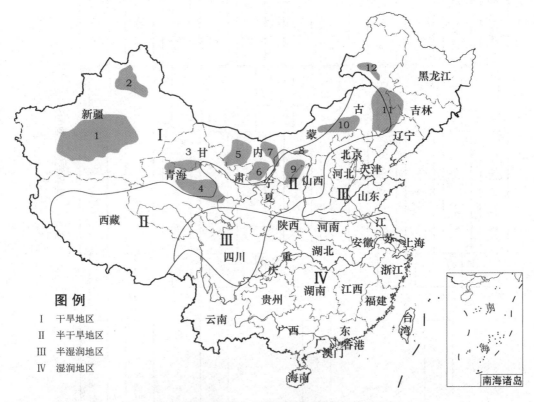

图5-3 我国主要沙漠与沙地的分布(胡兵辉等，2010)

(2) 水蚀荒漠化

我国水蚀荒漠化总面积为 $20.5 \times 10^4 km^2$，占荒漠化土地总面积的7.8%。主要分布在黄土高原北部的无定河、窟野河、秃尾河等流域，在东北地区主要分布在西辽河的中上游及大凌河的上游。

(3) 冻融荒漠化

我国冻融荒漠化地的面积共 $36.6 \times 10^4 km^2$，占荒漠化土地总面积的13.8%。冻融荒漠化土地主要分布在青藏高原的高海拔地区。

(4)土壤盐渍化

我国盐渍化土地总面积为 $23.3 \times 10^4 \text{km}^2$，占荒漠化总面积的 8.9%。土壤盐渍化比较集中连片分布的地区有柴达木盆地、塔里木盆地周边绿洲以及天山北麓山前冲积平原地带、河套平原、银川平原、华北平原及黄河三角洲。

形成荒漠化的因素(以西北地区荒漠化为例)，包括人类不合理的经济活动和自然因素。其中自然因素(不能改变)是最主要的：①干旱，蒸发量大于降水量。深居内陆，距海远，海洋水汽难以到达，四周高山环绕，如青藏高原阻挡；②多大风；③接近冬季风源地(西伯利亚)，地形起伏小，无高山阻挡，使大风长驱直入；④植被稀少，植被覆盖率低；⑤土质疏松，多沙漠(此为荒漠化扩大的基础)。

5.5.2 实习地概况

5.5.2.1 实习地自然社会经济概况

苏力德苏木位于毛乌素沙地中部、内蒙古自治区乌审旗西南部，东与嘎鲁图镇相连，南与无定河镇相邻，西至鄂前旗。总面积 3 150 km²，是全旗面积最大的苏木镇，总户数 3 506 户，总人口 11 646 人。其中，蒙古族 8 598 人，占总人口的 73.8%；汉族 3 045 人，占总人口的 26.1%。2005 年 10 月由原沙尔利格镇、陶利镇合并而成，下辖 9 个牧业嘎查，2 个农业村，55 个农牧业社。境内可利用草场面积 $25.85 \times 10^4 \text{hm}^2$，畜均 0.7 亩，水浇地面积 7 466.67 hm²，人均 0.58 hm²。年内 8～10 月是全放牧期，5～7 月和 11 月为半舍饲半放牧期，其他月份为舍饲期。年降水量 350～400 mm，年蒸发量约 2 400～2 600 mm，年平均气温 6～8℃，≥10℃ 积温 2 800～3 000℃，年平均风速 3.4 m/s，全年日照时数 2 800～3 000 h。冬、春季降雪稀少，夏秋季雨水集中，年际和年内变化很大，多西北风，风沙频繁，属于半干旱地区。草食畜牧业是全苏木的主要支柱产业。

苏力德苏木物产丰富，交通、通信便利，具有得天独厚的自然资源优势和较强的经济后发优势。达掌线贯穿全苏木 7 个嘎查村，另有达敖线、沙大线、陶苏线、苏哈线，全苏木通油路嘎查达 11 个。世界级整装气田——苏里格大气田就在境内，已探明日产天然气 $120.6 \times 10^4 \text{m}^3$ 的高产气井有苏 6、苏 4、苏 8、苏 9、苏 10 等多座。据专家预测，该气田探明储量可达到 $3\,000 \times 10^8 \sim 4\,000 \times 10^8 \text{m}^3$，是我国"西气东输"的气源之一。地上资源有天然麻黄、甘草、沙地柏、小叶鼠李等天然林木资源和白晋土、矿泉水等矿产资源。

苏力德苏木文化底蕴深厚，民情淳朴，萨岗彻辰、贺希格巴图两位大文豪一个长眠于此，一个诞生于此。并有内蒙古自治区级文物保护单位——文公梁古墓群、千年古刹——陶尔庙和蒙古大汗国——九游白纛等多处文化旅游资源。尤其是建苏木以来，当地深挖资源优势，从强化畜牧基础、扩张工业产业、改善生态环境、协调文化发展出发，围绕"以人为本，建设绿色乌审"的发展理念，坚持以科学发展观为统领，注重调查研究，创造性地开展工作，在抓实事、求实效、谋发展、促跨越方面狠下工夫，因地制宜地提出"畜牧业固苏木、工业强苏木、三产活苏木，加快建设和谐新牧区"的发展思路，全力推动牧区经济快速发展。2006 年，财政收入突破 2 094.8 万元，农牧民人均纯收入达 5 738 元，牧业年度牲畜总头数达到 371 432 头(只)。全苏木经济社会发展呈现良好态势。

5.5.2.2 沙漠化防治情况

目前，乌审旗各类风蚀沙化土地占总面积的 90% 左右，苏力德苏木沙漠化情况也不容乐观。沙化面积的不断扩大，造成生态环境严重恶化，大面积草场、农田被流沙吞噬，许多村庄、房屋被掩埋，道路和电力、通信线路时常受阻中断。严酷的现实，逼迫当地人必须绝地谋生。一条防沙治沙，求生存、谋发展的生态保护和建设之路在当地渐渐成型。清朝民国年间的反放垦运动，除了反帝、反封建的政治意义之外，还有反垦荒、保护生态的意义，先后坚持斗争 80 多年。20 世纪 50 年代，当地政府就明文规定"禁止开荒"，鼓励广大干部群众植树造林，各地出现了营造民兵林、青少年林等造林活动，并陆续建立了国有林场、治沙站，出现了地方性治沙造林种草先进集体。当时的伊克昭盟(现鄂尔多斯市)就提出"种树、种草、基本田"，将有条件耕种的土地作为基本农田，其他广种薄收的土地都退出来种树、种草、恢复植被，同时制订了第一个攻水治沙规划，明确了"以牧为主"的方针，把"禁止开荒"提上了政府的议事日程。十一届三中全会以后到 20 世纪末开始，全面实施农村土地家庭联产承包责任制，将大面积的沙化土地退耕还林还草，并且严禁开荒，实行畜草双承包，把草场包括沙化草场划分到牧户，生产由"三乱一超"(乱垦、乱采、乱伐、超载过牧)转变为"水、草、林、料、机"五配套的小草库伦建设，积极实施"三种五小"(即种树、种草、种柠条、小水利、小草库伦、小流域治理、小经济林、小农机具)来规范生产，禁止乱垦、乱采、滥伐，实行薪炭配送和薪炭林补贴政策，地方政府严格贯彻"谁造、谁管、谁有、可以继承"的国家政策，国家陆续实施的三北防护林、水土流失治理、退耕还林还草等重大工程极大地加快了治理步伐，并且逐年增加投资。进入新世纪，党中央、国务院开始实施西部大开发战略，把生态建设作为西部大开发战略重点之一，采取了包括加大投资在内的一系列重大措施，为苏力德苏木的防沙治沙、生态建设事业提供了前所未有的历史机遇。该区草牧场全面实行"禁、休、轮、限"(封闭禁牧、定期休牧、划分轮牧、以草定畜限牧)，牲畜实行舍饲半舍饲，为生态好转、植被恢复奠定了良好的基础。同时，部分企业进入治沙业，利用沙漠资源选种可以加工增值、有经济价值的适地植物(如沙柳、甘草、沙棘等植物)发展沙产业，在有水利条件的地方打井种草，进行饲草加工等草产业，有力地推动了防沙、治沙、管沙、用沙的防治沙漠化和生态建设的发展，也极大地调动了广大农牧民植树、种草的积极性，深刻地证明了钱学森沙产业理论的科学性和适用性。从此，苏力德苏木从单纯的防沙治沙发展到了沙产业、草产业、林产业的新阶段，形成了生态产业化、产业生态化格局，这已经成为沙区脱贫致富、开拓新的生存发展环境的重要途径。

通过上述努力最终形成了当地特有的沙漠化防治措施体系和治理模式，如植物措施、工程措施、化学措施等(图 5-4)，还形成了"草业冠、等高田、树封沟"、"作物突破、草畜跟进"、"小生物圈"、"多元系统"、"生态网"、"三圈"等复合型生态经济治理模式。

图 5-4　几种不同类型的沙障（供图单位：宁夏农林科学院荒漠化防治研究所）

5.6　实习报告要求

5.6.1　实习报告总体要求

①实习报告字数不得少于 5 000 字；采用 A4 纸打印，统一左侧装订。
②封面格式：课程名称、实习人（学号）、班级、地点、指导老师、日期。

③正文按照以下顺序撰写：实习名称、实习目的、实习内容、实习安排、实习方法和步骤、实习记录、实习结果分析。

5.6.2 实习报告写作要求

实习报告内容应包括实习的目的、实习的主要内容、实习的时间地点、采用的调查和分析的方法、调查的主要内容与结果分析，以及完成实习老师布置的思考题和实习5天的心得体会。要求测试部分有具体的描述；调查部分既要有调查结果，又要有分析结论，并将调查结果填入表5-1、表5-2、表5-3。

表5-1 荒漠化地区气象因子调查表

时间	空气温度（℃）	空气湿度（%）	光照强度（lx）	风速（m/s）	风向	土壤温度（℃）	土壤湿度（%）	蒸发量（mm）
0:00								
2:00								
4:00								
6:00								
8:00								
10:00								
12:00								
14:00								
16:00								
18:00								
20:00								
22:00								

地点名称：＿＿＿＿＿＿　　调查人：＿＿＿＿＿＿　　调查时间：＿＿＿＿＿＿

表5-2 荒漠化地区风蚀防治工程技术措施调查表

沙障类型		作用原理	孔隙度(%)	高度(cm)	方向	间距(m)	材料	设置方法
平铺式沙障	带状铺设式							
	全面铺设式							
直立式沙障	高立式沙障							
	低立式沙障							
	隐蔽式沙障							

地点名称：＿＿＿＿＿＿　　调查人：＿＿＿＿＿＿　　调查时间：＿＿＿＿＿＿

表 5-3 荒漠化地区林草植被措施现状调查表

地点名称	地块		防护林					林地 用材林						经济林					薪炭林		
	编号	面积(hm²)	面积(hm²)	树种	平均高(m)	平均胸径(cm)	郁闭度	覆盖度(%)	面积(hm²)	树种	平均高(m)	树龄(a)	胸径(cm)	地径(cm)	郁闭度	覆盖度(%)	面积(hm²)	树种	树龄(a)	胸径(cm)	地径(cm)	郁闭度	面积(hm²)	树种	平均高(m)

地点名称：_____　　调查人：_____　　调查时间：_____

实训 6
风沙物理学课程实习

6.1 实习目的

学生在理论教学环节已经掌握了本门课程的基本理论，本次实习的目的是使学生对学过的知识有进一步的深化和巩固，增强学生对沙漠、风沙流的感性认识，掌握野外研究风沙问题的方法，培养学生在实践中发现问题、分析问题和解决问题的能力。

6.2 实习内容

由于实习时间的限制，本次实习选择风信资料的整理及转移、典型沙丘形成过程及沙丘形状测定、地表粗糙度测定与防护林网防风效益分析三部分内容，主要目的是使学生系统地掌握沙漠的形成、形态、风沙运动规律，并理解风沙治理途径和具体措施。

①参观沙区环境监测站，邀请相关专家讲解观测原理、方法及该沙区监测结果。在起沙风条件下，观察风沙流现象，并利用集沙仪测定平沙地风沙流的结构特征。了解并掌握监测大气沙尘的称重法和沉降法、风速仪的使用和测定方法、风信资料的整理、风沙流结构的测定方法等。

②在流动沙地测定典型新月形沙丘的形状要素，包括高度（用测高器、皮尺）、翼角、迎风坡度和坡长、背风坡度和坡长等，绘制典型新月形沙丘形态图。

③地表粗糙度测定与防护林网防风效益分析。

6.3 实习计划与安排

6.3.1 实习安排

实习时间共4天，以室外全天候大气沙尘监测站参观、操作和室内查找资料相结合的方式进行。

第1天：室内，教师讲解风沙物理学实习课程的目的、内容、计划安排、实习要求和考核办法等；学生查资料了解大气沙尘监测站的布设、风速仪的使用和测定方法、风信资料的整理方法等。

第2天：参观沙区环境监测站，邀请相关专家讲解观测原理、方法及该沙区监测结果。学生分组完成风沙流结构测定。

第3天：在流动沙地测定典型新月形沙丘的形状要素，包括高度(用测高器、皮尺)、翼角、迎风坡度和坡长、背风坡度和坡长等，绘制典型新月形沙丘形态图。测定不同立地或治沙措施区粗糙度的变化和防护林网防风效益分析。

第4天：室内，学生完成风信资料的整编工作，分析风沙流的结构变化和不同立地或治沙措施区粗糙度的变化，并计算和分析林网的防护效益。结合前三天实习内容，按要求写出实习报告。

6.3.2 考核办法

成绩考核分三部分，一是沙区环境监测站考察参观占10%；二是实习过程中的操作表现占20%，根据操作、互动、记录等表现量化打分；三是实习报告占70%，主要根据报告写作是否规范、内容是否全面、语言是否通顺、数据是否合理、是否存在拷贝抄袭等方面内容进行考核。

6.4 实习操作方法

6.4.1 风速观测

电接风向风速计是由感应器、指示器、记录器组成的有线遥测仪器。感应器安装在室外的塔架上，指示器和记录器置于室内，指示器与感应器用长电缆相连，记录器与指示器之间用短电缆连接。

感应器上部为风速表，下部为风向标，如图6-1所示。风速表由风杯、交流发电机、蜗轮等组成，导电环、接触簧片等组成。当风带动风杯转动时，随着风标的转动，带动接触簧片，在导电环和方位块上滑动，接通相应电路。电机就有交流电输出，电流的大小可反映出风速的大小。

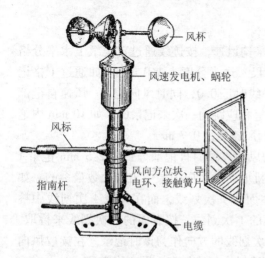

图6-1 EL型电接风向风速计感应器

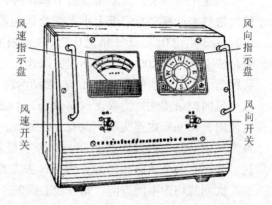

图6-2 EL型电接风向风速计指示器

指示器由瞬时风向指示盘、瞬时风速指示盘和电源等组成，如图6-2所示。风向指示盘以八灯盘来指示瞬时风向。风速指示盘是一个电流表，表上有两个量程，分别为 0~20 m/s 和 0~40 m/s，用以观测瞬时风速。

记录器由八个风向电磁铁、一个风速电磁铁、自记钟、风速自记笔、笔挡、充放电线路等部分组成，如图6-3所示，对风向、风速进行自动记录。

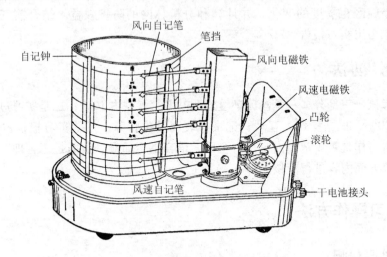

图6-3　EL型电接风向风速计记录器

用 EL 型电接风向风速计观测和记录的方法如下：

①打开指示器的风向、风速开关，观测两分钟风速指针摆动的平均位置，读取整数并记录。风速小的时候，把风速开关拨在"20"挡，读 0~20 m/s 标尺刻度；风速大时，应把风速开关拨在"40"挡，读 0~40 m/s 标尺刻度。观测风向指示灯，读取2 min 的最多风向，用十六方位的缩写记录。静风时，风速记 0，风向记 C。平均风速超过 40 m/s，则记 >40。

②更换自记纸的方法基本与自记温度计、自记湿度计相同。对准时间后须将钟筒上的压紧螺帽拧紧。

③记录纸的读法

风速记录读法：读取正点前10min 内的平均风速，按迹线通过自记纸上水平分格线的格数来计算。自记纸上水平线是风速标尺，最小分度为 1.0 m/s。如通过 1 格记 1.0，1/3 格记 0.3，2/3 格记 0.7。风速划平线时记 0.0，同时风向记 C。风速自记部分是按空气行程 200 m 电接一次，风速自记笔相应跳动一次来记录的。如 10 min 内笔尖跳动一次，风速便是 0.3 m/s；跳动两次，风速便是 0.7 m/s。

风向记录读法：读取正点前 10 min 内的风向。风向自记部分每隔 2.5 min 记录 1 次风向，10 min 内连头带尾共有 5 次划线，挑取 5 次风向记录中出现次数最多的。如最多风向有两个出现次数相同，应舍去最左面的 1 次划线，而在其余 4 次划线中挑选。若再有两个风向相同的，则再舍去左面的 1 次划线，按右面的 3 次划线来挑取。如 5 次划线均为不同方向，则以最右面的 1 次划线的方向作为该时记录。在读取风向时，应注意若 10 min 平均风速为 0 时，则不论风向划线如何，风向均应记 C。

6.4.2 风沙流结构、下垫面粗糙度等测量与计算

6.4.2.1 风沙流结构测定

(1)重量法测大气中总悬浮颗粒物

用重量法测定大气中总悬浮颗粒物的方法一般分为大流量($1.1 \sim 1.7 \ m^3/min$)和中流量($0.05 \sim 0.15 \ m^3/min$)采样法。其原理基于：抽取一定体积的空气，使之通过已恒重的滤膜，则悬浮微粒被阻留在滤膜上，根据采样前后滤膜质量之差及采气体积，即可计算出总悬浮颗粒物的质量浓度。本实验采用中流量采样法测定。

滤膜称重时的质量控制：取清洁滤膜若干张，在平衡室内平衡 24 h，称重。每张滤膜称 10 次以上，则每张滤膜的平均值为该张滤膜的原始质量，此为"标准滤膜"。每次称清结或样品滤膜的同时，称量两张"标准滤膜"，若称出的质量在原始质量 ±5 mg 范围内，则认为该批样品滤膜称量合格，否则应检查称量环境是否符合要求，并重新称量该批样品滤膜。要经常检查采样头是否漏气。当滤膜上颗粒物与四周白边之间的界线逐渐模糊时，表明应更换面板密封垫。称量不带衬纸的聚氯乙烯滤膜时，取放滤膜，要用金属镊子触一下天平盘，以消除静电的影响。

所需仪器：

①中流量采样器：流量 $50 \sim 150 \ L/min$，滤膜直径 $8 \sim 10 \ cm$。

②流量校准装置：经过罗茨流量计校准的孔口校准器。

③气压计。

④滤膜：超细玻璃纤维滤膜或聚氯乙烯滤膜。

⑤滤膜贮存袋及贮存盒。

⑥分析天平：感量 0.1 mg。

测定步骤：

①采样器的流量校准：采样器每月用孔口校准器进行流量校准。

②采样

第一步，每张滤膜使用前均须用光照检查，不得使用有针孔或有任何缺陷的滤膜采样。

第二步，迅速称重在平衡室内已平衡 24 h 的滤膜。读数准确至 0.1 mg，记下滤膜的编号和质量，将其平展的放在光滑洁净的纸袋内，然后贮存于盒内备用。天平放置在平衡室内，平衡室温度在 $20 \sim 25$℃ 之间，温度变化小于 ±3℃，相对湿度小于 50%，湿度变化小于 5%。

第三步，将已经恒重的滤膜用小镊子取出，"毛"面向上，平放在采样夹的网托上，拧紧采样夹，按照规定的流量采样。

第四步，采样 5 min 后和采样结束前 5 min，各记录一次 U 性压力计差值，读数准至 1 mm。若有流量记录器，则直接记录流量。测定日平均浓度一般从 8:00 开始采样至第二天 8:00 结束，若污染严重，可用几张滤膜分段采样，合并计算日平均浓度。

第五步，采样后，用镊子小心取下滤膜，使采样"毛"面朝内，以采样有效面积的长边为中线对叠好，放回表面光滑的纸袋并贮于盒内。将有关参数及现场温度、大气

压力等记录在表中。

$$总悬浮颗粒物(TSP, mg/m^3) = W/(Q_n \cdot t) \tag{6-1}$$

式中 W——采集在滤膜上的总悬浮颗粒物质量(mg);
t——采样时间(min);
Q_n——标准状态下的采样流量(m^3/min),按式(6-2)计算:

$$Q_n = Q_2 \sqrt{\frac{T_3 \times P_2}{T_2 \times P_3}} \times \frac{273 \times P_3}{101.3 \times T_3} = Q_2 \sqrt{\frac{P_2 \times P_3}{T_2 \times T_3}} \times \frac{273}{101.3} = 2.69 \times Q_2 \sqrt{\frac{P_2 P_3}{T_2 T_3}} \tag{6-2}$$

式中 Q_2——现场采样流量(m^3/min);
P_2——采样器现场校准时的大气压力(kPa);
P_3——采样时大气压力(kPa);
T_2——采样器现场校准时的空气温度(K);
T_3——采样时的空气温度(K)。

若 T_3、P_3 与采样器校准时的 T_2、P_2 相近,可用 T_2、P_2 代之。

(2)风沙流结构测定

在起沙风条件下,观察风沙流现象,并利用集沙仪测定平沙地风沙流的结构特征。

大气沙尘是指空气中夹带大量被风从地面卷起的沙颗粒和尘土,能在一定时期内悬浮于空气中的一种天气现象。监测大气沙尘的方法有称重法、沉降法。称重法是利用已知质量的滤纸或采集管,抽取一定数量的沙尘空气,并使沙尘阻集在滤纸上,按采集管或滤纸增加的质量和抽集的气流量,求出单位体积空气中的沙尘量。

选择一块平沙地,在距地面 2 m 高度处设立风速仪,连续观测风速变化和平沙面沙颗粒的运动状况,随时标定沙颗粒起动时的风速,连续测定 10 次起沙风值,求平均值。在沙丘不同部位设立观测点,在每个观测点上布设集沙仪和风速仪(2 m 高度),集沙仪的埋设位置要适当,进沙口要对准风向,同时,由于野外风向的多变性,集沙时间不宜太长,大于 9 m/s 的风速,一般集沙 2 min,小于 9 m/s 的风速,集沙时间 2~5 min。然后分层收集沙颗粒,称重,分析风沙流的结构变化。

6.4.2.2 新月形沙丘形状测定

在流动沙地测定典型新月形沙丘的形状要素,包括高度(用测高器、皮尺)、翼角、迎风坡度和坡长、背风坡度和坡长等,绘制典型新月形沙丘形态图。并结合沙区的风信资料分析沙丘形态、走向与风信的关系。

6.4.2.3 下垫面粗糙度测定

下垫面是地球表面以上的物质起伏面。下垫面高低不平的起伏使近地层内的风结构、热量、温度、湿度等气象因素变化多端。不同的下垫面可形成不同的气候,例如森林小气候、农田小气候、城市小气候等。下垫面在影响风结构方面是以几何形式出现的,下垫面粗糙程度不同,对气流的阻力就不同,越粗糙的下垫面,凸出物伸出层流地层进入紊流层区,流线绕过凸出物时将发生附面层的分离,于是在凸出物的后面形成涡流区,使其凸出物前后产生较大的压差,对流动产生较大的阻力。因此,下垫面粗糙度可以描述下垫面对近地层气流的不同阻碍作用。

下垫面粗糙度测定仪器、设备及材料包括:风速仪、立杆、钢卷尺、计算器等。

选择均质、开阔的小麦地或草地等作为下垫面,观测区尽量远离建筑物等。将风速表固定在立杆上,然后将立杆插入观测地,使风叶分别离地面 50 cm 和 200 cm。在一定风力条件下,50 cm 和 200 cm 处,风速仪对应同时测定风速,连续观测 10 次以上。

以风速按对数规律分布为依据,测定任意两个高度处 Z_1、Z_2 及对应风速 V_1、V_2,Z_0 是 V 为零时的高度。

则有:
$$V_1 = 5.57\, V \times \log(Z_1/Z_0) \tag{6-3}$$
$$V_2 = 5.57\, V \times \log(Z_2/Z_0) \tag{6-4}$$

由式(6-3)、式(6-4)推出:
$$\log Z_0 = (V_1 \log Z_2 - V_2 \log Z_1)/(V_1 - V_2) \tag{6-5}$$

设 $V_2/V_1 = A$,式(6-5)可写成:
$$\log Z_0 = (\log Z_2 - A \log Z_1)/(1 - A) \tag{6-6}$$

因此,测得下垫面的两个高度对应风速后,就可按照式(6-6)求出粗糙度。计算过程如下:首先分别计算出各测次 V_{200} 和 V_{50} 的比值 A_i,然后求 $A = 1/n \sum A_i$,n 为观测次数(例如 10 次)(表6-1)。将 A 值代入公式(6-7)计算而求得 Z_0 值。
$$\log Z_0 = (\log Z_2 - A \log Z_1)/(1 - A) \tag{6-7}$$

表6-1 下垫面粗糙度测定及计算

序号	V_{200}(m/s)	V_{50}(m/s)	$A_i = V_{200}/V_{50}$
1			
2			
3			
⋮			
⋮			
9			
10			
$\sum A_i$			
A			
Z_0			

6.4.2.4 防护林网防风效益测定

选择典型农田防护林网,首先确定各条林带的结构(距离林带 30 m 处),主要的观测指标有:林带高度、宽度、林带分层疏透度、透光空隙大小和分布状况,确定林带的结构类型。

测量林网主林带和副林带间距,垂直于主林带设立观测线,在观测线上按照 1、

3、5、7、10H布设观测点，距林带500 m以外设立对照点。每个观测点上在距离地面2 m高处固定风速表和通风干湿表，各点同时观测风速和温湿度。5 min为一次，分别观测5~10次，计算和分析林网的防护效益。防风效益用降低风速百分率表示，温度用增减度数表示，湿度用提高百分数表示。

6.4.3 风信资料的整理与转移

所谓风信，就是风的速度、方向、脉动频率和持续时间等。由于风是风沙运动的动力因素，没有风就不会有风沙运动，所以，了解风信状况是研究沙丘形态形成、发展、输沙规律、风蚀与堆积规律及综合治理措施的基础。

风信资料的整理与转移需要的仪器、设备及材料：研究区域的基本风信资料、坐标纸、铅笔、直尺、表格纸等。

风信资料来源于气象部门，要得到某一地区的风信状况，必须有该地区10年以上的风信资料，在学习风信资料的统计基础上，将这些资料按风力等级及方位进行整理与转移。风力等级分微风(0~3 m/s)、弱风(4~8 m/s)、强风(9~12 m/s)、烈风(13~16 m/s)和强烈风(大于16 m/s)。

6.4.3.1 风力等级及玫瑰图

气象学通用的风力分级是根据地面或海面上的迹象划分的，即鲍福特风力等级(Beaufort scale)，但它用于风沙运动的研究上，有时尤嫌不足，苏联学者仙科维奇依据风对风沙运动和土壤风蚀程度不同表现将风速划分为5个等级。

风玫瑰可以直观表现出地区风向信息，结合风力资料可全面了解地区风信情况。根据风沙物理及治沙需要，一般按16个方向进行整理。

按各月或全年风向频率绘制风玫瑰图，风玫瑰图的绘制用极坐标表示比较清晰，将极坐标分为16个方位，以不同的极半径表示不同的频率。风速分布图也可用极坐标表示，其极坐标半径表示风力值大小，然后将端点用直线连接起来，即可得风速玫瑰图。

据该地区10年以上的风信资料，而后把这些资料按16个方位进行整理，并绘制玫瑰图，如图6-4、图6-5、图6-6所示。

6.4.3.2 风信资料的整理

大于起沙风速的风力才能形成风沙流动，所以，在风信资料整理时不仅要了解全部风信状况，更要注意大于起沙风风力的研究，为了全面系统分析地区风力信息，可将气象站资料整理为以下几个方面：

①累年各风向的风力级频数及频率。
②累年不同风速级的频率。

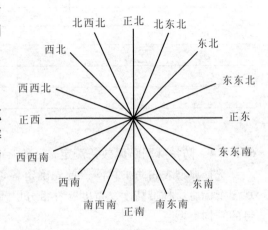

图6-4 风玫瑰16方位图

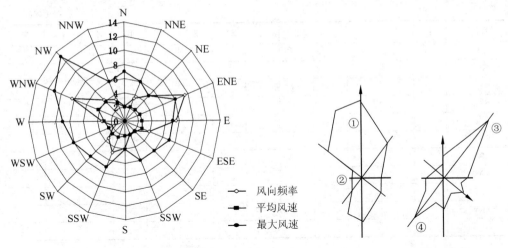

图 6-5　风速玫瑰图　　　　　图 6-6　风向玫瑰图

③累年风向风速频数和频率(表 6-2)。
④累年大风时数统计。
⑤累年各月各风向频率(表 6-3)。
⑥累年各月风向的风速。
根据风力和风向资料分析某地区风信及对风沙活动的作用规律。

表 6-2　多年风向风速频数或频率统计表

风力 m/s	N	NNE	NE	ENE	E	ESE	SE	SSE	S	SSW	SW	WSW	W	WNW	NW	NNW	Σ
0~0.9																	
1~1.9																	
2~2.9																	
3~3.9																	
4~4.9																	
…																	
…																	
15~15.9																	
>16																	

表 6-3　多年各月风向频率　　　　　　　　　　　　　　　　　　　　　%

月份	1	2	3	4	5	6	7	8	9	10	11	12	Σ
N													
NNE													
NE													
ENE													
E													
ESE													

(续)

月份	1	2	3	4	5	6	7	8	9	10	11	12	Σ
SE													
SSE													
S													
SSW													
SW													
WSW													
W													
WNW													
NW													
NNW													
C 静风													

6.4.3.3 风信资料的转移

对某一地区的风沙活动进行定量或半定量研究时，需要长时间的有统计效果的风信资料。目前我国安装有风速风向自动记录仪的气象站多设在县级以上的市镇，那里的自然条件一般比较好，而风沙活动的观测研究地点大都在沙漠、沙地或戈壁之中，这些地方一般没建气象观测站，不能为我们提供这些地区详细的风信资料。因此，必须进行风信资料的转移，分析设有气象站的风信和所研究地区风信之间的关系，建立某种联系，从而将毗邻地区的气象站长年风信资料经数学处理之后转移为研究地区的长年风信资料，为风沙活动的研究服务。

（1）风信资料转移的依据

在小范围内，两地之间的地形具有相对稳定性。若有研究地区的短期风信资料，与同期毗邻气象台、站的风信资料进行比较，就可能建立某种联系两地风信的数学关系。然后进行验证，如果适用，就可将毗邻气象台、站长年风信资料转移到所研究的地区，供风沙运动研究之用。

（2）风信资料转移的回归法步骤

① 在研究区内建立临时风速风向观测站，与毗邻气象站进行同步观测，时间最短不少于一个月。选择观测站时应注意站址下垫面与固定气象站的下垫面状况要基本一致，观测高度、观测仪器及观测时间间隔也应与固定站相同。

② 根据同期的观测结果进行统计分析，得出适用于两地之间的风速风向的回归方程。

③ 经数学的可靠性检验合格后，将固定站的长年风信资料转移成研究地区的长期风信资料。

6.5 实习报告要求

①实习报告以 4 000～6 000 字为宜，要求统一使用 A4 纸打印左侧装订。

②实习报告的主体部分应包括实习目的、实习地点的概况介绍、实习内容、实习体会与建议等部分，要求结构完整，观点明确，证据确凿。

③实习报告必须独立完成，凡抄袭或雷同者实习成绩一律不及格。

实训 7

水工钢筋混凝土与砌体结构课程设计

7.1 实习目的

通过对现浇钢筋混凝土楼盖板计算和设计，贯通水工钢筋混凝土与砌体结构的课程内容，使学生掌握水工钢筋混凝土与砌体结构设计的基本思想、主要内容、方法和步骤，熟悉水工钢筋混凝土与砌体结构的设计过程，锻炼和提高水工钢筋混凝土与砌体结构的计算、设计及构造处理，绘制水工结构施工图的能力，培养正确、熟练运用结构设计规范、手册及参考书的能力；使学生能熟练进行钢筋混凝土楼盖板设计，培养学生从事结构设计的能力，通过课程设计建立工程师的工程意识。

7.2 实习内容

(1) 结构布置

确定柱网尺寸，主、次梁布置及截面尺寸，并进行编号，绘制楼盖结构布置图。

(2) 板设计

按塑性分析法计算内力，按弹塑性单向板设计，考虑应力重分布，并绘制板配筋图。

(3) 次梁设计

按考虑塑性内力重分布的方法计算内力和正截面极限承载力，并绘制配筋图。

(4) 主梁设计

按弹性方法计算主梁内力，按主次梁设计，进行弹塑性计算，考虑应力重分布，绘制主梁的弯距、剪力包络图，根据包络图计算正截面、斜截面的承载力，并绘制主梁的抵抗弯拒图及配筋图。

7.3 实习计划与安排

7.3.1 实习安排

《水工钢筋混凝土与砌体结构》课程实习以课程设计为主，主要实习计划及安排如下：

第1天：熟悉现浇钢筋混凝土楼盖板的有关资料，确定柱网尺寸，主、次梁布置及截面尺寸，并进行编号，绘制楼盖板结构布置图。

第2天：按塑性分析法计算内力，并绘制板配筋图。

第3天：按考虑塑性内力重分布的方法计算内力和正截面极限承载力，并绘制配筋图。

第4天：按弹性方法计算主梁内力，绘制主梁的弯距、剪力包络图，根据包络图计算正截面、斜截面的承载力，并绘制主梁的抵抗弯拒图及配筋图。

第5天：整理课程设计报告书和设计图件，提交报告。

7.3.2 考核办法

实习成绩由两部分组成：一是图件占20%，主要根据CAD绘图技巧、方法、比例、线条等量化打分；二是实习报告占80%。参考以下方面进行量化打分：①有无拷贝抄袭；②内容是否完整；③计算过程是否完善；④设计方法是否合理；⑤写作是否规范、语言是否通顺；⑥是否有自己的思考和总结。

7.4 现浇钢筋混凝土楼盖板设计基本资料

某水电站厂房结构为4层钢筋混凝土框架结构，楼盖板为现浇钢筋混凝土楼盖板，建筑平面尺寸为 $L_1 \times L_2 = 24 \text{ m} \times 19.8 \text{ m}$。该厂房平面柱网尺寸见图7-1，其二层

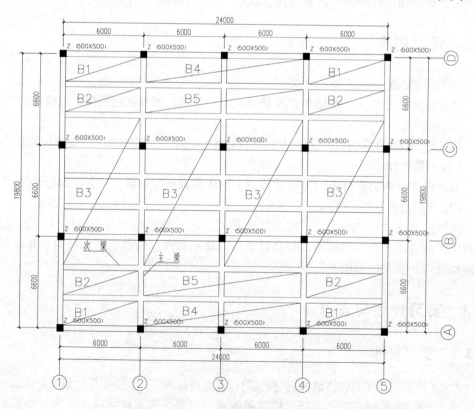

比例尺：1:100

图 7-1 钢筋混凝土楼盖板平面布置图

和三层使用相同，本次设计只设计一层楼盖板。

①楼面活荷载：9.0 kN/m^2。

②楼面做法：20 mm 水泥砂浆面层，密度 ρ = 20 kN/m^3。

③楼板自重：ρ = 25 kN/m^3。

④楼板底面采用 15 mm 厚混合砂浆抹灰，密度 ρ = 17 kN/m^3。

⑤混凝土 C20，梁内纵筋用 Ⅱ 级钢筋，梁内其他钢筋和板内钢筋采用 Ⅰ 级钢筋。

⑥柱的截面尺寸为 500 mm × 500 mm。

7.5 现浇钢筋混凝土楼盖板设计步骤

设计可分为 6 个步骤进行，分别为：

第一步：熟悉水电站厂房结构现浇钢筋混凝土楼盖板基本情况及有关资料。

第二步：确定主梁的跨度、次梁的跨度、主梁每跨内布置次梁的根数、板的跨度、确定梁的高跨比、主梁和次梁的截面高度、验算梁的刚度和挠度等钢筋混凝土楼盖板平面结构布置。

第三步：按弹性理论进行楼盖板的荷载计算、板的弯矩计算、板的配筋计算、板的计算跨度的确定，以及板的计算简图和板的配筋图的绘制等板设计。

第四步：按塑性内力重分布理论楼对盖板的计算跨度确定、板的弯矩计算、板的配筋计算以及板的计算简图和板的配筋图的绘制等板设计。

第五步：按弹性理论对次梁的计算跨度确定、次梁内力计算、次梁正截面承载力计算、次梁斜截面抗剪承载力计算、次梁计算简图和配筋图的绘制等次梁设计。

第六步：按塑性内力重分布理论对次梁的计算跨度确定、次梁内力计算、次梁正截面承载力计算、次梁斜截面抗剪承载力计算、次梁计算简图和配筋图的绘制等次梁设计。

第七步：按弹性理论对主梁的支撑情况、主梁的荷载计算、主梁的计算跨度、主梁的内力计算等主梁设计。

第八步：按弹性理论对主梁的弯矩计算、主梁的剪力计算、主梁的正截面承载力计算、主梁的斜截面抗剪承载力计算、主梁集中荷载两侧附加横向钢筋计算以及主梁配筋图的绘制等主梁设计。

7.6 实习报告要求

（1）设计说明书

应包括楼板、次梁和主梁的荷载计算、内力计算及配筋计算，统一封面。

（2）楼盖板施工图

应包含楼板、次梁和主梁的尺寸、跨度及配筋，统一用 A3 图纸绘制，梁横截面比例用 1∶50，其他图比例用 1∶100，设计说明书与所有图件装订成册，每个图件均要求写本人的姓名和学号。

设计说明书一份，要求说明设计的步骤、依据和原理、采用的公式或方法以及计算成果。

实训 8

农田水利学课程设计

8.1 实习目的

通过对灌区灌溉系统规划设计，熟悉灌区灌溉系统的设计过程及设计方法，培养学生综合运用已学过的理论知识和技能，分析和解决本专业范围内的实际工程问题的能力；使学生树立正确的设计思想，掌握现代设计方法。通过调查研究和查阅文献资料，培养学生严肃认真的科学态度和严谨求实的工作作风；培养学生勇于创新和开拓进取的精神。通过课程设计，要求学生在教师的指导下，独立完成设计课题所规定的全部内容。

8.2 实习内容

（1）作物灌溉制度及灌水率的制定

利用表 8-1、表 8-2、表 8-3 和表 8-4 给出的资料，用水量平衡法制定早稻及棉花的灌溉制度。

利用早稻及棉花的灌溉制度，以及表 8-6 给出的中稻及双季稻的灌溉制度资料，表 8-3 给出的作物种植比例，编制全灌区的灌水图，并对灌水率进行修正。根据修正灌水率图得到设计灌水率。

建议采用的一次灌水延续时间：早、中稻泡田 8～12 d；双季晚稻泡田 5～7 d；各类水稻生育期内一次灌水的延续时间 3～5 d；棉花生育期内一次灌水延续时间 5～10 d。

（2）灌排渠道的规划布置

在所给的地形图上布置灌溉和排水渠系的干支两级渠道，以及主要渠系建筑物。注意灌溉渠道和排水渠道相辅相成，协调布置。选择一个典型支渠布置灌排渠系的斗农两级渠道。

（3）各级灌溉渠道设计流量的推求

计算典型支渠各级渠道的设计流量及支渠渠系水利用系数，推算其他各支渠渠首及干渠各段的设计流量以及全灌区灌溉水利用系数。

（4）干渠设计水位线的确定

根据各支渠的田间参考点，推求各支渠要求干渠的水位，根据各支渠要求干渠水位高程初步确定干渠设计水位线、干渠渠首位置、干渠渠首水位高程、拦河坝的位置和坝顶高程。

(5) 干渠纵横断面的设计

根据设计流量设计干渠的横断面,并根据横断面的有关参数绘制干渠纵断面的其他设计水面线如渠底高程、最高水位线等。注意纵横断面的交叉设计,最后根据绘制的纵横断面图计算渠道的挖方量和填方量。

8.3 实习计划及安排

8.3.1 实习安排

《农田水利学》课程实习以课程设计为主,主要实习计划及安排如下:

第1天:熟悉灌区基本情况及有关资料,作物灌溉制度的制定。
第2天:确定设计灌水率;各级灌排渠道的规划布置。
第3天:各级灌溉渠道设计流量和水位的推求。
第4天:干渠纵横断面设计,典型支渠纵断面设计。
第5天:整理课程设计报告书和设计图件,提交报告。

8.3.2 考核办法

实习成绩由两部分组成:一是图件占20%,主要根据CAD绘图技巧、方法、比例、线条等量化打分;二是实习报告占80%。参考以下方面进行量化打分:①有无拷贝抄袭;②内容是否完整;③计算过程是否完善;④设计方法是否合理;⑤写作是否规范、语言是否通顺;⑥是否有自己的思考和总结。

8.4 实习操作方法

8.4.1 熟悉灌区基本情况及有关资料

马清河灌区基本情况见8.5课程设计背景资料。

8.4.2 作物灌溉制度的制定

本节只要求计算早稻和棉花的灌溉制度,中稻和晚稻的灌溉制度已经给出。

8.4.2.1 早稻灌溉制度的制定(包括泡田和生育期的灌溉制度)

(1) 泡田灌溉制度

泡田定额已给定为 70 m^3/亩。

(2) 生育期灌溉制度

早稻生育期灌溉制度用水量平衡方程计算,列表以 1 d 为时段逐日计算时段末的水层深度,计算完成后进行水量校核,校核无误后,给出灌溉制度汇总表及总灌水定额。其中，起始水层深度应为泡田后建立的田面水层深。可取初始生育阶段允许水层深的一个值，稻田逐日渗漏强度见基本资料表8-4。

水量平衡方程

$$h_1 + P + m - WC - d = h_2 \tag{8-1}$$

式中 h_1——时段初田面水层深度(mm)；
h_2——时段末田面水层深度(mm)；
P——时段内降雨量(mm)；
m——时段内灌水量(mm)；
WC——时段内田间耗水量(mm)；
d——时段内田间排水量(mm)。

其中：

$$WC = ET_日 + S \tag{8-2}$$

式中 $ET_日$——逐日需水量(mm)；
S——稻田逐日渗漏强度(mm)。

$$ET_日 = \frac{ET_i}{n} \tag{8-3}$$

式中 ET_i——各生育阶段作物需水量(mm)；
n——各生育阶段天数(d)。

$$ET_i = K_i ET_全 \tag{8-4}$$

式中 K_i——各生育阶段需水量模比系数；
$ET_全$——全生育期作物需水量(mm)。

$$ET_全 = \alpha E_0 \tag{8-5}$$

式中 α——需水系数；
E_0——全生育期水面蒸发量(mm)。

水量校核方程

$$h_始 + \sum P + \sum m - \sum WC - \sum d = h_末 \tag{8-6}$$

式中 $h_始$——生育期泡田后建立的起始水层深度(mm)；
$h_末$——生育期末田面的水层深度(mm)。

8.4.2.2 棉花灌溉制度的制定

(1)棉花播前灌

实际规划中，播前灌之前土壤计划深润层深度内的平均含水率 θ_0 应该实际调查得到。本设计中的取值见基本资料表8-6。播前灌定额为将计划湿润层深度范围的土壤由平均初始含水率 θ_0 灌至含水率上限 θ_{max} 所需水量。

(2)生育期灌溉制度

采用水量平衡方程，先以生育阶段作为时段计算各时段的水量参数，然后用作图法求生育期的灌溉制度(作图法的图解步骤参考《农田水利学》第3版)。如用Excel表格计算或编程计算，应给出相关的表格和图。注意，在统计降雨量时以每次降雨进行统计，将各次降雨放在该次降雨的最后一天为宜，或者为了作图的简单，本次课程设计以旬为单位,将每旬中各次有效降雨合起来放在本旬的最后一天来进行计算。最后列表给出棉花灌溉制度,包括灌水时间、灌水定额和灌溉定额。

水量平衡方程:

$$W_t - W_0 = W_r + P_0 + K + M - ET \tag{8-7}$$

式中 W_0——时段初土壤计划湿润层内的储水量(m³/亩);

W_t——时段末土壤计划湿润层内的储水量(m³/亩);

W_r——时段内由于土壤计划湿润层增加而增加的水量(m³/亩);

P_0——时段内保存在土壤计划湿润层内的有效降雨量(m³/亩);

K——时段内的地下水补给量(m³/亩),分各生育阶段进行计算;

M——时段内的灌溉水量(m³/亩);

ET——时段内的作物田间需水量(m³/亩);

其中:

$$W_r = 667(H_2 - H_1)n\bar{\theta} \tag{8-8}$$

式中 H_1——时段初土壤计划湿润层的深度(m);

H_2——时段末土壤计划湿润层的深度(m);

n——土壤孔隙率;

$\bar{\theta}$——增加的计划湿润层深度内的土壤平均体积含水率,以占孔隙的百分数计,一般$\bar{\theta}$小于田间持水率。具体可根据当地土壤剖面的含水率特点来选取,本设计中$\bar{\theta}$取值可参考基本资料表8-6。

$$P_0 = \sum \alpha P \tag{8-9}$$

式中 α——各次降雨的降雨入渗系数,与每次降雨的特点及土壤性质、下垫面等因素有关,具体取值参考《农田水利学》(第3版)P41。

P——时段内的各次降雨量,m³/亩,连续各天的降雨之和为一次降雨。

$$K = \beta ET \tag{8-10}$$

式中 β——地下水补给系数,即各时段地下水补给量占本时段作物需水量的比例。

其中:

$$ET = \gamma_i E_全 \tag{8-11}$$

式中 γ_i——各生育阶段需水量模比系数;

$E_全$——全生育期需水量(m³/亩)。

其中:

$$E_全 = kY \tag{8-12}$$

式中 k——以产量为指标的需水系数,即单位产量的需水系数(m³/kg),本设计为2.67 m³/kg;

Y——计划产量(kg/亩),本设计中棉花的籽棉产量为120 kg/亩。

$$W_{max} = 667Hn\theta_{max} \tag{8-13}$$
$$W_{min} = 667Hn\theta_{min} \tag{8-14}$$

式中 W_{max}, W_{min}——各时段内计划湿润层内允许储水量的上限和下限(m³/亩);

$\theta_{max}, \theta_{min}$——各时段内计划湿润层内允许土壤最大含水率和最小含水率,以占孔隙体积的百分数计;

H——时段末土壤计划湿润层的深度(m)。

8.4.3 设计灌水率的确定

(1)灌水率计算

根据4种作物的灌溉制度及作物种植比,列表计算各种作物各次灌水率。注意不要漏掉泡田定额和播前灌。建议采用的一次灌水延续时间:早、中稻泡田8~12 d,双季晚稻泡田5~7 d;各类水稻生育期内一次灌水延续时间3~5 d;棉花生育期内一次灌水延续时间5~10 d。

$$q = \frac{\alpha m}{8.64T} \tag{8-15}$$

式中　q——灌水率[$m^3/(s \cdot 万亩)$];
　　　α——各种作物种植面积占灌区面积的百分数;
　　　m——灌区各次灌水定额($m^3/亩$);
　　　T——各次灌水的延续时间(d)。

(2)绘制初步灌水率图

根据灌水率计算结果绘制初步灌水率柱状图。

(3)修正灌水率图

参考《农田水利学》(第3版)修正原则,对初步灌水率图进行修正。

(4)设计灌水率

由修正的灌水率图中取灌水延续时间较长(达到20~30 d)的最大灌水率值作为设计灌水率$q_{设}$。

8.4.4 各级灌排渠道的规划布置

灌排系统相辅相成,协调布置,各种建筑物合理布置,通过布置初步确定有坝取水的坝址、渠首高程和坝顶高程。

(1)熟悉地形图

在图上识别高地、洼地及障碍物,了解灌区地面倾向和天然坡度以及天然河沟、道路和村庄等位置。

(2)初步拟定干渠渠线

根据地形及灌区范围(20 cm等高线以下),初步拟定干渠走向。使其能满足灌区范围的自流灌溉。

(3)初步确定干渠自河流引水的位置

根据初步拟定的干渠走向,初步确定干渠自河流引水的位置,即进行灌溉引水的坝址及干渠渠首位置的选择,并与初步拟定的干渠衔接。干渠经过马头山时,可对比穿山和绕山两种方式,选择合理的一种,从经济上对比(1 m石洞 ≈ 8 m盘山石渠 ≈ 20 m盘山土渠)。

(4)布置支渠和支沟

排水支沟尽可能利用天然沟道,视沟道的具体情况可截弯取直。根据地形特点确定支沟与支渠的相对位置,可采取相间或相邻布置。

(5)典型支渠布置

选择一条支渠作为典型支渠,布置斗、农级渠(沟)道。为满足田园化要求,干、支、斗、农各级沟渠应尽可能垂直布置,同一级沟渠控制面积也尽可能相等,以利于轮灌组的划分。

(6)一般建筑物布置

本次设计对一般建筑物只进行布置,不进行设计。其中干渠上的一般建筑物包括干渠通过自然沟道的建筑物如渡槽等,干渠末端的退水建筑物,干渠上的节制闸;支渠上的一般建筑物包括支渠从干渠分水的分水建筑物如分水闸,支渠末端的退水建筑物,支渠穿路建筑如涵洞或渡槽,节制闸等;斗渠上的一般建筑物包括分水斗门,过路建筑物,节制闸等。

(7)其他建筑物及其安全措施

本次设计对其他建筑物及安全措施只进行布置,不进行设计。在渡槽上游处修建泄洪闸,以保护渡槽,泄水直接排入天然河道;在干渠北侧开挖截流沟,防止降雨沿坡地直接入干渠,并在适当处将截流沟截取的雨水集中排入天然沟道。

8.4.5 各级灌溉渠道设计流量的推求

(1)渠道编号及控制面积量取

对所有的支沟、支渠编号,由于要选择典型支渠进行设计流量推求,因此对典型支渠所属的各级斗、农渠也要进行编号。由地形图上量取各支渠控制的灌溉面积和渠道长度。各渠道控制的净灌溉面积等于毛面积乘以土地利用系数,由基本资料知马清河灌区土地利用系数取 0.8。要求列表给出各支渠的面积和长度。由于误差的存在,实际量取的各支渠的面积之和可能不等于 9.6×10^4 亩,可统一乘以一个系数进行调整,仅耕地面积总和为 9.6×10^4 亩。

(2)确定渠道的工作制度

要求干、支渠续灌,斗、农渠轮灌。划分轮灌组,拟定斗、农轮灌制度。

(3)典型支渠的流量推算

推求典型支渠及其所属斗、农渠的设计流量,计算典型支渠的灌溉水利用系数。其中,计算渗漏损失所需参数,根据沿程土质取经验数值。

(4)其他支渠流量推求

根据典型支渠的灌溉水利用系数推求其他各支渠灌溉水利用系数,并得到各支渠的设计流量。

(5)干渠各段流量推求

推求干渠各段的设计流量、干渠渠首的引水流量及全灌区的灌溉水的利用系数。

8.4.6 干渠纵横断面设计

纵横断面设计的任务是根据灌区对灌溉水位及灌溉流量的要求确定渠道的空间位

置及断面大小。纵横断面设计的首要任务是设计干渠的设计水位线。纵横断面的设计并不是相互独立的,而是相互交叉的。因此,在设计时往往需要反复进行,直到两者都满足要求为止。纵横断面的交叉设计主要体现在所选各级渠道的比降既要满足横断面不冲不淤的要求,又要满足纵断面控制一定水位的要求。

(1)推求干渠沿线各支渠分水口要求干渠的控制水位

支级引水渠道的渠首应该具有多高的水位(即支渠分水口要求干渠提供的控制水位)才能保证其控制面积的田间能够灌上水,需要从田间参考点的地面高程开始,并考虑各种水头损失,自上而下逐级推算得出。一般要求每个支渠选两个参考点,一个最远点和一个最高点。

每一支渠分水口要求干渠的控制水位 $B_分$,按式(8-16)推算:

$$B_分 = A_0 + h + \sum Li + \sum \varphi \tag{8-16}$$

式中 A_0——支渠灌溉范围内地面参考点高程(m);

h——所选参考点与该处末级固定渠道水面的高差(m),一般取 0.2m;

L——支、斗、农各级渠道的长度(m);

i——支、斗、农各级渠道的比降(可参考如下值:干渠 1/5 000;支渠 1/2 000;斗渠 1/1 000;农渠 1/800;渡槽比降 1/1 000~1/500);

φ——由田间参考点到支渠渠首间渠道通过渠系建筑物的水头损失。包括支、斗、农三级,建筑物的类型及数量视具体情况而定,注意在统计时不要漏掉任何已经布置的建筑物。φ 值的确定视不同建筑物而定,主要包括进水闸、分水闸、节制闸、渡槽、倒虹吸、公路桥等(各种建筑物的水头损失的最小值参考《农田水利学》第3版)。

列表推求 $B_分$,最好用 Excel 计算,便于修改和绘图。

(2)干渠设计水位线的确定

根据各支渠分水口要求干渠的水位控制高程 $B_分$,参照供水水源引水工程和干渠的渠底比降,确定干渠的设计水位线。在确定干渠的比降和干渠的水位线高程时要遵循两个原则:一是尽量使得干渠水位线可以控制所有支渠要求的水位,另一个是将干渠渠定线、渠底线与干渠渠线的地面线对照,尽量使挖方量与填方量相等,避免大挖方或大填方。在绘制干渠水位线时注意干渠上的水位线应该反映干渠上渡槽、节制闸等建筑物的局部损失。

将各支渠分水口要求干渠的水位控制高程 $B_分$ 按照桩号点绘在坐标纸上(或用 Excel 绘图),并与设计水位线进行对比。各参考点在平面图中的位置也应该标记出来。

(3)渠道纵断面设计步骤

①设计水位线:各支渠控制面积内选择两个参考点,一个最远点和一个最高点。初步确定干渠比降,调整设计水位线使其尽量可以控制各支渠的参考点。

②渠底高程线:设计横断面,得到设计水深 $h_设$。平行于设计水位线往下移 $h_设$ 的高度就是渠底高程。

③最小水位线:平行于渠底高程,上移最小水深 h_{min},得到最小水位线。

④最高水位线:平行于渠底高程,上移最大水深 h_{max},得到最高水位线。

⑤堤顶高程线：平行于最高水位线，上移安全超高，得到堤顶高程线。

⑥地面线：地面高程线不能画成直线或者折线，应绘制成自然光滑的线条，选择合适的地面高程放置渠线，使得渠道横断面半挖半填为宜。

⑦标注：标注桩号、高程及各渠段的比降以及分水口和建筑物所在位置。

(4)渠道横断面的设计步骤

横断面设计包括干渠各段横断面及典型支渠首端横断面设计。

①加大流量和最小流量：根据设计流量，求出加大流量和最小流量，其中 $Q_{加大}$ = 1.2$Q_{设计}$，$Q_{最小}$ = 0.4$Q_{设计}$。

②根据经验初选断面参数：比降 i 的选取参考设计水位线部分，边坡系数 m，糙率 n，宽深比 b/h 可利用现有的稳定断面宽深比公式确定。

③计算设计水深：根据已知 b 求 h 的公式叠代计算设计水深，并校核流速是否满足不冲不淤流速，如不满足调整参数，先调整边坡系数 m，糙率 n，宽深比 b/h，最后考虑调整比降。续灌渠道（干渠）向下游随沿程流量的减少横断面应相应缩小，故干渠横断面应分段设计。设计过程中遵循宽深比由上游向下游逐渐减小的趋势，且下游渠底比上游渠底的超高不超过 15~20 cm，以避免出现过大逆坡。

$$h = \left(\frac{nQ}{\sqrt{i}}\right)^{0.6} \frac{(b + 2h\sqrt{1 + m^2})^{0.4}}{b + mh} \tag{8-17}$$

④计算加大水深和最小水深：根据已经确定的横断面参数代入加大流量和最小流量分别计算加大水深和最小水深。

⑤横断面设计成果汇总：最后列表汇总干渠各横断面及典型支渠横断面的设计成果，表中应列出各横断面名称以及相关横断面参数如底宽 b、设计水深 $h_{设}$、加大水深 h_{max}、最小水深 h_{min}、边坡系数 m、糙率 n 和比降 i。

8.5 课程设计背景资料

马清河地处南方丘陵山间川地，地面坡度较大，沟系发达，无洪涝灾害。该地区气候湿润，但降雨量不均，种植以水稻为主的粮食作物和以烟草、蔬菜、瓜果为主的经济作物。本次课程设计的主要内容是马清河灌区灌溉系统的规划设计，排水系统只做平面布置。

(1)地理位置

马清河灌区北部为界荣山，西为马清河和马头山，南为马清河，东为龙尾河和龙尾山见图 8-1。灌区主要包括 20 m 等高线以下的面积，总面积 12×10^4 亩，该灌区土地利用系数为 0.8。

(2)地形特点及内部水系

灌区北高南低，区内有 3 条近似南北向的自然河溪和河道，自西向东依次为吴家沟、申溪、龙尾河，均汇入马清河。

(3)气候条件

灌区气候温和，无霜期长，适宜农作物生长，年平均气温为 16.5℃，多年平均年

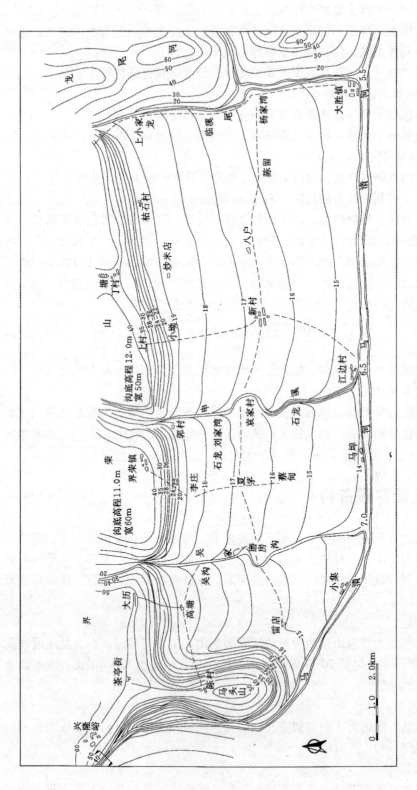

图 8-1　马清河灌区现状图

降水量为 1 112 mm，多年平均年蒸发量为 1 065 mm。

（4）植被及种植概况

界荣山上以林业、牧业、副业为主，马头山以林业为主。其中，20 m 等高线以下以大田作物水稻、小麦、棉花和豆类为主，是本次规划的设计区域，总面积约 12×10^4 亩。

（5）土壤质地及地下水概况

灌区上游土质属中壤，下游龙尾河一带为轻砂壤土，地下水埋深一般为 4~5 m，土壤及地下水 pH 值为中性，无盐碱化威胁。

（6）其他情况

灌区人口总数约 8 万，劳动力人口为 1.8 万，申溪以西属兴隆乡，以东属大胜乡。

（7）水文地质概况

界荣山、龙尾山等属土质丘陵，表土属中黏壤土，地表 5~6 m 以下为页岩，申溪及吴家沟等溪沟均为岩石露头，马头山陈村以南至马清河边岩石遍布地表。吴家沟等河溪纵坡较大，下切较深，一般为 7~8 m，上游河宽 50~60 m，下游 70~90 m，遇暴雨时易发生洪水。近年来，在各沟、溪上游已修建多处小型水库，山洪对灌区无威胁。

（8）水源条件

本灌区为马清河流域规划的组成部分，流域内与马清河灌区相关的情况如下：

已在兴隆峪上游 20 km 处建大型水库一座，坝顶高程为 50.2 m。正常水位为 43.0 m，兴利库容为 $1.2 \times 10^8 \text{m}^3$，总库容为 $2.3 \times 10^8 \text{m}^3$。水库水质良好，含沙量极微，水量也可完全满足灌区灌溉用水要求。灌区拟在该水库下游修建拦河坝引水枢纽，引取上游水库发电尾水进行灌溉，本设计中要求通过干渠设计水面线的推求，确定拦河坝的坝址和坝顶高程。

（9）灌区气象资料

本次设计采用典型设计年法对灌区的用水量进行设计，根据当地气象资料设计典型年为中等干旱年（$P=75\%$，相当于1972年），该年 4~11 月水面蒸发量（80 cm 口径蒸发皿）及降水资料见表8-1 和表8-2。

表8-1 设计年各月蒸发量统计 单位：mm

月份	4	5	6	7	8	9	10	11
蒸发量	97.5	118.0	143.7	174.9	196.5	144.7	101.1	75.6

表8-2 设计年逐日降雨量统计 单位：mm

日	4	5	6	7	8	9	10
1	7.6						4.6
2	12.7		17.4				18.5
3		3.4	1.9			7.3	
4		2.0					
5	5.3	1.2			10.8		

（续）

日	4	5	6	7	8	9	10
6	4.8	7.9					2.8
7	8.6	28.5					
8							2.5
9							19.1
10							3.6
11		2.5				2.1	
12	1.9	6.4					
13	7.5					2.3	
14	12.1		1.9				1.9
15				10.0			
16		6.0		4.1		3.5	32.8
17		24.5					
18	1.3						
19					1.6		11.5
20	4.3			12.6			
21	1.8						
22	2.1	10.6	49.2	2.5		18.5	
23	1.4	10.7		4.5		3.6	
24			35.4	7.4			
25							
26			1.5				6.2
27		1.1					
28	1.5	3.7					
29							
30				7.7			
31				3.6			
合计	72.9	108.5	107.3	39.8	25.0	37.3	103.5

（10）种植计划及灌溉经验

灌区以种植水稻为主，兼有少量旱作物，各种作物种植比例见表8-3。

表8-3 作物种植比

作物	早稻	中稻	双季稻	棉花
种植比例(%)	50	30	50	20

根据该地区灌溉试验站观测资料，设计年(1972年)旱稻及棉花的基本观测数据见表8-4和表8-5，中稻及晚稻的丰产灌溉制度见表8-6。

表 8-4 早稻试验基本数据

生育阶段	复苗	分蘖前	分蘖后	孕穗	抽穗	乳熟	黄熟	全生育期
起止日期（日/月）	25/4~4/5	5/5~14/5	15/5~1/6	2/6~16/6	17/6~30/6	1/7~11/7	12/7~20/7	25/4~20/7
天数	10	10	18	15	14	11	9	87
模比系数（%）	7	8	18	25	21	13	8	100
田间允许水层深(mm)	10~30~50	10~40~80	20~50~90	20~50~100	20~50~90	10~40~50	湿润	
渗透强度(mm/d)	1.3	1.3	1.3	1.3	1.3	1.3	1.3	

注：全生育期需水系数 $\alpha = 1.0$。

表 8-5 棉花试验基本数据

生育阶段	幼苗期	现蕾期	开花结铃期	吐絮期	全生育期
起止日期(日/月)	21/4~16/6	17/6~28/7	29/7~26/8	27/8~25/9	21/4~25/9
模比系数(%)	18	30	24	28	100
地下水补给占作物需水量的(%)	10	20	22	25	
计划湿润层深(m)	0.4~0.5	0.5~0.6	0.6~0.7	0.7	

注：1. 计划产量 120 kg/亩子棉。
    2. 需水系数 $K = 2.67$ m³/kg。
    3. 土壤空隙率为 48%（占土体的百分数），注意为体积含水率。
    4. 土壤适宜含水率的上限 $\theta_{max} = 70\%$（占孔隙体积的百分数），下限 $\theta_{min} = 35\%$（占孔隙体积的百分数）。
    5. 田间最大持水率为 70%（占孔隙体积的百分数）。
    6. 播种时，计划湿润层储水量为 72 m³/亩。
    7. 播前灌之前土壤计划湿润层 0.4 m 内平均含水率为 $\theta_0 = 40\%$（占孔隙体积百分数）。
    8. 增加的计划湿润层的平均含水率可按 50%（占孔隙体积的百分数）计。

表 8-6 中稻、双季稻设计年丰产灌溉制度

	中稻			双季稻	
灌水次序	灌水时间（日/月）	灌水定额（m³/亩）	灌水次序	灌水时间（日/月）	灌水定额（m³/亩）
1（泡田）	7/5	50	1（泡田）	19/7	50
2	26/5	25	2	27/7	15
3	4/6	25	3	1/8	25
4	10/6	25	4	7/8	20
5	20/6	30	5	12/8	25
6	2/7	30	6	23/8	30
7	8/7	30	7	27/8	30
8	14/7	30	8	31/8	30
9	22/7	30	9	6/9	30
10	29/7	25	10	12/9	30
11	10/8	20	11	19/9	30
			12	30/9	20
灌溉定额		320	灌溉定额		335

注：早稻泡田期为 4 月 13 日，泡田定额为 70 m³/亩。

8.6 课程设计成果要求

(1)设计说明书一份

设计说明书要求说明设计的步骤、依据和原理、采用的公式或方法以及计算成果(计算成果最好以表格或图的形式给出)。

(2)设计图

设计图包括：棉花灌溉制度设计图(坐标纸上绘制图幅 A4)，如采用计算机计算则给出打印的相关的表格和图件；修改前后的全灌区的灌水率图(坐标纸上绘制图幅 A4)，灌溉系统规划布置图(工程蓝图上布置，有图例，灌溉渠道用红色，排水渠道用蓝色)；渠道纵横断面图(坐标纸上绘制图幅 A2)，既要按技术要求保证绘图的正确性，也要求各图在图纸上布置的美观性，纵横断面包括干渠纵断面图 1 个，干渠典型断面图 3 个(分别为渠首、渠中和渠尾)，支渠典型断面图 1 个(渠首)(参考教材纵横断面图，图中的各项数字均需标清，各种符号要严格到位)。

设计说明书与所有图件装订成册，每个图件均要求写本人的姓名和学号。

实训 9
水土保持规划课程设计

9.1 实习目的

水土保持规划是水土保持与荒漠化防治专业的一门专业综合课，重在应用。因此，水土保持规划课程设计，要求学生在掌握土壤侵蚀原理、林业生态工程学、水土保持工程学、水土保持工程概预算编制等前期课程内容的基础上，以水土保持规划设计的有关国家标准、行业标准、规范为依据，以提供的规划区自然环境条件、社会经济情况和水土流失现状等基础资料和规划参数为背景，掌握水土保持规划报告书编写的方法、程序和技术。

9.2 实习内容

选择当地国家级水土保持重点治理项目区，参观水土保持林草措施、农业措施和工程措施的布局、措施类型和形式，以便根据指导教师提供的规划区背景资料进行水土保持措施规划。

研读分析指导教师提供的实习背景资料，包括自然环境条件和自然资源概况、社会经济概况、水土流失和水土保持概况，根据规划区土地利用现状图熟悉规划区地形地貌和土地资源现状，结合图斑登记表了解规划区水土流失现状和已有措施现状。

掌握水土保持规划编制规程内容，结合背景资料，完成水土保持规划报告的编写。

按《水土保持规划编制规程》(SL 336—2006)要求，水土保持规划的最小尺度为县域范围，但依据县域范围的背景资料，自然环境条件、自然资源状况、社会经济情况、水土流失现状等基本情况太复杂，在有限的课程实习时段，不能完成水土保持规划报告的编制工作。另外，在生产实际中，需要编制可行性研究报告和小流域初步设计报告的水土保持项目最多，特别是小流域初步设计，是各级水土保持管理、设计等部门的常规工作，因此，本次水土保持规划课程设计给学生提供小流域尺度的背景资料，但技术深度要求达到"规划"即可，这样既让学生掌握水土保持规划报告的编制方法、程序，又让学生了解了小流域尺度的水土流失分异和措施布局，利于今后其他水土保持前期工作文件的编制工作。

9.3 实习计划与安排

9.3.1 实习安排

水土保持规划课程设计时间为1周。

第1天：参观当地国家级水土流失重点治理项目区，通过考察学习，重点理解根据规划区不同地形地貌条件和水土流失现状，布设的不同类型的水土保持措施，以及不同类型措施之间的衔接关系，回校后能够根据给定的背景资料完成水土保持规划报告，重点是根据水土流失特点布设合理的水土保持措施。

第2天：熟悉指导教师提供的规划区背景资料，包括文字、表格、图件，列出详细的规划报告大纲。

第3~5天：根据给定的水土保持规划大纲，完成规划区水土保持规划报告。

9.3.2 考核办法

实习成绩由三部分组成，一是项目区典型小流域水土流失综合防治参观考察，占10%；二是实习过程中的表现，占20%，根据出勤、用心思考、积极互动等表现量化打分；三是水土保持规划报告，占70%，主要根据报告写作是否规范、内容是否合理、语言是否通顺、是否存在拷贝抄袭等方面内容进行考核。

9.4 课程设计背景资料

9.4.1 基本情况

9.4.1.1 自然条件

（1）流域概况

许家小河流域位于云南省昆明市东川区阿旺镇北东部、大白河东岸，包括阿旺镇的大石头村委会和小营村委会，103°11′16″E~103°15′21″E，25°50′40″N~25°57′34″N，属金沙江水系小江流域上游支流大白河的一级支流。许家小河流域的流域形态呈柳叶状，主沟自东向西于大石头村与大白河交汇，东与云南省昭通市会泽县接壤，南与吊戛河流域相邻，北与陶家小河流域相邻，西以大白河为界。

许家小河流域属高原大起伏中山地貌，地势东高西低，流域长7.33 km，宽2.71 km，土地总面积14.964 km^2。流域主沟呈东西走向，阶梯状下降，主沟两岸支沟发育，沟床呈"V"字形，水土流失严重，整个流域内土壤侵蚀严重，冲沟、切沟发育。

流域交通方便，东川至昆明的龙东公路就从许家小河沟口通过，至阿旺镇政府约3 km，流域内具备水、电、路三通的优越条件。许家小河流域上、中、下游地形情况见图9-1。

流域上游地貌	流域中游右沟岸岩石崩滑体破坏沟渠

流域中游荒草坡	流域中游右沟岸岩石崩滑体破坏沟渠

流域中游右沟岸滑坡	泥石流毁坏中游沟床高产农田

图 9-1 许家小河流域土地利用和水土流失现状

(2) 地质地貌

① 地质 流域位于康滇地轴中部东侧小江深大断裂带，由于受历次地质运动的长期作用，褶皱、裂隙发育，岩层破碎，流域内广泛出露的地层为古生界地层。岩层为 NE～SW 走向，以紫红色砂岩，粉砂岩，灰绿、灰黑色泥岩，页岩为主，分布于主沟海拔 1 440～1 700 m 地段，其岩性较软，风化强烈；深灰色灰岩、白云岩在主沟海拔

2 000 m 以上大面积出露，海拔 2 000 m 以下主要分布于沟谷中部至山脊，成为滑坡、崩塌的发生层，易形成陡壁；角砾岩等位于构造应力集中部位，如大脑包下侧以及鲁纳箐断层破碎带，岩体十分破碎，呈 1~5 cm 散体状，以上均为许家小河泥石流主要松散固体物质的来源区。此外，浅黄色、黄褐色砂岩、泥岩、灰黑色板岩在流域左岸分水岭及主沟 1 570 m 高程有零星分布，前者多被利用为耕地。在鲁纳箐北约 500 m，有一压扭性断层，走向 225°、倾向 NW62°，由于构造作用，地下水出露丰富，在距鲁纳箐西南 200 m 处有两处裂隙水出露，终年不断，岩溶水在主沟上游灰岩地区，地下水沿主沟也多有出露点。

②地貌　许家小河流域最高海拔 3 003 m，最低海拔 1 420 m，相对高差 1 583 m，主沟沟床平均比降 22%，沟岸山坡坡度在 30°~70° 之间，是泥石流形成的有利地形条件，沟壑密度 0.63 km/km^2。海拔 1 600 m 以下为大白河河谷区，面积 5.3 km^2，分布于流域的下游，地势平缓，土地利用多为水浇地和河滩开发区；海拔 1 600~2 000 m 区间，面积 4.55 km^2，分布于流域的中下游，为半湿润中山区，有多级阶地，土地利用多为耕地、林地、草山；海拔 2 000~3 003 m，面积 5.11 km^2，分布于流域的上中游，为半湿润中山和高山区，土地利用多为荒草坡和疏林地，大部分为陡坡地带。流域内冲沟发育，侵蚀切割严重，主沟内有崩塌、滑坡等 3 处。流域内地面坡度组成情况见表 9-1。

表 9-1　流域内地面坡度组成表

土地总面积 (hm^2)	<5°		5°~15°		15°~25°		25°~35°		≥35°	
	面积 (hm^2)	权重 (%)	面积 (hm^2)	权重 (%)	面积 (hm^2)	权重 (%)	面积 (hm^2)	权重 (%)	面积 (hm^2)	权重 (%)
1 496.4	99.09	6.62	160.45	10.72	349.31	23.34	648.22	43.32	239.33	15.99

(3) 土壤植被

①土壤　许家小河流域土壤总体上属地带性红壤类，成土母质基本为二叠系上统玄武岩组（P$_2$β）风化岩层。在母质、地形、气候、生物、人为活动等成土条件的影响下，促成了流域内红壤的不同亚类发育及分布。具体土类或分布如下：

水稻土：许家小河流域水稻土分布于流域下游海拔 1 450~1 650 m 范围，属淹育类型红壤性水稻土。分布的红鸡粪土田、红泥田均为玄武岩母质发育经水耕熟化形成，在沟口河滩地分布有少量河流冲积物经水耕熟化的淹育型水稻土。以上几种水稻土肥力均属中等至中上等，保水、保肥能力中等，耕作性较好。部分地段水耕熟化程度不高，土壤肥力较差。

山地红壤亚类：在全流域都有分布。耕作土有自然土、红土、红砂土、大红土 4 种，除下游沟岩一带陡坡地土层浅薄，肥力低外，中游—上游大多分布在山源及坡面上，土层深厚，肥力中上等。

森林土：中游—上游一带土层大多为中厚层，肥力一般。中下游一带则大多为中至薄层土，肥力较差。现有的荒草坡土壤则大多土层浅薄，分布在坡度较陡的沟岸及边坡，肥力极差。部分地段表土流失，仅剩下母质层及少量土层，大多分布在中游一带。

流域内各类土壤理化性状见表9-2。

表 9-2 流域内土壤理化性状表

土壤类型	代表点海拔高程（m）	土层深度（cm）	土壤密度（t/m³）	土壤养分含量							pH值
				有机质（%）	全氮（%）	碱解氮（mg/kg）	全磷（%）	速效磷（mg/kg）	全钾（%）	速效钾（mg/kg）	
黄红壤	2 360	0～30	1.20	3.15	0.221	175.45	0.2	3.1	0.226	55.02	5.3～6.7
红壤	1 700	0～85	1.20	2.93	0.085	138.8	0.181	3.6	1.6	185.10	5.9～5.9
水稻土	1 550	0～70	1.30	1.78	0.126	136	0.322	8.9	0.5	42.50	5.9～6.4

②植被　许家小河流域的植被类型以云南松中龄林为主，分布于海拔1 600 m以上的坡面，林地郁闭度较低，大多在0.4左右。现有云南松林为25～30年生，总体林相单一，蓄积量在4～8 m³/hm²之间。其次为滇油杉中龄林，分布于海拔1 600～1 800 m范围，中上游黑沙沟后山至磨角房一带分布有云南松—水冬瓜混交林，混交林郁闭度大多在0.6以上，蓄积量较高、保水土能力强。"四旁"植树，分布于下游中坪子、许家小河村及小营村等自然村附近，大多为赤桉林，上游鲁纳箐、上竹箐、陷塘地等自然村附近则有板栗、核桃等干果类及桃、李、梨等水果类为主构成"四旁"庭院经济林。

目前，流域森林覆盖率为31.9%。自新中国成立以来流域内森林曾遭到两次大规模破坏。1958年左右遭到第一次大规模破坏，使森林面积大幅度下降，森林覆盖率不足10%，之后于1984年左右遭到第二次大规模破坏，又使已基本恢复到约35%的森林覆盖率再次下降。1989年"长江中上游防护林体系建设工程"启动以来共造林约133.33 hm²，现有幼林基本上为近年来的新造林地。目前未造林的荒山草坡大多为造林困难的陡坡、薄层土地类，是下一步要完成营林的重点。

根据流域外业调查统计，流域内现有林地476.51 hm²（其中有林地161.18 hm²，灌木林地265.41 hm²，疏幼林地46.05 hm²，果木林地3.87 hm²），植被覆盖率31.9%。适宜在流域内种植的经济果木林树种有花椒、核桃、板栗、梨、李子，当地群众较为欢迎的是核桃，水土保持林树种有云南松、旱冬瓜、华山松、藏柏、滇杨、速生杨等。

(4) 水文气象

①气象特征　许家小河流域属于亚热带半干旱河谷向半湿润中山过度的气候类型区，其主要气候特征如下：

降水：多年平均降水量763 mm，最多年降水量1 145.5 mm，最少年降水量587.4 mm。10年一遇24 h最大降水量为100.45 mm、6 h最大降水量为68.5 mm、最大3 h降水量53.0 mm、最大1 h降水量36.5 mm；20年一遇24 h最大降水量为113.9 mm、6 h最大降水量为77.7 mm、最大3 h降水量60.1 mm、最大1 h降水量41.3 mm。蒸发量为1 522～3 752 mm，是降水量的1.25～5.43倍。每年5～10月为降雨季节，降水量占全年的88%，暴雨主要集中在7～9月。11月至翌年4月的降水量只占12%。

温度与光热资源：流域内年平均气温18.4℃，极端最高气温31.4℃，极端最低气温-9.7℃。最低月平均气温14.96℃，最高月平均气温23.4℃，≥10℃年积温5 581℃，无霜期305 d，年平均日照时数为2 247 h，年总辐射141.9 kcal*/cm²。海拔2 200 m以下，气温旱季的垂直递减率为0.73℃/100 m，雨季为0.7℃/100 m，2 200 m以上气温旱季垂直递减率为0.58℃/100 m，雨季为0.64℃/100 m，即高差越大，气温差就越大。

②水文特征　流域主沟两岸支沟发育，大部分支沟均有常流水，少部分支沟旱季基本无水，雨季特别是7~9月主汛期，降雨量过度集中，大量洪水、泥沙进入主沟，对下游农田造成严重的危害。经分析计算，流域内年产水量30.9×10⁴m³/km²，年径流总量为333.7×10⁴m³，年平均流量0.11m³/s，径流模数0.01 m³/(s·km²)，年径流深度309 mm，相当于降水量的40.5%，年径流系数0.41。该流域受地质构造的影响，崩塌、滑坡、侵蚀沟、毛支沟遍布整个流域，沟床比降大，山坡陡峻。由于人类的不合理开发，导致植被覆盖率下降，使得表土层随地表径流而流失，增加了洪水含沙量。流域内多年输沙量为3.24×10⁴t，多年平均含沙量为0.01t/m³。

许家小河流域水源相对丰富，分散分布于流域各支沟内，由于流域内各沟均属于间隙性山区河流，长流水较小，地质条件差，没有修建蓄水工程的条件，故其水资源除部分用于下游农田灌溉和人畜饮水外，未进行其他开发利用。

9.4.1.2　社会经济状况

(1)人口与劳动力

许家小河流域包括阿旺镇的大石头村委员会和小营村委员会，以汉族为主，彝族、苗族等少数民族杂居，涉及8个自然村，275户农户，2010年末共有农业人口940人，农业劳动力630人，人口密度63人/km²，人口自然增长率7.0‰，农业人均纯收入2 170元，农业人均产粮516 kg。流域内人口流动不大，农闲时有部分劳力外出务工，但数量较少，不会影响本工程的实施。各村人口与劳动力情况详见表9-3。

表9-3　人口与劳动力情况表

村名	户数	人口	劳动力	人口密度(人/km²)
大石头村	143	500	330	58
小营村	132	440	300	66
合计	275	940	630	63

(2)土地利用现状

根据外业1:10 000的地形图调查结合内业整理统计，许家小河流域土地总面积1 496.4 hm²，各地类情况为：

①农业生产用地：总面积431.5 hm²，占土地总面积的28.84%。其中，水田24.34 hm²、梯地49.51 hm²、坡耕地357.65 hm²，坡耕地坡度组成见表9-4。

---

* 1 cal =4.181 6 J。

②林业生产用地：总面积 476.51 hm², 占土地总面积的 31.8%。其中，有林地 161.18 hm²，灌木林 265.41 hm²，幼林 46.05 hm²，果木林 3.87 hm²。

③荒草坡 591.3 hm²，占土地总面积的 39.6%。

④水域 23.58 hm²，占土地总面积的 1.58%。

⑤难利用地 96.28 hm²，占土地总面积的 6.43%。

⑥居民及交通用地 18.93 hm²，占土地总面积的 1.27%。

图斑登记表见表 9-5。

表9-4 流域内坡耕地坡度情况表

土地总面积(hm²)	坡耕地		坡耕地坡度组成								
	面积(hm²)	占土地总面积(%)	<5°		5°~15°		15°~25°		25°~35°		≥35°	
			面积(hm²)	权重(%)	面积(hm²)	权重(%)	面积(hm²)	权重(%)	面积(hm²)	权重(%)	面积(hm²)	权重(%)
1 496.4	357.65	23.90	0	0.00	56.35	15.76	221.73	62.00	71.93	20.11	7.64	0.51

表9-5 许家小河流域图斑登记表

图斑编号	面积(hm²)	土地利用现状	土壤侵蚀现状	坡度(°)	土层厚度(cm)	植被类型	郁闭度(%)	侵蚀类型
1	1.63	荒草坡	中度	15~25	30~50	荒草	>30	面蚀
2	6.80	荒草坡	中度	15~25	30~50	荒草	>30	面蚀
3	1.33	灌木林	微度	15~25	50~70	灌草	>90	
4	0.37	灌木林	微度	5~15	50~70	灌草	>90	
5	17.26	坡耕地	轻度	15~25	30~50	作物		面蚀
6	2.83	难利用地	轻度	25~35	<20	疏草		重力侵蚀
7	9.49	荒草坡	中度	25~35	30~50	荒草	>45	面蚀
8	1.04	灌木林	微度	15~25	50~70	灌草	>90	
9	1.90	灌木林	微度	15~25	50~70	灌草	>90	
10	0.98	有林地	微度	5~15	50~70	针叶林	>75	
11	0.18	非生产用地	微度	<5				
12	0.98	水田	微度	<5	30~50	作物		
13	2.54	水田	微度	<5	30~50	作物		
14	2.58	有林地	微度	25~35	50~70	针叶林	>75	
15	2.59	非生产用地	微度	<5				
16	2.01	水田	微度	<5	30~50	作物		
17	4.09	水域	微度	<5				
18	0.78	坡耕地	轻度	5~15	50~70	作物		面蚀
19	1.23	灌木林	微度	15~25	50~70	灌草	>90	
20	0.79	灌木林	微度	5~15	50~70	灌草	>90	
21	5.47	水域	微度	<5				
22	1.04	水田	微度	<5	30~50	作物		

(续)

图斑编号	面积（hm²）	土地利用现状	土壤侵蚀现状	坡度(°)	土层厚度（cm）	植被类型	郁闭度（%）	侵蚀类型
23	0.26	有林地	微度	5~15	30~50	针叶林	>75	
24	9.99	坡耕地	轻度	5~15	30~50	作物		面蚀
25	3.28	坡耕地	轻度	15~25	30~50	作物		面蚀
26	0.14	荒草坡	中度	15~25	30~50	荒草	>45	面蚀
27	0.43	非生产用地	微度	<5				
28	1.03	非生产用地	微度	<5				
29	0.52	有林地	微度	5~15	50~70	针叶林	>75	
30	15.01	水田	微度	<5	30~50	作物		
31	1.35	荒草坡	中度	15~25	30~50	荒草	>30	面蚀
32	1.14	荒草坡	中度	15~25	30~50	荒草	>30	面蚀
33	0.79	非生产用地	微度	<5				
34	1.36	非生产用地	微度	<5				
35	2.25	坡耕地	轻度	15~25	30~50	作物		面蚀
36	4.34	坡耕地	轻度	25~35	50~70	作物		面蚀
37	9.97	灌木林	微度	15~25	50~70	灌草	>90	
38	0.54	灌木林	微度	5~15	30~50	灌草	>90	
39	0.80	坡耕地	轻度	5~15	30~50	作物		面蚀
40	2.77	坡耕地	轻度	15~25	30~50	作物		面蚀
41	10.28	水域	微度	<5				
42	0.12	荒草坡	中度	15~25	30~50	荒草	>30	面蚀
43	0.71	经果林	微度	5~15	>70	梨、核桃	>80	
44	19.72	灌木林	微度	15~25	50~70	灌草	>90	
45	9.43	坡耕地	轻度	15~25	30~50	作物		面蚀
46	0.29	荒草坡	中度	15~25	30~50	荒草	>30	面蚀
47	1.79	经果林	微度	15~25	>70	梨、核桃	>80	
48	0.89	水域	微度	<5				
49	0.47	有林地	微度	5~15	50~70	针叶林	>75	
50	2.98	灌木林	微度	25~35	50~70	灌草	>90	
51	0.96	难利用地	轻度	5~15	<20	疏草		重力侵蚀
52	2.85	水域	微度	<5				
53	2.55	坡耕地	轻度	15~25	50~70	作物		面蚀
54	6.26	灌木林	微度	15~25	30~50	灌草	>90	
55	1.19	灌木林	微度	15~25	50~70	灌草	>90	
56	1.48	荒草坡	中度	15~25	30~50	荒草	>30	面蚀
57	3.59	灌木林	微度	25~35	50~70	灌草	>90	
58	0.65	难利用地	轻度	5~15	<20	疏草		重力侵蚀
59	4.27	荒草坡	极强烈	≥35	>70	荒草	<30	滑坡
60	20.68	荒草坡	中度	25~35	30~50	荒草	>30	面蚀

（续）

图斑编号	面积（hm²）	土地利用现状	土壤侵蚀现状	坡度(°)	土层厚度（cm）	植被类型	郁闭度（%）	侵蚀类型
61	0.65	灌木林	微度	5~15	50~70	灌草	>90	
62	4.56	疏幼林	轻度	25~35	50~70	阔叶林	>60	面蚀
63	1.75	坡耕地	轻度	15~25	50~70	作物		面蚀
64	0.38	非生产用地	微度	<5				
65	5.33	坡耕地	轻度	25~35	50~70	作物		面蚀
66	0.47	荒草坡	极强烈	≥35	>70	荒草	<10	滑坡
67	0.72	水田	微度	<5	30~50	作物		
68	1.50	水田	微度	<5	30~50	作物		
69	11.36	灌木林	微度	25~35	50~70	灌草	>90	
70	21.21	灌木林	微度	25~35	30~50	灌草	>90	
71	0.89	经果林	微度	5~15	>70	梨、核桃	>75	
72	0.48	经果林	微度	5~15	>70	梨、核桃	>75	
73	0.45	非生产用地	微度	<5				
74	0.25	梯坪地	微度	5~15	30~50	作物		
75	0.64	非生产用地	微度	<5				
76	3.15	坡耕地	轻度	15~25	50~70	作物		面蚀
77	9.07	梯坪地	微度	25~35	50~70	作物		
78	20.12	疏幼林	轻度	25~35	50~70	针叶林	>60	面蚀
79	11.75	坡耕地	轻度	25~35	30~50	作物		面蚀
80	0.21	非生产用地	微度	<5				
81	2.27	有林地	微度	25~35	50~70	针叶林	>75	
82	10.26	灌木林	微度	25~35	50~70	灌草	>90	
83	0.39	坡耕地	轻度	5~15	50~70	作物		面蚀
84	0.36	非生产用地	微度	<5				
85	1.52	坡耕地	轻度	15~25	30~50	作物		面蚀
86	0.60	非生产用地	微度	<5				
87	30.25	灌木林	微度	25~35	50~70	灌草	>75	
88	0.27	非生产用地	微度	<5				
89	0.55	非生产用地	微度	<5				
90	5.46	坡耕地	轻度	15~25	30~50	作物		面蚀
91	2.51	有林地	微度	25~35	30~50	针叶林	>90	
92	23	坡耕地	轻度	15~25	30~50	作物		面蚀
93	3.77	有林地	微度	25~35	50~70	针叶林	>90	
94	9.96	坡耕地	轻度	15~25	30~50	作物		面蚀
95	20.59	荒草坡	中度	25~35	30~50	荒草	<10	面蚀
96	5.24	坡耕地	轻度	25~35	50~70	作物		面蚀
97	0.86	灌木林	微度	5~15	50~70	灌草	>75	
98	4.73	坡耕地	轻度	25~35	30~50	作物		面蚀

（续）

图斑编号	面积（hm²）	土地利用现状	土壤侵蚀现状	坡度(°)	土层厚度（cm）	植被类型	郁闭度（%）	侵蚀类型
99	4.09	灌木林	微度	25~35	30~50	灌草	>90	
100	0.45	灌木林	微度	5~15	50~70	灌草	>75	
101	2.88	坡耕地	轻度	15~25	30~50	作物		面蚀
102	32.48	灌木林	微度	15~25	50~70	灌草	>75	
103	0.23	水田	微度	<5	30~50	作物		
104	36.27	坡耕地	轻度	15~25	30~50	作物		面蚀
105	9.98	坡耕地	轻度	5~15	50~70	作物		面蚀
106	0.31	水田	微度	<5	30~50	作物		
107	11.84	坡耕地	轻度	15~25	30~50	作物		面蚀
108	0.11	非生产用地	微度	<5				
109	8.88	梯坪地	微度	15~25	30~50	作物		
110	2.93	有林地	微度	25~35	50~70	针叶林	>90	
111	2.89	灌木林	微度	25~35	30~50	灌草	>90	
112	0.65	非生产用地	微度	<5				
113	1.14	灌木林	微度	15~25	50~70	灌草	>75	
114	0.3	非生产用地	微度	<5				
115	0.45	非生产用地	微度	<5				
116	21.09	梯坪地	微度	5~15	30~50	作物		
117	0.38	非生产用地	微度	<5				
118	4.71	有林地	微度	25~35	30~50	针叶林	>90	
119	0.78	非生产用地	微度	<5				
120	0.91	梯坪地	微度	5~15	30~50	作物		
121	1.87	难利用地	轻度	15~25	<20	疏草		重力侵蚀
122	5.12	难利用地	轻度	25~35	<20	疏草		重力侵蚀
123	3.30	坡耕地	轻度	15~25	30~50	作物		面蚀
124	8.18	难利用地	轻度	≥35	<20	疏草		重力侵蚀
125	0.86	难利用地	轻度	5~15	<20	疏草		重力侵蚀
126	3.12	难利用地	轻度	25~35	<20	疏草		重力侵蚀
127	39.42	荒草坡	中度	25~35	30~50	荒草	>45	面蚀
128	11.02	荒草坡	中度	25~35	30~50	荒草	>45	面蚀
129	9.85	荒草坡	中度	25~35	30~50	荒草	>45	面蚀
130	16.77	难利用地	轻度	25~35	<20	疏草		重力侵蚀
131	0.71	荒草坡	中度	15~25	30~50	荒草	>30	面蚀
132	0.73	难利用地	轻度	5~15	<20	疏草		重力侵蚀
133	4.49	难利用地	轻度	25~35	<20	疏草		重力侵蚀
134	22.03	荒草坡	强烈	≥35	30~50	荒草	>50	面蚀
135	51.95	荒草坡	强烈	≥35	30~50	荒草	>50	面蚀
136	10.17	荒草坡	强烈	≥35	30~50	荒草	>50	面蚀

(续)

图斑编号	面积(hm²)	土地利用现状	土壤侵蚀现状	坡度(°)	土层厚度(cm)	植被类型	郁闭度(%)	侵蚀类型
137	1.93	难利用地	轻度	15~25	<20	疏草		重力侵蚀
138	1.26	非生产用地	微度	<5				
139	1.88	坡耕地	轻度	15~25	30~50	作物		面蚀
140	1.18	灌木林	微度	15~25	30~50	灌草	>75	
141	2.67	灌木林	微度	25~35	50~70	灌草	>90	
142	21.51	坡耕地	轻度	5~15	50~70	作物		面蚀
143	25.04	坡耕地	轻度	15~25	30~50	作物		面蚀
144	24.87	坡耕地	轻度	15~25	50~70	作物		面蚀
145	1.13	坡耕地	轻度	15~25	30~50	作物		面蚀
146	0.29	有林地	微度	5~15	50~70	针叶林	>75	
147	0.42	有林地	微度	5~15	50~70	针叶林	>75	
148	1.56	灌木林	微度	15~25	50~70	灌草	>75	
149	0.87	非生产用地	微度	<5				
150	8.89	灌木林	微度	25~35	50~70	灌草	>90	
151	0.31	非生产用地	微度	<5				
152	0.51	非生产用地	微度	<5				
153	17.5	坡耕地	轻度	15~25	50~70	作物		面蚀
154	2.92	有林地	微度	25~35	30~50	针叶林	>90	
155	0.73	非生产用地	微度	<5				
156	4	坡耕地	轻度	15~25	30~50	作物		面蚀
157	20.61	有林地	微度	25~35	>70	针叶林	>90	
158	2.45	坡耕地	轻度	15~25	30~50	作物		面蚀
159	1.14	坡耕地	轻度	15~25	30~50	作物		面蚀
160	19.38	灌木林	微度	25~35	30~50	灌草	>90	
161	0.61	坡耕地	轻度	5~15	30~50	作物		面蚀
162	0.4	有林地	微度	5~15	50~70	针叶林	>75	
163	1.13	坡耕地	轻度	15~25	50~70	作物		面蚀
164	1.04	坡耕地	轻度	15~25	30~50	作物		面蚀
165	7.13	梯坪地	微度	15~25	50~70	作物		
166	1.38	有林地	微度	15~25	50~70	针叶林	>75	
167	0.77	非生产用地	微度	<5				
168	5.57	有林地	微度	25~35	>70	针叶林	>90	
169	2.18	梯坪地	微度	25~35	>70	作物		
170	2.23	有林地	微度	25~35	50~70	针叶林	>90	
171	12.29	坡耕地	轻度	5~15	30~50	作物		面蚀
172	0.72	非生产用地	微度	<5				
173	0.53	有林地	微度	5~15	50~70	针叶林	>75	
174	6.98	灌木林	微度	15~25	50~70	灌草	>75	

（续）

图斑编号	面积（hm²）	土地利用现状	土壤侵蚀现状	坡度(°)	土层厚度（cm）	植被类型	郁闭度（%）	侵蚀类型
175	2.81	有林地	微度	25~35	50~70	针叶林	>90	
176	30.52	荒草坡	中度	25~35	30~50	荒草	>45	面蚀
177	10.42	灌木林	微度	25~35	50~70	灌草	>90	
178	6.17	灌木林	微度	25~35	30~50	灌草	>90	
179	12.77	难利用地	轻度	25~35	<20	疏草		重力侵蚀
180	12.54	荒草坡	中度	25~35	30~50	荒草	>45	面蚀
181	11.51	有林地	微度	25~35	50~70	针叶林	>90	
182	1.88	坡耕地	轻度	25~35	30~50	作物		面蚀
183	14.97	荒草坡	强烈	≥35	30~50	荒草	>30	面蚀
184	6.87	有林地	微度	≥35	50~70	针叶林	>90	
185	2.38	有林地	微度	25~35	30~50	针叶林	>90	
186	0.15	非生产用地	微度	<5				
187	3.62	坡耕地	轻度	15~25	30~50	作物		面蚀
188	0.61	难利用地	轻度	5~15	<20	疏草		重力侵蚀
189	41.89	荒草坡	强烈	≥35	30~50	荒草	>45	面蚀
190	5.95	有林地	微度	25~35	30~50	针叶林	>90	
191	0.58	非生产用地	微度	<5				
192	6.04	灌木林	微度	25~35	50~70	灌草	>90	
193	1.97	灌木林	微度	25~35	50~70	灌草	>90	
194	7.64	坡耕地	中度	≥35	50~70	作物		面蚀
195	0.27	非生产用地	微度	<5				
196	34.17	坡耕地	中度	25~35	30~50	作物		面蚀
197	24.92	荒草坡	中度	25~35	30~50	荒阜	<10	面蚀
198	10.09	灌木林	微度	25~35	50~70	灌草	>30	
199	1.47	荒草坡	中度	25~35	30~50	荒草	<10	面蚀
200	19.62	有林地	微度	25~35	50~70	针叶林	>90	
201	1.10	荒草坡	中度	25~35	30~50	荒草	>45	面蚀
202	1.66	荒草坡	中度	15~25	30~50	荒草	>30	面蚀
203	1.26	坡耕地	轻度	15~25	30~50	作物		面蚀
204	0.49	荒草坡	中度	25~35	30~50	荒草	>45	面蚀
205	0.37	荒草坡	中度	25~35	30~50	荒草	>45	面蚀
206	1.63	灌木林	微度	15~25	30~50	灌草	>75	
207	29.32	有林地	微度	5~15	>70	针叶林	>75	
208	0.25	非生产用地	微度	<5				
209	1.67	荒草坡	中度	15~25	30~50	荒草	>30	面蚀
210	4.49	坡耕地	轻度	25~35	30~50	作物		面蚀
211	1.17	荒草坡	中度	25~35	30~50	荒草	>30	面蚀
212	2.32	有林地	微度	25~35	50~70	针叶林	>90	

(续)

图斑编号	面积（hm²）	土地利用现状	土壤侵蚀现状	坡度(°)	土层厚度（cm）	植被类型	郁闭度（%）	侵蚀类型
213	2.04	有林地	微度	25~35	50~70	针叶林	>90	
214	13.98	有林地	微度	25~35	30~50	针叶林	>90	
215	8.99	灌木林	微度	25~35	50~70	灌草	>90	
216	21.37	疏幼林	轻度	25~35	50~70	针叶林	>75	面蚀
217	3.8	灌木林	微度	25~35	50~70	灌草	>90	
218	5.45	有林地	微度	25~35	50~70	针叶林	>90	
219	0.81	灌木林	微度	25~35	30~50	灌草	>90	
220	2.44	有林地	微度	25~35	50~70	针叶林	>90	
221	1.52	灌木林	微度	25~35	50~70	灌草	>90	
222	64.12	荒草坡	中度	≥35	30~50	荒草	>60	面蚀
223	1.14	有林地	微度	25~35	50~70	针叶林	>90	
224	1.86	灌木林	微度	≥35	50~70	灌草	>90	
225	1.57	灌木林	微度	≥35	50~70	灌草	>90	
226	0.33	难利用地	轻度	25~35	<20	疏草		重力侵蚀
227	39.11	荒草坡	轻度	5~15	30~50	荒草	>30	面蚀
228	1.05	灌木林	微度	≥35	50~70	灌草	>90	
229	2.29	难利用地	轻度	≥35	<20	疏草		
230	2.28	灌木林	微度	25~35	50~70	灌草	>90	
231	0.53	难利用地	轻度	25~35	<20	疏草		重力侵蚀
232	32.24	难利用地	轻度	<5	<20	疏草		面蚀

（3）农村经济状况

①农村产业结构　许家小河流域2010年农业总产值706.8万元，其中，农业279.5万元，占农业总产值的39.5%；林业0元，占农业总产值的0%；牧业427.3万元，占农业总产值的60.5%；渔业0.0万元，占农业总产值的0%。农村经济总收入1 058.14万元，农业人均纯收入2 170元。粮食总产186.4×10^4 kg，农业人均产粮508 kg。流域内无渔业生产，无水产养殖；经济作物主要有油菜、花生、大豆和蔬菜等。有小片的经果林种植，以核桃、板栗、梨为主。农副产品市场供需矛盾日趋突出，流域社会经济状况详见表9-6。

表9-6　流域内社会经济状况表

涉及流域名称	土地总面积（km²）	辖区				人口		农业劳力（万个）	农业人口密度（人/km²）
		乡（个）	村（个）	小组（个）	户（个）	总人口（万人）	农业人口（万人）		
许家小河流域	14.96	阿旺镇	大石头	5	143	500	500	330	58
			小营	3	132	440	440	300	66
			小计	8	275	940	940	630	62

(续)

农业人均耕地 (hm^2/人)	粮食总产 $\times 10^4 kg$	农业产粮 (kg)	农业总产值					农村经济总收入 万元	农业人均年纯收入 元/人
			小计 万元	农业 万元	林业 万元	牧业 万元	渔业 万元		
0.48	27	518	69.8	33.6	0.0	36.3	0.0	145.3	2267
0.44	22	514	106.9	36.3	0.0	70.6	0.0	119.3	2080
0.46	49	516	177.7	69.9	0.0	106.9	0.0	264.6	2170

②农业生产 流域内耕地总面积 431.5 hm^2，其中：基本农田总面积 24.34 hm^2，占耕地总面积的 5.6%，根据各村在流域内的占地比例确定流域内人口为 940 人，因此，农业人均耕地为 0.46 hm^2，农业人均基本农田 0.025 hm^2，2010 年粮食播种面积为 431.5 hm^2，粮食总产量 447.52 t，播种面积单产 1 106.7 kg/hm^2，农业人均产粮 508 kg。主要粮食作物有水稻、马铃薯、玉米、小麦、荞麦、大豆、杂豆等，经济作物主要有油菜、花生、大豆和蔬菜等，由于高稳产农田少、中低产田多，且分布不均匀，加之受地理位置影响，导致水利化程度低，不能充分发挥有效灌溉效益，农产品产量较低，流域内农业生产现状见表 9-7。

表 9-7 流域内 2010 年农业生产现状表

项目区耕地总面积 (hm^2)	粮食作物		经济作物		经果林		牧业				渔业	
	总面积 (hm^2)	总产量 (t)	总面积 (hm^2)	总产量 (t)	面积 (hm^2)	年产量 (t)	大牲畜 (头)	猪 (头)	羊 (头)	其他 (只)	养殖水面面积 (hm^2)	产量 (t)
431.5	431.5	477.52	24.34	12.17	3.87	11.61	94	940	313	1880		

③林业生产 流域内现有林地为当地群众的个体林，主要为有林地、疏幼林地、灌木林地和经果林地，其中，有林地 161.18 hm^2、疏幼林地 46.05 hm^2、灌木林地 265.41 hm^2、经果林地 3.87 hm^2。现有林地郁闭度低，林分结构差，加之管护不善，产出率较低，林业生产的主要收入为零星经果林地的林产品。

④牧业生产 流域内牧业生产的主要收入来源为当地农户自发进行的牲畜饲养，饲养的品种主要有猪、牛、马、羊、驴、骡、鸡、鸭、鹅等。2008 年末有猪 940 头、大牲畜 94 头（主要为耕牛）、羊 313 只、鸡、鸭、鹅 1 880 只，猪、鸡、鸭、鹅为圈养（饲料以农作物的茎、叶、野菜和粮食为主），牛、马、羊、驴、骡为放养。由于畜牧业生产以家庭为单元，农户自主经营管理，缺乏科学饲养知识，没有形成养殖规模，饲养周期过长，市场经济意识差，所以商品率不高，2008 年年底，流域内畜牧业产值为 427.3 万元。

⑤渔业生产 流域内无渔业生产，无水产养殖。

⑥流域农村经济发展存在的主要问题：目前许家小河流域农业生产存在的主要问题是土地利用结构不合理，农、林、牧用地比例失调，荒草坡面积 449.6 hm^2，占土地总面积的 30.4%。陡坡开荒严重，坡耕地面积比重占耕地的 82.9%，≥25°坡耕地

占耕地面积的20.11%，粮食单产低于全区平均单产。林地面积大，但结构不合理，灌木林、疏幼林占林地面积的65.4%。加强农业基础设施建设，改善生态环境和生产条件，优化调整农村产业结构，提高土地生产能力是当前必须解决的问题。具体体现在以下几方面：

耕地多、水利化程度低：流域内现有耕地431.5 hm^2，农业人均耕地为0.46 hm^2，但大部分为坡耕地，对于以农业种植为主的许家小河来说，这一指标虽然高，但由于受地形、温度等因素影响，流域内的耕地农业产出率较低，加之水利基础设施不完善，水利化程度低等问题，严重地制约着地方经济的发展。

土地利用结构、种植结构单一：流域内土地利用以耕地和林地为主，其他用地较少，缺乏产业开发用地，经济收入以农业种植为主，且多为粮食种植，种植结构单一，农业生产力水平较低，农村经济相对落后。

交通条件差、农产品运输困难：流域内虽然村村通路，但都为土路，路面窄且坑坑洼洼；当地农产品运出困难。

当地群众市场意识淡薄：当地群众的市场意识较弱，农产品商品率较低，一定程度上也制约着当地经济的发展。

(4) 农村基础设施状况

许家小河流域位于东川区阿旺镇北东部、大白河东岸，包括阿旺镇的大石头村委会和小营村委会，距东川区城区15 km，经济状况处于阿旺镇中等水平。随着农村电网的改造，流域内已基本通电，通信网络也完全覆盖到流域内；流域内各自然村都通路，但路面情况较差，基本为土路，雨季湿滑，加上当地农用机动车碾压，造成路面坑坑洼洼；流域内耕地灌溉条件较差，人畜饮水绝大部分已解决；中下游地区燃料以煤、电、秸秆为主，中上游地区以薪柴、秸秆为主。

9.4.1.3 水土流失和水土保持现状

(1) 水土流失现状

按照《土壤侵蚀分类分级标准》(SL 190—2007)规范分级标准，判定许家小河流域土壤侵蚀分级标准为剧烈侵蚀、强烈侵蚀、中度侵蚀、轻度侵蚀和微度侵蚀，侵蚀模数分别为11 500 t/(km^2·a)、6 500 t/(km^2·a)、4 600 t/(km^2·a)、2 000 t/(km^2·a)，微度侵蚀450 t/(km^2·a)，按此标准与各侵蚀强度级的面积加权平均推算得年总侵蚀量为3.62×10^4 t，流域平均侵蚀模数为2 421 t/(km^2·a)，具体详见表9-8。流域总面积1 496.4 hm^2，水土流失面积949.58 hm^2，占总面积的63.5%。流失面积中，轻度侵蚀面积497.28 hm^2，占总面积的33.23%，占流失面积的52.4%；中度侵蚀面积306.55 hm^2，占总面积的20.49%，占流失面积的32.3%；强烈侵蚀面积141.01 hm^2，占总面积的9.42%，占流失面积的14.8%；剧烈侵蚀4.74 hm^2，占总面积的0.32%。

(2) 水土流失的危害

水土流失对许家小河流域农业生态系统的破坏，直接影响到农业生产和农业生产结构的发展，长期以来使流域内人民的脱贫致富、生命财产安全都受到严重的影响和威胁。总结多年的情况，流域内水土流失的危害主要有以下几个方面：

表 9-8 水土流失现状表

序号	侵蚀强度	面积（hm^2）	占总面积的（%）	土壤侵蚀模数（t/km^2）	土壤侵蚀量（t）
1	微度侵蚀	546.82	36.54	450	2 460.69
2	轻度侵蚀	497.28	33.23	2 000	9 945.60
3	中度侵蚀	306.55	20.49	4 600	14 101.30
4	强烈侵蚀	141.01	9.42	6 500	9 165.65
5	剧烈侵蚀	4.74	0.32	11 500	545.10
合计		1 496.40	100.00	25 050	36 218.34

①破坏土地资源　水土流失使土层变薄，质地变粗，肥力下降，涵养水源能力差，形成耕地贫瘠、肥力较差等特征，降低了复种指数，亩产降低，逐渐使土地失去农业利用价值，增加了粮食生产的成本。流域每年流失土壤 $3.62 \times 10^4 t$，相当于不同程度地毁坏农田 $1.7 hm^2$，从而导致流域耕地面积逐年减少。

②水土流失导致生态环境恶化，自然灾害频繁　许家小河流域水土流失导致自然灾害频繁的严峻现实，是历史上乱砍滥伐，毁林开荒，盲目扩大耕地，粗放型耕作的必然结果。由于水土流失严重，导致生态环境恶化，自然灾害频繁，冻、洪、涝、旱等灾害样样俱全，年年出现，或间断出现，或同时发生，或交替出现，或多种灾害同时发生。据气象资料表明：流域"倒春寒"、夏季冷涝，7月伏旱等灾害形式平均两年一遇，概率为50%；秋涝则几乎年年出现，概率为75%。此外，大暴雨或冰雹灾害也时有发生，一旦出现，危害极大。另外，水土流失加剧了流域干旱性灾害的发生，原因主要是植被减少，土壤涵养水源能力差。

（3）水土保持现状

多年来，通过"长江中上游防护林体系建设工程"、"天然林资源保护工程"、"退耕还林"等项目，先后在流域内实施了以生物措施为主的水土保持、生态环境建设工程，使片区内森林植被得到一定恢复，生态环境有了一定改善，但由于受投资限制，所实施的项目仅局限于坡面治理，沟道内的崩塌、滑坡、泥石流尚未得到有效控制，远远不能满足全面治理需要。

（4）水土流失存在的问题

该流域中上游主沟两岸滑坡、崩塌较严重，沟床固体物质丰富，为泥石流的形成提供了物质条件，为防止泥石流的形成必须进行沟道治理，但需投入的资金相对较大，另外，中上游坡面坡度陡峻且难利用地面积大，土壤瘠薄，植被恢复困难，治理难度大。

（5）水土流失治理的经验

多年来，东川区开展了多条流域的水土保持综合治理，经过多年实践，取得了显著效益和治理经验。

①加强规划、科学管理　针对区域内水土流失现状制定水土保持规划，划分了水土流失重点防治区、重点监督区及重点治理区，并向社会进行公告，实施分类指导，

采取分区防治措施。

②加强队伍建设和技术投入，按照规划分步进行治理工作 坚持以大流域治理为依托，以流域治理为单元，以乡村为基础，采取生物、工程、农艺措施相结合，通过综合、集中、规模、连续治理，提高水保效果。

③工程治理和生物治理相辅相成，同步进行 工程措施主要采用拦挡坝、谷坊、固床坝、护岸堤、导流槽、排洪沟、截流沟、坡改梯等治理工程；植被恢复措施主要为植树造林。

④对箐沟的水土流失治理，采用拦砂坝及谷坊效果明显。

⑤治理与开发利用相结合 由单纯的防护性治理转变为开发性治理。退耕还林后种植果树，增加了经济收入。

9.4.2 规划相关参数

9.4.2.1 防治目标参考

（1）治理水土流失目标

通过连续治理，措施对位配置，形成综合治理体系，到规划期末综合治理程度达到85%以上，减沙效益达到30%以上。

（2）改善生态环境目标

至规划实施期末，提高林草覆盖率10%以上，使林草覆盖率达到50%以上。

（3）发展农村经济目标

到规划实施期末，人均纯收入比当地平均水平提高30%以上，达到2 800元/人·年。

（4）其他目标

主要包括促进社会进步、减轻自然灾害等方面的目标，定性描述。

9.4.2.2 相关参数参考

农业用地规划中，规划期末口粮按400 kg计算，饲料用粮按每头大牲畜100 kg计算，种子用粮按平均每公顷耕地需种粮240 kg计算，粮经比例达到0.8∶0.2。林业用地面积按植被覆盖率目标确定，经济林面积参考经济指标斟酌确定。土地利用结构调整参考表9-9计算。

表9-9 土地利用现状及调整表

规划区名称：		土地总面积：			单位：hm^2
		现状面积	调整后面积	增减面积	备注
耕地	小计				
	水田				
	水浇地				
	水平梯田				
	河川坝地				
	坡耕地				
	其他耕地				

		现状面积	调整后面积	增减面积	备注
园地	小计				
	果园				
	茶园				
	经济林栽培园				
	其他园地				
林地	小计				
	有林地				
	灌木林地				
	疏林地				
	采伐迹地				
	苗圃				
	经济林				
	其他林地				
草地	小计				
	天然牧草地				
	人工牧草地				
	其他草地(荒草地)				
城镇及村庄工矿用地					
交通运输用地					
水域及水利设施用地					
其他未利用地(裸地、盐碱地等)					
合计					

进度计划建议按3年计列，第一年明确措施和投资，以后各年可不具体细分措施和投资。投资估算中综合单价建议按表9-10计算，超出表9-10范围的其他措施按类比项目平均价格计算。资金筹措方案按中央投资和地方配套9∶1比例计算。相关费率按《水土保持生态建设工程概(估)算编制规定》(水利部水总[2003]67号)及现行费率计算。

表9-10 综合单价表   单位：万元

编号	工程或费用名称	单位	投资
1	拦砂坝	座(坝高10 m以上)	120.0
2	拦砂坝	座(坝高10 m以下)	40.0
3	浆砌石谷坊(平均)	座	15.0
4	坡改梯(平均)	hm²	1.5
5	荒山造林(平均)	hm²	1.0
6	经济林(平均)	hm²	1.8
7	保土耕作	hm²	0.2
8	封禁治理	hm²	0.1
9	机耕道路	km	2.0
10	蓄水池	口	0.3
11	排、引水沟渠	km	1.0

水土保持效益分析参数参考表 9-11、表 9-12 平均计算，鉴于课程设计的时间紧，不再考虑经济计算期、始效期。

表 9-11　经济效益计算参考指标　　　　　　　　　　　单位：元/hm²·a

措施	水土保持林	经果林	封禁治理	保土耕作	坡改梯
单位指标	1 950	6 000	200	150	3 000

表 9-12　水土保持措施蓄水保土效益计算参考指标　　　单位：t/hm²，m³/hm²

计算项目	保土耕作	坡改梯	溪沟整治	谷坊	拦砂坝	水保林	封禁治理
保土指标	12.5	25.6	36.5	根据库容确定	根据库容确定	51	12.5
蓄水指标	200	250	0	0	0	750	275

9.5　实习报告要求

9.5.1　实习报告总体要求

实习报告字数以 4 000 字左右为宜，封面应包括规划报告名称、姓名、学号、班级、指导教师、报告完成时间；使用 A4 纸双面打印，统一左侧装订。

9.5.2　实习报告写作要求

为了使学生既掌握生产实践中水土保持规划报告编写的总体要求和内容，又能在有限的实习时间里，突出重点、难点，掌握实训水土保持规划报告编制的核心内容，我们根据《水土保持规划编制规程》（SL335—2006）要求的水土保持规划编写提纲进行了一定调整，本次课程设计"许家小河流域水土保持规划报告"编写要求如下：

（1）规划概要

概要相当于论文的摘要，要涵盖规划报告的核心信息，利于上级部门对信息的汇总、审批，这一章在规划报告其他章节完成之后编写。

本章应简单概述流域自然环境、社会经济、水土流失及水土保持现状以及类型区划分结果，概述规划目标、措施总体布局、措施规模、投资、进度安排和效益分析结果。

（2）基本情况

在自然条件方面着重说明规划区域的地理位置、地质地貌、气象、土壤和植被等的特征，简单分析利于规划的优势和不利因素。

在自然资源方面应说明土地资源、水资源、生物资源、光热资源、矿藏资源的质、量和可开发利用的前景，分析利于规划的优势和不利因素。

社会经济方面主要说明规划区的人口、劳力、土地利用结构、产业结构、粮食、经济收入、交通、水利设施、教育、科技等情况以及存在的问题，分析利于规划的优势和不利因素。

水土流失方面主要说明水土流失类型、形式、分布、数量、强度、危害、成因。

水土保持现状着重说明到目前为止水土保持各项工作开展的情况，包括已有项目来源、治理面积、措施类型、实施效果，还应对水土保持管理工作予以说明，主要包括监督执法、预防保护、监测预报、科技推广等工作的开展情况，分析已经取得的经验与教训，找出存在的主要问题和原因。

本章切忌长篇大论、连篇累赘，主要对上一级规划需要汇总和支撑后续规划的相关情况、数据、问题进行描述和分析。

(3)规划依据、原则和目标

应分层次列出规划所依据的法律法规、相关标准以及主要文件资料，最直接参考的相关规范标准主要有《水土保持规划编制规程》(SL 336—2006)、《水土保持综合治理 规划通则》(GB/T 15772—2008)、《水土保持综合治理 技术规范》(GB/T 16453.1~6—2008)、《水土保持综合治理 验收规范》(GB/T 15773—2008)、《水土保持综合治理 效益计算方法》(GB/T 15774—2008)、《水土保持工程概(估)算编制规定和定额》(水利部水总[2003]60号)。

根据规划区特点，制定适宜的规划原则，并要在后续规划相关章节中得到体现。

确定规划期，根据规划区特点，制定经济发展目标、社会发展目标、生态环境目标，明确建设规模，提出治理度、减沙率、植被覆盖率、人均收入等重要量化指标。

(4)水土保持类型区划分及总体布局

由于提供的规划区背景资料范围较小，本课程设计不再进行"三区划分"或修正已有的"三区划分"结果，但应明确规划区域在国家、省人民政府划定的"三区"公告中的区位。本章训练的主要任务是类型区划分和总体布局，应在对提供的规划区背景资料——自然条件、自然资源、社会经济、水土流失和水土保持特点分析基础上划分不同的水土保持类型区，首先确定不同类型区的范围和行政区划，阐明不同类型区的特点，并对各类型区分别采取不同生产发展方向、生态建设方面和治理措施布局，着重各项措施的总体布置方案，说明各项措施实施的主要内容。

(5)综合防治规划

限于时间，突出实训重点，着重治理规划，其他规划内容不再涉及。首先根据流域土地利用现状图(见附图4)和社会经济现状，进行土地利用结构分析和调整，根据土地评价等级和水土保持措施对土壤质量的要求高低顺序综合平衡配置土地。在此基础上，提出流域水土流失综合治理的措施体系和总体布局。坡耕地治理主要以坡改梯、陡坡退耕还林草和保土耕作为主进行规划；"四荒"地主要以造林、种草和封禁治理为主进行规划；沟壑治理从沟头到沟口、从支沟到主沟全面规划，主要提出谷坊、拦砂坝、坡面小型配套蓄引排水工程和治沟骨干工程。

(6)投资估算

参考水利部《水土保持工程概(估)算编制规定和定额》，按工程措施费、林草措施费、独立费用分别列表计算，措施费综合单价按表9~10提供的数据参考计算。投资估算中应列出分年度投资表。提出水土保持总投资的资金筹措方案。

(7)效益分析

参考《水土保持综合治理 效益计算方法》(GB/T 15774—2008)计算水土保持效

益，重点分析水土流失治理度、减沙率、林草覆盖率、人均收入增长率等水土流失防治的目标实现值。

(8) 进度安排与近期实施意见

提出进度计划安排原则，按规划措施的数量作出分年度安排表，重点工程措施明确实施位置。

(9) 组织管理

提出组织领导、技术保障和投入保障的组织管理措施。

附：《水土保持规划编制规程》规定的水土保持规划报告提纲

1. 规划概要
2. 基本情况
3. 规划依据、原则和目标
4. 水土保持分区及总体布局
5. 综合防治规划
5.1 生态修复规划
5.2 预防保护与监督管理规划
5.3 综合治理规划
5.4 水土保持监测规划
5.5 科技示范推广规划
6. 环境影响评价
7. 投资估算
8. 效益分析与经济评价
9. 进度安排与近期实施意见
10. 组织管理

附表
附图
附件

实训 10
水土保持方案编制课程设计

10.1 实习目的

该门课程的实习,可以使学生了解开发建设项目中各功能区水土流失特点及水土保持措施的布局、设计,把握水土保持方案编制的思想;通过实地考察已经完成的开发建设项目的各分区措施的实施及效果,为编制水土保持方案提供科学依据;通过编制水土保持方案报告书,把课程所学的理论、方法运用到具体的实践中,强化学生对开发建设项目水土保持方案编制思想、理论及方法的理解和运用,为将来从事相关工作打下坚实的基础,同时,开发建设项目水土保持方案的编制还涉及了水土保持与荒漠化防治专业的土壤侵蚀原理、水土保持工程学、林业生态工程、水文与水资源学、计算机辅助设计等多门专业课的内容,因此,水土保持方案编制的过程也是对这些课程理论和方法的总结,也是这些课程理论和方法在实践中的具体应用。

10.2 实习内容

本门课程实习包括两部分内容:野外参观实习和水土保持方案报告的编制。

10.2.1 野外参观实习

为了增强学生对所学课本知识的感性认识,本课程实习需要选择一个实施了水土保持措施的开发建设项目进行参观,开发建设项目类型可以是公路、矿山、电站等水土流失分区相对全面、水土保持措施相对完善的项目,让学生了解不同水土流失分区的防治措施体系。

10.2.2 水土保持方案编制

选定某个开发建设项目的典型水土流失区域,进行水土保持方案编制并完成相应的图纸及投资概预算。水土保持方案编制的内容主要依据《开发建设项目水土保持技术规范》(GB 50433—2008)、《开发建设项目水土流失防治标准》(GB 50434—2008)及水利部水土保持监测中心于2008年7月印发的《开发建设项目水土保持方案技术审查要求》(水保监[2008]8号)进行编制,具体内容包括:

(1)综合说明

主要对方案编制的项目概况、项目区概况、主体工程水土保持分析评价、防治责任范围、水土流失预测、水土保持措施总体布局、水土保持监测、水土保持投资估算及效益分析、结论及建议等进行简要的、结论性的总结。

(2)水土保持方案编制总则

说明方案编制的目的、意义、编制的依据、编制的指导思想及原则、设计深度、设计水平年及方案服务期。

(3)项目概况

介绍项目的基本情况、项目的组成及布置、工程占地、土石方平衡、施工组织、施工工艺,生产类项目还应介绍生产工艺,拆迁安置、投资及进度计划等。

(4)项目区概况

介绍自然环境概况(地貌、地质岩石、气象、流域水文、土壤、植被等)、社会经济概况、土地利用现状、水土流失及水土保持现状等。

(5)主体工程水土保持分析评价

从水土保持的角度分析主体工程水土保持制约性因素、主体工程总体布局、主体工程的征占地、土石方平衡、施工组织及施工工艺,并分析主体工程中具有水土保持功能的措施。

(6)水土流失防治责任范围及防治分区

说明建设项目的占地情况、直接影响区确定的依据及范围。

(7)水土流失预测

说明预测的原则、预测的内容、预测的方法,并预测项目建设可能造成的水土流失量、新增水土流失量,对项目可能造成的水土流失进行危害分析。

(8)水土流失防治目标及措施布设

根据项目所处的水土流失分区确定水土流失防治目标,针对各分区的特点布设水土保持措施,并对布设的措施进行设计。

(9)水土保持监测

主要从监测的原则、依据、监测的范围及分区、监测点布设、监测的内容、方法及要求等方面进行分析和阐述。

(10)水土保持投资估算及效益分析

说明水土保持投资估算的编制原则、依据、办法,并根据相关规定对水土保持投资进行估算,对可能产生的效益进行分析。

(11)方案实施保证措施

主要是针对下阶段从后续设计、工程施工、监测、监理等方面提出要求。

(12)结论

结合项目的特点及水土保持措施的布设及设计,得出水土保持上的主要结论,并对下一阶段的工作提出建议。

(13)附件与附图

根据水土保持方案报告书编制规范并附上相关附件及附图。

10.3 实习计划与安排

10.3.1 实习安排

第1天：野外参观实习。

第2天：熟悉水土保持方案编制的背景材料，并完成项目区及项目区概况、水土流失预测等部分内容。

第3天：完成水土流失防治责任范围确定、水土保持措施布设及设计（包括图件）。

第4天：完成水土保持监测、投资估算及效益分析。

第5天：统稿、文本校对等。

野外参观考察要求：

参观期间严格遵守各项法律法规，听从实习指导教师和参观单位工作员的安排，注意安全；对指导教师的讲解进行记录，结合课程讲授内容进行思考；参观考察要结合所编制的水土保持方案项目的特点及分区防治措施进行思考。

10.3.2 考核办法

实习成绩由两部分组成：一是课程设计的成绩，占80%；二是野外参观实习的成绩，占20%。主要根据实习过程中的表现、参观考察实习报告，进行量化打分。

10.4 课程设计背景资料

背景资料提供某开发建设项目一个料场及一个弃渣场2个水土流失典型区域，学生可在料场和弃渣场中任选一个编制水土保持方案报告书（见图10-1）。

10.4.1 料场背景资料

澄江九转弯采石场矿层厚度大、稳定，形态完整，组分含量变化小，产出集中，石料质量好，估计储量1×10^8 t。CaO含量平均为53.97%，MgO含量在0.78%以下，为生产水泥的优质原料。现占地为33.00 hm^2，主要为林地、坡耕地和裸岩，其中林地12.45 hm^2，坡耕地10.55 hm^2，裸岩10.00 hm^2，剥离弃渣量较小。

采区不设工程建筑，根据矿山的地形地貌和地质结构及需要的开采量，采用台阶式分层露天开采方式。请专业爆破公司进行定向松动式大爆破，矿岩崩散，再用手持式气动凿岩机打眼放炮，块石用2m^3装载机装载，用自卸汽车运输到厂内破碎车间破碎。

10.4 课程设计背景资料

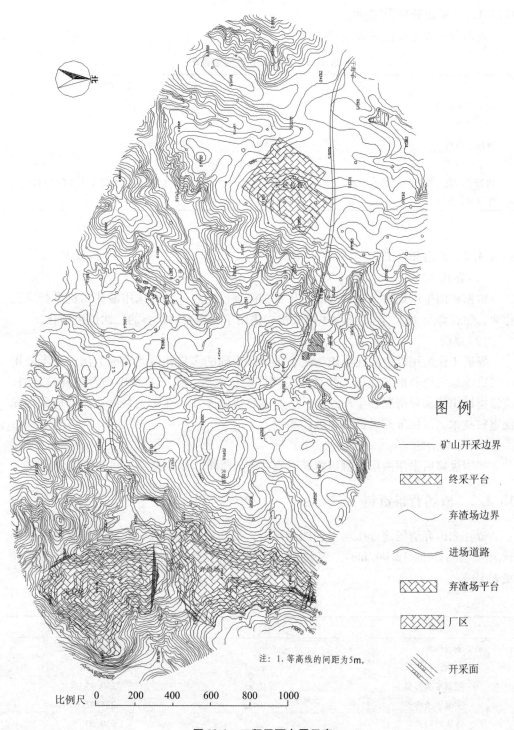

图 10-1 工程平面布置示意

10.4.1.1 矿山开采界定参数

矿山开采界定参数见表 10-1。

表 10-1 矿山开采界定参数表

项 目	单 位	技术参数	备 注
第一开采标高	m	+2 000	
台段高度	m	10	
台段坡面角	°	75	
安全平台宽	m	4	
清扫平台宽	m	6	(间隔 2 个安全平台设置 1 个清扫平台)
爆破危险距离	m	200	

10.4.1.2 矿山开采工艺

（1）穿孔

依据矿山生产规模、矿石硬度、矿石抗压强度特点，设计选用潜孔钻机进行穿孔作业，钻孔倾角 75°。同时选用手持式凿岩机用于处理大块矿石的二次爆破钻孔。

（2）爆破

爆破工作采用以中深孔爆破为主、小爆破为辅的多排孔微差爆破方法，小爆破用于二次爆破大块和根底处理，严禁使用裸露药包爆破。生产过程中布置钻孔位置时，应根据矿山的实际情况和生产经验，适时调整爆破参数，在矿山最终边坡处应采用光面爆破技术，以保证开采最终边坡的稳定。

（3）采装运输

矿岩爆破后采用液压挖掘机将矿石直接装入汽车，运往破碎车间卸车场。

10.4.2 渣场背景资料

澄江东山弃渣场地处山坳里，四面环山，交通运输距离较短，防护较容易，底部较为平缓，占地 12.94 hm^2，容量能满足其堆放要求，占地为耕地。其特性详见表 10-2。

表 10-2 弃渣场特性表

项 目	单 位	技术参数
渣场位置		采场东侧 600 m 处
占地面积	hm^2	12.94
规划堆渣容量	×10^4 m^3	240.45
实际堆渣容量	×10^4 m^3	234.82
渣底高程	m	1 920.00
渣顶高程	m	1 950.00
规划堆渣高度	m	32.0

(续)

项 目	单 位	技术参数
实际堆渣高度	m	30.00
渣顶面积	m²	99 654.56
渣体坡面面积	m²	23 663.64
堆渣边坡比		1:1.8

10.4.3 项目区概况

项目区地貌为中低山丘陵地貌，整个区域西北高、东南低，山脊平缓，山坡稍陡，山脊呈西北东延伸，相对高差在 150 m 左右，出露的地层主要为第四系残坡积（Qel+dl）和二叠系下统栖霞、茅口组（P1q+m）地层，项目区内零星出露，岩性为灰、灰白色中厚层—块状灰岩、虎斑状白云质灰岩夹白云岩，岩石中夹较多方解石脉，强风化状的岩石表面溶蚀较严重，溶蚀裂隙发育；微风化状的岩石表面偶见小溶孔，项目区属珠江流域南盘江水系，项目区及周围沟道无常流水。

项目区平均气温 15.5 ℃，最高月气温为 7 月，月平均气温 16.0~20.6 ℃（县城极端平均气温 33.7 ℃），最低月气温为 1 月，月平均气温 5.9 ℃~8.9 ℃（县城极端低温 -3.9 ℃）；年无霜期 216~312 d；日照 1 859~2 300 h，日照百分率 50%；总辐射量 122 210 cal/cm²；平均相对湿度 72%~76%；年降水量 900~1 200 mm（县城降水量 951 mm），日降水量最大 126 mm，5~10 月为雨季，降水量占全年降水量的 83%，年降雨日 102~191 d，大于 25 mm 降雨日数 5~14 d。20 年一遇的 1 h 降水量为 55.2 mm，6 h 降水量为 105.7 mm，24 h 降水量为 121.8 mm。

项目区土壤类型主要有黄棕壤、红壤、紫色土、石灰土等。根据现地调查，渣场周围为红壤和石灰土。项目区主要为耕地和荒草地，耕地上种植有洋芋、玉米，荒草地上有扭黄毛、蒿类、紫茎泽兰等。项目区的林草覆盖率为 40% 左右。

10.5 实习报告要求

10.5.1 野外考察实习报告

在野外考察实习结束后，根据参观和调查内容，完成考察实习报告，字数不少于 3 000 字。

10.5.2 水土保持方案报告

要求每位同学独立完成水土保持方案报告；要求每位同学单独提供水土保持方案报告文本、水土流失防治责任范围图、水土保持措施布局图及典型设计图。

水土保持方案报告书的编制根据有相关规范要求，一般包括十二章的内容及相关的附图，为了便于学生熟悉及了解方案编制的规范及内容要求，这里提出方案报告书编制的规范要求。

(1) 综合说明

①项目及项目区概况　结合项目的资源优势、区位优势、产业政策等简述项目建设的必要性及在相关规划中的地位，阐述项目所在的地理位置、工程等级、主要建设内容、土石方总量及取弃土(渣料)量、占地情况和拆迁安置情况、项目总投资及土建投资、投资单位及出资比例、建设工期等。简述主体工程设计的进展情况，说明立项支持性文件的进展情况以及方案编制工作的开展情况；简述项目区地形、地貌、气候、土壤和植被类型，说明林草覆盖率、项目区水土流失的类型和强度，以及涉及国家级及省级水土流失重点防治区的情况；简述方案确定的设计深度、方案设计水平年及水土流失防治等级标准。

②主体工程水土保持分析评价　简述主体工程比选方案情况，说明水土保持分析评价结论，明确从水土保持角度看该项目是否可行，项目有无水土保持限制因素。

③防治责任范围　说明项目的水土流失防治责任范围，项目建设区和直接影响区面积，如项目建设区内含已有征地或与其他项目存在共用场地时需做出说明。

④水土流失预测结果　说明项目建设扰动地表面积、造成水土流失面积、损坏水土保持设施面积、弃土弃渣量、可能产生的水土流失量及新增水土流失量、可能产生的水土流失危害，明确产生水土流失的重点部位、重点时段。

⑤水土保持措施总体布局　说明项目水土保持措施布局情况，并说明各分区布设的措施及工程量。

⑥水土保持监测　简述水土保持监测内容、方法、频次及监测点位等。

⑦水土保持投资估算及效益分析　说明水土保持总投资以及工程措施、植物措施、临时措施的估算投资，说明独立费用总额、水土保持监理费、水土保持监测费、水土保持设施补偿费等，说明水土保持方案实施后水土流失防治目标达标情况及损益分析的主要结论。

⑧结论及建议　从水土保持角度明确项目建设的可行性，对设计、施工及有待进一步研究的问题等提出水土保持的意见和建议，附上水土保持方案特性表。

(2) 水土保持方案编制总则

①方案编制的目的意义　从水土流失防治责任与义务、防治对策与技术、建设管理、监督检查等方面说明方案编制的目的意义。

②编制的依据　分层次列出与项目有关的法律法规、规章、规范性文件、技术规范与标准、相关文件资料等。

③指导思想及编制原则　结合项目的特点，有针对性地提出方案编制的指导思想及原则。

④设计深度　对于未开工的新建、扩建、改建项目，方案的设计深度应与主体工程的设计深度一致，对于已开工未完工的新建、扩建、改建项目、补报方案，设计深度应达到初步设计深度。

⑤方案设计的水平年　方案设计的水平年为主体工程完工的当年或后一年，建设类项目设计水平年为主体工程完工的当年或后一年，生产类项目，指项目投产后的当

年或后一年。

⑥方案的服务期　方案服务期从施工准备期开始计算，原则上不超过10年，建设类项目方案服务期至设计水平年结束，生产类项目方案服务期应结合首采区、初期灰场等使用年限确定。

（3）项目概况

①基本情况　主要包括建设项目名称、地理位置及交通、建设单位、建设的目的、任务与性质、建设的等级及规模、总投资及土建投资、建设工期等，并附相应的技术指标表。

②项目的组成及布置　重要介绍主体工程推荐方案的情况；介绍工程的平面布置及竖向布置情况，附工程平面布置图；结合主体工程的功能及水土流失的特点，介绍各分区的组成及布置；若为分期建设项目，应说明各分期建设之间的衔接关系；若为改扩建项目，应说明改扩建部分与原项目的衔接关系；若为特定规划区域（工业园区、旅游开发区、保护区、风景名胜区等）内的项目，应说明拟建项目与规划区域的依托关系；对矿山类项目，应介绍矿山的矿区范围、资源储量、可采储量、开采方式、矿山服务年限、首采区的情况、采区布置及开采接替计划。矿山类项目应附综合地质柱状图，公路、铁路项目应附平纵断面缩图。

③工程占地　根据中华人民共和国国家标准《土地利用现状分类》（GB/T 21010—2007）的要求，结合主体设计资料及外业调查情况，介绍项目各分区占地类型、占地面积、占地性质，若项目跨两个及其以上县级行政区域，项目占地情况应按行政区划进行计列。

④土石方平衡　对主体工程施工所必需的开挖（包括表土剥离量）、回填量，分区（或分段）介绍土石方开挖、回填、外借、废弃的量（表土作为弃方处理），并说明各分区之间以及该项目与其他建设项目之间的调配利用关系，附土石方平衡分析表（表10-3）、土石方流向框图。

表10-3　土石方平衡分析表　　　　　　　　　单位：m^3或$\times 10^4 m^3$

分区或分段	开挖	回填	调入		调出		外借		废弃	
			数量	来源	数量	去向	数量	来源	数量	去向

说明：①各种土石方应折算为自然方进行平衡；
　　　②建筑垃圾、钻渣泥浆等应计入土石方平衡；
　　　③各分项土石方平衡可按"开挖+调入+外借=回填+调出+废弃"进行校核。

⑤施工组织　重点介绍取料场、弃渣场、施工道路、施工场地、施工营地等的布置及确定情况，土、石、砂、砂砾等建筑材料的数量、来源及相应的水土流失防治责任，施工用水、用电、通信等情况。

⑥施工工艺及生产工艺　重点介绍与水土保持有关的施工工艺，如为生产类项目，应介绍主要的生产原料及来源，产生的主要废弃物的情况，若有贮灰场、尾矿库

等,还应介绍其布置及确定情况、服务年限及堆存接替等。

⑦移民(拆迁)安置　移民(拆迁)安置主要包括移民(拆迁)安置、专项设施复建等内容,包括拆迁范围、移民(拆迁)规模、搬迁规划、安置原则、安置方式、专项设施复建方案,生产、拆迁和安置责任。

⑧投资及进度安排　投资应说明主体工程总投资、土建投资、投资的来源等;进度安排应说明主体工程总工期、施工准备期、施工期的起止时间,投产和达产时间,分区(分段)说明建设进度安排,附施工进度表或施工横道图。

(4)项目区概况

①自然环境概况　简述项目区的地貌类型、区域地形、坡度、海拔高度等;简述区域地质和工程地质概况,说明项目区的岩性、地质情况、地下水埋深、不良地质情况、地震烈度等;简述项目区所处的气候带、气候类型、年平均气温、≥10℃的活动积温、无霜期、最大冻土深度、年平均降水量、蒸发量、降水量年内分配、年平均风速、主导风向、大风日数及沙尘天数等,一定频率的降水特征值,并说明资料的来源及系列的长度;简述项目区所处的流域及所属水系,项目区及周边的水系情况、地表水状况,若项目紧邻水域,应说明洪水(水位、水量)与建设场地的关系等,附水系图;简述项目区土壤类型、土层厚度、土壤质地、土壤的抗蚀性等;简述项目区的植被区属、植被类型、主要的乡土树种、林草覆盖率、生长状况;如项目区多发自然灾害,应加以说明。

②社会经济概况　介绍项目所在的县乡社会经济概况,包括总面积、耕地面积、总人口、农业人口、国内生产总值(GDP)、农业总产值、农民人均耕地、农民人均纯收入,当地的支柱产业和产业结构调整的方向。

③土地利用现状　主要介绍项目区的土地类型、利用现状、各地类所占的比例。

④水土流失及水土保持现状　说明项目区是否属于国家级、省级和县级水土流失重点防治区和重点治理区,项目区水土流失防治等级及标准,介绍项目区内现有的水土保持设施状况、水土流失治理成果及经验,介绍项目区所在地同类项目水土流失治理经验。

(5)主体工程水土保持分析评价

①水土保持制约因素分析评价　从主体工程的选址(线),土石料场、弃渣场的选址,复核主体工程的约束性规定,同时根据各类限制性规定的强制约束力说明水土保持可行性,对推荐方案进行水土保持评价。

②总体布局水土保持分析评价　从主体工程各功能区的布局以及竖向布局的情况进行水土保持分析评价。

③主体工程征占地水土保持分析评价　对主体工程征占地面积、占地类型、损坏水土保持设施的情况等方面进行水土保持分析评价。

④土石方平衡分析　从主体工程开挖回填土石方、土石方调配利用情况等方面进行水土保持分析评价。

⑤施工组织、施工工艺分析　从水土保持的角度对主体工程的施工组织设计、施工工艺、工程施工和工程管理等方面进行分析评价。

⑥主体工程中具有水土保持功能的措施分析评价 以防治水土流失为主要目标的防护工程,应界定为水土保持工程,以主体工程设计功能为主,同时兼有水土保持功能的工程,不应纳入水土流失防治措施体系,仅对其进行水土保持分析与评价,当不能满足水土保持要求时,可要求主体设计修改完善,也可提出补充措施。对建设过程中的临时征地、临时占地,因施工结束后需归还当地群众或政府,水土流失防治责任将发生转移,各项防护措施均应界定为水土保持工程,纳入水土流失防治措施体系。对永久占地区内主体设计功能和水土保持功能难以直观区分的防护措施,可按破坏性试验的原则进行排除。各类植物措施均应界定为水土保持工程。

(6)水土流失防治责任范围及防治分区

建设项目应分县级(大型线型建设项目可按地级)行政区域列表说明项目建设区的占地类型、占地面积和占地性质,说明直接影响区确定的依据及范围,用图、表说明项目建设区、直接影响区的面积、范围,依据主体工程布局、施工扰动特点、建设时序、地貌特征、自然属性、水土流失特点等进行水土流失防治分区。

(7)水土流失预测

①预测的原则 水土流失的预测原则是在主体工程设计的基础上,不再新增措施的条件下,工程可能造成的水土流失预测。

②预测的内容 预测的内容包括扰动原地貌预测、可能造成的水土流失面积预测、损坏的水土保持设施预测、弃土弃渣量预测、新增水土流失量预测、水土流失危害分析。

③预测时段的确定 预测的时段包括施工准备期、施工期和自然恢复期(含设备安装调试期),生产类项目还应对方案服务期内生产运行期间的弃渣量等进行分析。

④预测的方法 有观测资料和数据的,可用数学模型进行预测;没有观测资料和数据的,可用经验公式进行预测。土壤侵蚀模数的取值应结合《土壤侵蚀分类分级标准》进行确定。

⑤预测结论及综合分析 列表给出各分区、各时段土壤流失总量和新增流失量,具体见表10-4。

表10-4 土壤流失量计算表

分区	预测时段	土壤侵蚀背景值 [t/(km²·a)]	扰动后的侵蚀模数 [t/(km²·a)]	侵蚀面积 (hm²)	侵蚀时间 (a)	背景流失量 (t)	预测流失量 (t)	新增流失量 (t)
一区	施工准备期							
	施工期							
	自然恢复期							
	小计							
二区	施工准备期							
	施工期							
	自然恢复期							
	小计							
合计								

在预测水土流失总量的基础上,明确发生水土流失(量或危害)的重点区域和时段,提出防治措施布设及下一步安排的指导性意见,提出重点防治和监测时段。

(8)水土流失防治目标及措施布设

①防治目标确定 根据《开发建设项目水土流失防治标准》确定水土流失防治目标,建设类项目除了明确施工期、设计水平年的防治目标外,还应确定运行期的防治目标。

②防治措施布设 为了有效防治开发建设项目造成的水土流失,水土保持措施的布设应形成防护体系。在主体工程设计中,为了主体工程的安全考虑,主体工程往往也会采取部分防护措施,为了避免设计上的重复和投资上的重复,在布设水土流失防治措施体系时,应在充分分析主体工程采取措施的基础上进行。

③布设的原则 全面贯彻《中华人民共和国水土保持法》《中华人民共和国水土保持实施条例》以及国家和地方有关水土保持的法律法规,坚持"谁开发、谁保护,谁造成水土流失、谁负责治理"的水土保持原则;结合本工程特点,从实际出发,坚持工程措施与植物措施相结合,认真贯彻"预防为主、全面规划、综合防治、因地制宜、加强管理、注重效益"的水土保持方针;水土保持设施与主体工程同时设计、同时施工、同时验收,及早投产使用,以充分发挥其保水保土的作用;合理利用土地资源,根据当地自然环境、社会环境及工程影响区的实际情况制定技术上可行、经济上合理、操作上可能的防治措施,做到投入少、效益大;坚持水土保持与环境绿化、美化、园林化相结合的原则;植物措施树种选择坚持适地适树、以乡土树种为主的原则;水土保持措施要具有针对性,因害设防,同时要以生态效益和社会效益为主,适当考虑经济效益;水土保持方案编制在主体工程比选结果的基础上进行,充分利用主体工程已有的水土保持功能设施,避免重复设计。

④布设的依据 《开发建设项目水土保持技术规范》(GB 50433—2008)、《开发建设项目水土流失防治标准》(GB 50434—2008)、《土壤侵蚀分类分级标准》(SL 190—2007)、《造林技术规程》(GB/T 15776—1995)、《水利水电工程制图标准 水土保持图》(SL 73.6—2001)、《主要造林树种苗木质量分级》(GB 6000—1999)、《水利水电工程设计洪水计算规范》(SL 44—2006)、《防洪标准》(GB 50201—1994)、《开发建设项目水土保持设施验收技术规程》(GB/T 22490—2008)等。

⑤各分区措施布设 要结合各分区水土流失的特点进行措施布设。

弃渣场:弃渣场一般要布设拦渣坝、截排水沟,平台及坡面要布设有植物措施。

取料场:取料场一般需在外围布设截水沟,场内排水沟、开采迹地的植物措施。

施工道路:永久道路一般要布设挡护、排水、行道树等措施,临时道路一般要布设排水、植物防护措施。

施工营场地:一般要布设周边的截排水,施工结束后的植物措施。

⑥措施设计 包括措施设计的原则和措施设计的内容。

措施设计原则:挡护工程应满足稳定性要求;排水工程设计应满足设计洪水要求,确保汛期过水;工程措施的设计应考虑植物措施的实施,为植物措施的实施提供有利条件;根据当地自然环境条件和施工情况,参考当地水土保持造林经验,以立地条件为依据,选用先进的、可行的造林技术进行设计;适地适树、适地适草、因地制宜，依据各树种的生物学和生态学特性，选择当地优良的乡土树种和草种，或以多年栽培、适应性较强的树种和草种为主，提高栽植成活率，以获得稳定的林分环境、改善立地质量为目标，恢复林草植被，控制水土流失；草种应具有抗逆性强，保土性好，生长快的特点；造林密度的确定应以造林目的、树种特性、立地条件等为依据，按照《水土保持综合治理技术规范》标准确定主要适生造林树种的初植密度；植物措施和工程措施相结合，兼顾防护和绿化美化的要求，同时考虑生态效益和景观效益，充分发挥各种立地条件的土地生产力，以获得最大的水土保持效益，改善项目建设区的生态环境。

措施设计的内容：工程措施设计包括型式、材料、断面、尺寸、工程及组织实施；植物措施设计包括各分区立地条件、树草种比选、树草种的质量要求、种植技术、工程量及组织实施；临时措施设计应考虑针对性；排水设施设计应考虑永临结合，自成体系。

(9) 水土保持监测

①监测的依据 《水土保持生态环境监测网络管理办法》等。

②监测的范围 监测的范围为水土流失防治责任范围。

③监测的时段 监测时段从施工准备期开始至设计水平年结束，生产类项目还应对运行期监测提出要求。

④监测的内容 监测的内容主要包括水土流失因子监测、水土流失动态变化监测、水土流失危害监测、水土保持措施防治效果监测等。

⑤监测的频次 水土流失量监测，应明确产生水土流失季节里每月至少一次，每次24小时降雨量≥50 mm降雨后追加一次，旱季每季监测一次。

⑥监测的方法 监测的方法包括地面监测法和调查监测法，地面监测法主要为简易水土流失观测场和简易坡面侵蚀沟量测法。

⑦监测的成果 应说明监测成果的内容、形式、提交方式及要求等。

(10) 水土保持投资估算及效益分析

①水土保持投资估算 应说明编制的原则、依据、编制的办法，并列表计列总投资及各分项投资等内容。

编制的原则：为了和主体工程估算编制保持一致，工程水土流失防治投资估算编制采用主体工程估算的编制依据、原则、方法及单价，不足部分按水利部《水土保持工程概(估)算编制规定及定额》(水总[2003]67号)进行编制；主要材料估算价格参照主体工程材料价格，不足部分按照市场调查价格进行计算；水土保持工程设施的施工方法按常规施工组织考虑；根据工程情况计列施工期临时水土保持措施费；独立费用计列参照水土保持司《关于开发建设项目水土保持咨询服务费用计列的指导意见》(保监[2005]22号)。

编制的依据：水利部《水土保持工程概(估)算编制规定》；国家计委、建设部《工程勘察设计收费标准(2002年修订本)》(计价格[2002]10号)规定等；

编制的办法：根据水利部《水土保持工程概(估)算编制规定》的要求，本方案水保投资由工程措施、植物措施、临时防护措施、独立费用以及预备费、水土保持设施补偿费等组成。各项工程单价和费用组成计算方法为：

——工程措施和植物措施单价由直接工程费、间接费、企业利润、税金4部分组成；

——施工临时工程包括临时防护工程和其他临时工程；

——独立费用由建设单位管理费、工程建设监理费、科研勘测设计费、水土保持方案编制费、水土保持监测费、水土保持技术报告咨询服务费、水保设施竣工验收报告编制费等组成；

——预备费包括基本预备费，不考虑价差预备费。

总投资：根据设计的工程量及单价，计算该项目的总投资，总投资估算表及分年度估算表见表10-5和表10-6。

表10-5 水土保持总投资估算表

序号	工程或费用名称	建安工程费（万元）	植物措施费（万元）	独立费用（万元）	基本预备费（万元）	水保设施补偿费（万元）	合计 80 000	占水保总投资(%)
1	第一部分 工程措施							
2	第二部分 植物措施							
3	第三部分 施工临时工程							
	一至三部分合计							
4	第四部分 独立费用							
	一至四部分合计							
5	基本预备费							
6	水土保持设施补偿费							
7	合 计							

表10-6 分年度投资计划表　　　　　　　　　　单位：万元

序号	项目	费用	年	年	年
1	第一部分 工程措施费				
2	第二部分 植物措施费				
3	第三部分 临时工程费				
4	第四部分 独立费用				
(1)	建设单位管理费				
(2)	工程建设监理费				
(3)	科研勘测设计费				
(4)	水土保持方案编制费				
(5)	水土保持监测费				
(6)	水土保持设施竣工验收技术评估报告编制费				
(7)	水土保持技术文件咨询服务费				
5	第五部分 基本预备费				
6	第六部分 水土保持设施补偿费				
7	第七部分 水土保持静态总投资				

②水土保持效益分析 水土保持效益分析主要围绕6个指标来进行分析评价。

扰动土地整治率：扰动土地整治率为水土流失防治责任范围内扰动土地的整治面积与扰动地表总面积的百分比。计算公式为：

$$扰动土地整治率 = \frac{(水土保持措施面积 + 永久建筑物占地面积)}{建设区扰动地表总面积} \times 100\% \quad (10\text{-}1)$$

水土流失总治理度：水土流失面积治理程度为水土流失防治责任范围内水土流失治理面积占造成水土流失总面积的百分比，计算公式为：

$$水土流失总治理度 = \frac{水土保持措施面积}{建设区水土流失总面积} \times 100\% \quad (10\text{-}2)$$

土壤流失控制比：土壤流失控制比为方案编制时确定的项目区容许土壤侵蚀模数与项目建设区内采取的水土保持措施发挥正常效益后的平均土壤侵蚀模数的比值。计算公式为：

$$土壤流失控制比 = \frac{项目区容许土壤侵蚀模数}{项目建设区措施发挥正常效益后的平均侵蚀模数} \quad (10\text{-}3)$$

拦渣率：拦渣率为水土流失防治责任范围内实际拦挡的弃渣量占弃渣总量的百分比。计算公式为：

$$拦渣率 = \frac{采取措施后实际拦挡的弃土(石、渣)量}{弃土(石、渣)总量} \times 100\% \quad (10\text{-}4)$$

林草植被恢复率：林草植被恢复率为水土流失防治责任范围内植被恢复的面积占可恢复植被面积的百分比。计算公式为：

$$林草植被恢复率 = \frac{实际林草植被恢复面积}{可恢复林草植被面积} \times 100\% \quad (10\text{-}5)$$

林草覆盖率：林草覆盖率为方案实施后林草恢复面积与项目建设区总面积的百分比。计算公式为：

$$林草覆盖率 = \frac{林草植被面积}{项目建设区总面积} \times 100\% \quad (10\text{-}6)$$

(11) 方案实施保证措施

从组织领导与管理、后续设计、水土保持工程招标、投标、水土保持监测、监理、检查验收、资金来源及使用管理等方面提出要求。

(12) 方案实施保证措施

明确有无限制工程建设的水土保持制约因素，并明确项目的可行性，针对下阶段从后续设计、工程施工、监测、监理等方面提出要求。

(13) 附图

主要附图包括总平面布置图、水土流失防治责任范围图、水土流失分区及水土保持措施总体布局图、水土保持监测点位布局图、水土保持措施典型设计图。

实训 11

水土保持 CAD 制图课程设计

11.1 实习目的

工程制图历来是工程设计中一项耗费大、效率低的工作，实现计算机制图是把设计者从繁琐的重复的劳动中解放出来的有效途径。AutoCAD 是由美国 Autodesk 公司开发的用于工程设计的基础软件，是目前国内外应用最为广泛的 CAD 软件。对从事水土保持的工作人员而言，熟练应用 CAD 软件绘图是必备的技能之一。基于以上原因，对水土保持专业的学生而言，学会运用 CAD 软件进行水土保持工程设计中的基本图形绘制变得非常重要，故需在理论课基础上进一步学习水土保持中实际图形的绘制，进行 CAD 制图的课程设计是加强实际图形绘制的必要途径。因而本课程设计的目的是使学生能针对水土保持的一些专业案例，结合水土保持工程学中的设计和计算理论知识，再根据提供的案例材料，掌握和理解水土保持制图的具体规定和应用，并熟练运用 AutoCAD 软件绘制水土保持相关图件，提高实践动手能力。

11.2 实习内容

11.2.1 施工总体布置图绘制

根据背景材料及施工总体布置图的内容和设计上的相关要求来绘制。

11.2.1.1 施工总体布置图的内容

施工总体布置需要标注在一定比例尺的施工场区地形图上，构成施工总体布置图。施工总体布置图上应该包括以下内容：

①地上和地下拟建的建筑物及房屋以及为施工服务的临时性建筑物、房屋和施工设施。除永久性主要建筑物外，还应包括次要建筑物和临时建筑物，如围堰、导流设施和办公及生活所需的临时房屋等。

②运输系统，如公路、临时道路、栈桥。

③各种料场、混凝土制备系统，如土料场、砂料场、石料场、骨料加工场等；混凝土加工点、骨料仓库、水泥仓库等。

④水、电和动力供应系统，如变电站、抽水站等。

⑤其他施工辅助设施，如钢筋加工地、木材加工地、混凝土和钢筋混凝土预制构件场等；仓库、料堆、弃料堆等。

11.2.1.2 施工总体布置图的设计

施工总体布置必须因地制宜，按场地优化布置，在设计过程中结合具体条件灵活加以运用。一般说来，施工总体布置应该符合下述原则：

①合理使用施工场地，尽量少占农田。

②场区划分和布局遵循有利生产、易于管理、便于生活的原则。

③一切临时建筑和施工设施的布置，必须满足各项主体工程施工的要求，适应各个施工时期的特点，互相协调配合，避免干扰影响，特别不能影响主体工程的施工和运转。

④主要施工设计、辅助设计的防洪标准一般不应低于10年一遇，而次要临时设施的防洪标准则可适当降低。

施工总体布置设计的步骤：收集和分析基本资料，确定临时建筑物，进行现场布置总规划，临时建筑物布置，调整、修改和选定合理的布置方案。

11.2.1.3 绘图内容

绘制背景资料中提供的水利枢纽布置图及河流梯级开发示意图，并理解布置图提供的信息。

11.2.2 弃渣场斜坡防护工程设计图绘制

开发建设项目在基建施工和生产运行中由于开挖地面或堆置弃土、弃石、弃渣等形成的不稳定边坡，都应采取护坡工程。护坡工程的设计图绘制也应根据护坡工程的相关标准和实际工程情况进行。

11.2.2.1 护坡工程一般规定

根据边坡的高度和坡度等不同条件，分别采取不同的护坡工程。主要有以下几种：

①对边坡高度大于4 m、坡度大于1.0:1.5的，应采取削坡开级工程。

②对边坡比小于1.0:1.5的土质或沙质坡面，可采取植物护坡工程。

③对堆置物或山体不稳定处形成的高陡边坡，或坡脚遭受水流淘刷的，应采取护坡工程。

④对条件较复杂的不稳定边坡，应采取综合护坡工程。

⑤对滑坡地段应采取滑坡治理工程。

有关削坡开级、植物护坡、工程护坡、综合护坡工程及滑坡整治工程的相关规定可参考《水利技术标准汇编 水土保持卷》(SL 204—1998)。

11.2.2.2　绘图内容

根据背景材料提供的内容,进行某水电站工程弃渣场边坡防护工程设计图的绘制。

11.2.3　排洪渠横断面设计图绘制

开发建设项目在基建施工和生产运行中,由于损坏地面或未妥善处理弃土、弃石、弃渣,易遭受洪水危害的,都应布设防洪排导工程。本课程设计以排洪工程中的排洪渠横断面绘制为例。

11.2.3.1　排洪渠横断面设计原则

排洪渠按建筑材料分为土质排洪渠、衬砌排洪渠和三合土排洪渠3种类型。

①根据荒溪类型,计算山洪设计流量。对排洪渠两侧均为农田而无居民点的,按20年一遇标准设计;两侧有居民点和重要设施的,按50年一遇标准设计。

②排洪渠一般采用梯形断面,内坡采用1:1.5~1:1.75,外坡为1:1~1:1.5,堤宽1.5~2.5 m。

③根据经验公式确定底宽。

④渠内过水断面水深按均匀流公式计算,并考虑安全超高。

⑤确定排洪渠深度。

11.2.3.2　绘图内容

根据背景材料提供内容,绘制排洪渠横断面设计图。

11.2.4　排矸场拦矸坝设计图绘制

拦矸坝是沟道中拦蓄固体废物的建筑工程。拦矸坝的设计图应根据拦矸坝的设计原则和要求来绘制。

11.2.4.1　拦矸坝坝址的确定

①坝址附近无大断裂通过,坝址处无滑坡、崩塌,岸坡稳定性好,沟床有基岩露出,或基岩埋深较浅,坝基为硬性岩或密实的老沉积物。

②坝址处沟谷狭窄,坝上游沟谷开阔,沟床纵坡较缓,建坝后能形成较大的拦淤库容。

③坝址附近有充足的或比较充足的石料、沙等当地建筑材料。

④坝址离公路较近,从公路到坝址的施工便道易修筑,附近有布置施工场地的地形,有可供施工使用的水源等。

11.2.4.2　拦矸坝的布置

①与防治工程总体布置协调,如与上游的谷坊或拦砂坝,下游拦砂坝或排导槽能

合理地衔接。

②满足拦砂坝本身的设计要求，如以拦砂为主的坝，应尽量选在肚大口小的沟段，以拦淤反压滑坡为主的坝，坝址应尽量靠近滑坡。

③有较好的综合效益，如拦砂坝既能拦砂，又能稳坡，使一坝多用。

11.2.4.3 拦矸坝的坝型选择

应根据坝址区地形地质条件、水文条件、施工条件及运行条件，结合固体废弃物的物质组成及力学指标，综合分析确定拦矸坝的坝型。

11.2.4.4 坝体设计

①断面尺寸　根据坝体形式与结构，参照《碾压式土石坝设计规范》《浆砌石坝设计规范》和《水土保持治沟骨干工程技术规范》初步拟定，最终通过坝体稳定计算确定。

②坝体稳定与应力计算　根据坝型，参照土石坝、浆砌石坝有关设计规范要求进行。

③结构设计与基础设计　一般坝高超过 5 m，原则上需进行结构设计与基础设计。

11.2.4.5 放水建筑物设计

放水建筑物根据条件不同，可采取卧管式或竖井式放水工程。

竖井是淤地坝放水建筑物常采用的一种形式，其要求有岩石或坚硬的地基，结构简单，一般采用浆砌石修筑，布置在坝体上游坡脚，断面形状多采用圆环形，也有方形的，内圆直径为 0.5～2.0 m，壁厚随竖井高度改变，一般为 0.3～0.6 m。为便于放水，竖井需设放水孔，为防止水流动能对涵管等的冲刷破坏，在井底需设消力井消能。

11.2.4.6 绘图内容

根据背景资料提供的地形图及设计材料，绘制某排矸场的拦矸坝布置图及拦矸坝坝体断面设计图，竖井和涵洞断面设计图。

11.2.5 表层剥离土临时防护工程设计图绘制

建设项目从动工兴建到投产运行，中间历时较长，如不及时采取有效措施，可能会造成严重的水土流失，所以临时防护工程成为不可或缺的重要组成项目。绘制临时防护工程的设计图也有应遵循的要求和原则。

11.2.5.1 临时防护工程设计原则

①施工建设中，临时堆土(石、渣)需设置专门堆放地，集中堆放，并应采取拦挡、覆盖等措施。

②对施工开挖、剥离的地表熟土，应安排场地集中堆放，用于工程施工结束后场地的覆土利用。

③施工中的裸露地，在遇暴雨、大风时应布设防护措施。如裸露时间超过一个生长季节，应进行临时种草加以防护。

④施工建设场地、临时施工道路应统一规划，并采取临时性的防护措施，如布设临时拦挡、排水、沉沙等设施，防止施工期间的水土流失。

⑤施工中对下游及周边造成影响的，必须采取相应的防护措施。

11.2.5.2 临时防护工程设计要求

应结合主体工程设计，确定临时防护工程的类型、布置、结构、断面尺寸等，明确防护工程量、建筑材料来源及运输条件。

11.2.5.3 绘图内容

根据背景材料提供的内容，绘制表层剥离土临时防护工程设计图。

11.2.6 拱坝平面布置图的绘制

拱坝的平面布置是水土保持专业领域的一项重要设计工作，拱坝平面布置图的绘制需遵循以下原则和步骤。

11.2.6.1 拱坝平面布置原则

①根据拟定的拱冠梁剖面和拱圈的轴线形式，通过平面布置，确定各高程上拱圈的半径 R、中心角 φ 和厚度 T 等设计参数。

②拱坝的平面布置是反复调整、修改的过程。

③应尽可能使坝体左右对称，但天然河谷总存在不对称性，所以难以避免存在局部左右不对称的布置情况。

11.2.6.2 拱坝平面布置图绘制步骤

①确定开挖后的基岩可利用等高线及河谷对称中心线。

②确定拱冠梁剖面的有关参数。

③布置顶层拱圈。

④布置其他各层拱圈。

⑤形成坝基面。

⑥坝面检查。

⑦绘制开挖边界线。

⑧标注、调整和修改尺寸参数。

11.2.6.3 绘图内容

根据背景材料提供的信息，按5层水平拱圈绘制拱坝平面布置图，并绘出基岩开挖线。

11.2.7 植物工程设计图绘制

植物措施具有显著的水土保持功能，是防治土壤侵蚀和控制水土流失的一项有效而长远的根本性措施，是融生态效益、经济效益和社会效益于一体的协调人与自然关系的生态工程。绘制植物工程的设计图需遵循一定的方式。

11.2.7.1 道路边坡稳坡固表植物工程设计方式
①草灌结合，适宜于缓坡、坡体基本稳定的坡面。
②草灌护埂结合，适宜于坡体欠稳定，但冲刷均匀的坡面。
③柴束固坡，即斜坡面置柴束，再加防滑桩，上下空档栽植乔、灌或乔木，适宜于陡坡，易发生浅层滑坡的边坡。
④桩篱加固，即用柔软的枝条或藤条编成篱网，联桩固定在土体中，桩篱空档内植灌草或小乔，适宜于径流不均，侵蚀强度较大的坡面。
⑤石垛固坡，埂边筑石垛，埂内种植，适宜于典型土石山区坡面和石质裸坡。
⑥挂网喷灌，在弱风化的岩石地区，且工程坡面大于70°的高陡边坡上采用挂网（土工网、铁丝网等），再将草种、纤维质、营养基岩、保水剂等物质混合后高压喷植草坪。

11.2.7.2 矸石山的植物工程设计
①直接绿化，将植物直接栽种于矸石山表面，采取挖鱼鳞坑填土种植植物或用柳条筐、草袋装土后栽种植物，但对黑色矸石山不宜采用。
②覆盖绿化，如在矸石山表面覆盖土层、粉煤灰等，再进行植物种植。

11.2.7.3 农林复合生态系统为主的露天矿排土场的植物工程设计
露天矿排土场边坡和平台相间分布，平台一般坡度小（小于3°~5°），宽阔平坦，如有条件覆土，可用于农业；边坡多陡峭（30°~40°），遇降雨极易产生强烈的水土流失，只用于林业。如土源缺乏，无覆土条件，则可全部作为林牧业用地，其中，边坡部位应根据斜坡水土流失规律，植被沿等高线布置，一般在坡地中上部以灌木与豆科、禾本科牧草为主混播的灌草结构，中下部以乔木、灌木为主的乔灌草混交林结构。

11.2.7.4 道路边坡为堤岸、河岸和滩岸的植物工程设计
道路边坡为比较平缓的河岸时，在岸坡可采用乔灌木树种来营造大面积的混交林。在岸坡侵蚀和崩塌严重的情况下，造林需和水土保持措施结合，河岸上较平坦的地方采用速生和深根性的树种营造林带，林带边缘距河岸边应留3~5 m的崩塌空地。如河岸较陡峭，除考虑河水冲刷外，还应考虑重力崩塌，如岸边较高，还应在岸边留出一定距离。

11.2.7.5 水库周围的植物工程设计

①坝坡植被防护 若坝坡为浆砌石防护可不考虑；若为土质坝坡，可参照道路边坡的植物配置。

②坝前坡地改良 主要选择耐水湿、抗逆性强的植物种全面种植。

③进水沟道挂淤林 可配置乔灌混交或纯灌木，带状布置在沟道内，或与拦泥谷坊相结合形成森林生态工程。

④沿岸防浪灌木林带 以耐水湿的植物种为主，通常从水库常水位略低一点处开始布置，如选择两栖榕（湖榕）、水翁、李氏木等。

⑤岸坡植物防护与利用配置 可根据条件配置乔灌混交、乔灌草混交或栽植经济林木。

11.2.7.6 绘图内容

绘制背景资料中提供的植物设计模式图，结合植物设计遵循的原则，理解植物设计的基本内容。

11.3 实习计划与安排

11.3.1 实习安排

课程设计采取上机制图的形式，制图之前学生需要查阅相关资料，并对资料进行消化和理解，根据资料和水土保持的基础知识进行设计和制图。课程设计需学生独立完成，教师提供指导。

课程设计时间为3天，具体日程安排如下：

第1天：安排课程设计的内容和要求，学生需查阅相关资料，并仔细阅读所查资料和本实训背景资料，熟悉工程设计的相关内容，并进行设计和形成绘图思路。绘制总体布置图、水利枢纽总平面布置图、河流梯级开发示意图。

第2天：绘制弃渣场斜坡防护工程设计图、排洪渠横断面设计图、排矸场拦矸坝设计图和表层剥离土临时防护工程设计图。

第3天：绘制拱坝平面布置图及各种植物工程设计图；完善、修改实习的所有图件，上交课程设计报告。

以上的安排仅供参考，实际进行课程设计时，教师可以根据课程设计时间对设计内容进行适当的调整。

11.3.2 考核办法

（1）主要评分标准

根据设计图的布局合理程度、图件组成的完整与否、措施的设计合理情况、图形线条和字体的合理与否、图层及各种样式的设置情况等质量进行综合评分。

(2) 参考评分标准

课程出勤率、实际运用软件的能力及解决问题的能力。

11.4 课程设计背景材料

11.4.1 水土保持制图相关内容

为了规范水土保持规划设计制图的标准化，依据水土保持有关技术规范以及《水利水电工程制图标准》，水利部制定并颁布实施了《水利水电工程制图标准 水土保持图》(SL 73.6—2001)（以下简称《水土保持图》）。现将水土保持制图有关内容介绍如下：

11.4.1.1 水土保持制图术语和符号

图例：示意性表达某种被绘制对象的图形或图形符号。

图式：水土保持制图应遵循的式样、内容，包括图幅、图标、图线、字体、比例以及小班注记和着色等。

图样：在图纸上按一定规则、原理绘制的能表示被绘制对象的位置、大小、构成、功能、原理、流程等的图。

小班：也称地块，是土地利用调查、水土流失调查、水土保持调查及规划设计时的最小单位。同一小班应具有相同的属性。

水土保持图与一般水利水电工程制图相比较，在涉及乔、灌、草等植物措施时，对树种图例的脚注或填注符号作了一般规定，具体内容参见《水土保持图》。

11.4.1.2 水土保持图式

包括通用图式、综合图式、工程措施图式、植物措施图式和园林式种植工程图式5种类型。

(1) 通用图式

包括图纸幅面、标题栏、比例、字体、图线及复制图纸的折叠方法等。除标题栏有水土保持专门规定外，其余与水利水电工程制图一致。

(2) 综合图式

综合图式包括水土保持分区图或土壤侵蚀分区图、重点小流域分布图、水土流失类型及现状图、水土保持现状图、土地利用和水土保持措施现状图、土壤侵蚀类型和水土流失分布图、水土保持工程总体布置图或综合规划图等综合性图。一般综合性图常用比例尺如表 11-1 所示。

小班标记应符合下列要求：

①小班标记与图例符号相结合，表示项目区内各地块的土地利用状况及主要属性指标等。

②现状的小班标记格式为：$\dfrac{\text{小班编号}}{\text{控制面积}}$。

表 11-1　水土保持图常用比例尺

图　类	比　例　尺
区域水土保持分区图或土壤侵蚀分区图、水土流失类型及现状图	1∶2 500 000，1∶1 000 000，1∶500 000， 1∶250 000，1∶100 000，1∶50 000
水土保持工程总体布置图或综合规划图、水土保持现状图	1∶1 000 000，1∶500 000，1∶250 000，1∶100 000， 1∶50 000
土壤侵蚀类型和水土流失分布图、土地利用和水土保持措施现状图	1∶10 000，1∶5 000
小流域水土保持工程总体布置图或综合规划图	1∶10 000，1∶5 000，1∶2 000，1∶1 000

一般情况下，小班标记直接标记于小班范围内。当小班面积较不易直接标记时，则标注小班编号，控制面积及其他主要属性指标可另列表格表示。

③规划或设计小班注记的格式为：$\dfrac{\text{小班编号}}{\text{控制面积}-\text{实施时间}}$。

为了便于读图、识别信息，《水土保持图》根据综合图的需要，对土地利用和水土保持措施现状图、水土保持分区图、水土流失类型及现状图、水土保持措施现状图、土壤侵蚀类型和水土流失分布图、水土保持工程总体布置图等综合性图，通过着色表示有关对象的属性或性状。《水土保持图》对各类土地利用类型及水土保持措施、土壤侵蚀(水土流失)类型及侵蚀(或流失)强度和程度、植物覆盖度等色标进行了规定。

(3)工程措施图式

水土保持工程措施总平面布置图图式中，必须绘制各主要建筑图的中心线和定位线，并标注各建筑物控制点的坐标，还应标注河流的名称、绘制流向、指北针和必要的图例等。

(4)植物措施图式

在植物措施图式中，小班标注应标明立地类型及种植树(草)种典型设计号及相应树(草)的符号。规划或可行性研究阶段可采用 $\dfrac{\text{小班编号}}{\text{控制面积}-\text{实施时间}}$ 图式标记，初步设计或更详细的设计应采用 $\dfrac{\text{立地类型号}-\text{典型设计号}}{\text{控制面积}-\text{实施时间}}$ 图式。若项目本身要求进行简化设计，也可采用 $\dfrac{\text{小班编号}-\text{典型设计号}}{\text{控制面积}-\text{实施时间}}$。若小班太小，可只标注小班编号，其他属性列表表达。

(5)园林式种植工程图式

其图幅可不作严格限制，以可复制和内容完整表达为准。比例可根据需要确定，一般为1∶2 000～1∶200，特殊情况可采用1∶100或1∶50。着色可参考综合图式有关色标规定执行。

11.4.1.3　水土保持图例

图例可分为通用图例、综合图例、工程措施图例、耕作措施图例、植物措施图例、园林式种植工程图例6种类型。

(1)通用图例

通用图例包括地界(境界)图例、道路及附属设施图例、地形地貌图例、水系及附属建筑物图例等。

(2)综合图例

综合图例包括土地利用类型图例、地面组成物质图例、水土流失类型图例、土壤侵蚀强度与程度图例等。

(3)工程措施图例

工程措施图例包括工程平面图例、建筑材料图例。其中，工程平面图例包括水土保持综合治理工程平面图例和开发建设项目水土保持工程平面图例两部分。

(4)耕作措施图例

耕作措施图例包括改变微地形、增加地面覆盖、改良土壤3种。

(5)植物措施图例

常规水土保持植物工程图例包括林种图例、树种图例（分小班注记、平面设计、典型设计3种列出）、草种图例、整地图例。

林种图例主要适用于小比例尺的规划设计，一般相当于县级以上区域，比例尺≤1:50 000。

树种图例采用图例与脚注或填注符号相结合的方法表达。小班注记树种应在右下脚加注该树种脚注符号；平面设计树种图例应将树种填注符号填入图形的中心。

草种图例因使用时多为示意性的，一般不表达密度和种植点，故小班注记与平面设计采用同一图形，具体草种图例也采用加脚注的方法，规则与小班注记树种相同。

整地图例主要应用于植物工程施工设计的平面布置图，主要包括全面整地、鱼鳞坑、大坑(果树坑)、小坑、水平阶、水平沟、隔坡整地7种图例。

(6)园林式种植工程图例

园林式种植工程图例主要应用于1:20~1:500的大比例尺平面设计图。包括落叶阔叶乔木、常绿阔叶乔木、落叶针叶乔木、常绿针叶乔木等图例。

11.4.2 施工总体布置图材料

设计过程中，为了简明易懂、帮助构思和研究设计方案等，常采用总体布置示意图。布置图并不需要画出结构物的详细构造和标注尺寸，而采用一些规定的代号及简化画法来表明建筑物的大致形状、布置情况以及重要数据等。

11.4.2.1 水利枢纽总平面布置图

某河流的水利枢纽布置示意如图11-1所示，图中表明了该枢纽包括混凝土溢流坝、土坝、变电站、船闸及码头等建筑物的布置情况及相互位置等。

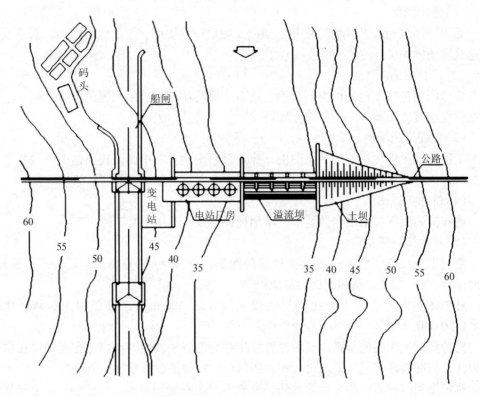

图 11-1　某河流水利枢纽布置示意

11.4.2.2　河流梯级开发

某河流的梯级开发示意如图 11-2 所示，图中表明该河流为四级开发。图中绘出了梯级开发的主要数据，如总落差为 122.5 m，其中第一级电站为 60 m，第二级电站为

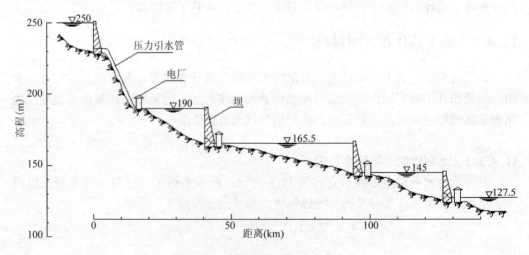

图 11-2　某河流的梯级开发示意

24.5 m,第三级电站为20.5 m,第四级电站为17.5 m。从图中还可了解到各梯级之间的距离以及梯级开发的方式等。

11.4.3 某弃渣场斜坡防护案例资料

(1)基本情况

某水电站工程弃渣场位于右岸坝址下游约2.5 km处,堆渣量约582.155 82×10^4 m³,堆渣高程为390~485 m,弃渣不受洪水影响。已知弃渣渣体干密度为20.3 kN/m³,湿密度为22.3 kN/m³,等效内摩擦角32°,渣场基础覆盖层干密度为18.1 kN/m³,湿密度为20.2 kN/m³,等效内摩擦角32°,渣场基础允许承载力为0.5 MPa。需对该弃渣场的边坡进行防护设计。

(2)弃渣场斜坡防护工程设计

本工程弃渣主要为碎块石,渣体凝聚力低,可作为无黏性土考虑。

根据已知的渣料及渣场基础物理力学参数值,当渣场边坡坡比为1:2时,其渣场边坡稳定安全系数为1.246,大于其边坡稳定安全系数允许值1.15,表明渣场边坡稳定性满足规范要求。

为提高弃渣场渣体的整体稳定性,堆渣完毕后需对坡面进行削坡开级处理,处理后渣体边坡为1:2,高程每升高10 m增设宽2 m的马道。

为恢复渣场坡面植被,加强景观效果,在渣场坡面采用拱形浆砌石网格植草护坡。浆砌石网格尺寸为3.0 m×3.0 m,中心转角120°,浆砌石骨架尺寸0.4 m×0.4 m(宽×高),网格骨架设计埋深20 cm,顶部出露坡面20 cm,浆砌石网格每10 m设置一条2 cm宽沉降缝,缝填塞沥青木板,骨架外缘设10 cm高排水凸坎,将坡面集水汇入坡脚排水沟内,坡顶布置0.5 m宽浆砌石封顶,坡脚布置浆砌石脚槽及排水沟,网格骨架交接处设置φ80 mm的PVC排水管,排水管进口处包裹土工布反滤。

11.4.4 某排洪渠设计资料

某工程靠山而建,暴雨下易导致山洪暴发,拟在山脚下布置排洪渠,以便洪水排出,保障建筑物安全。

根据设计洪峰流量,计算得出排洪渠结构形式为梯形断面,为浆砌石护底护坡,边坡1:1.5的明渠,外坡为1:1,堤宽2 m,渠底净宽120 m,深170 m,为增加绿化效果,渠内表层衬砌透水空心砖,砖厚200 mm,砖内填土填草,浆砌石衬砌厚度为60 cm,浆砌石下设砂砾石垫层,厚度为10 cm。

11.4.5 某排矸场拦矸坝设计资料

某排矸场流域面积0.44 km²,海拔985~1 144.5 m,黄土覆盖较厚,经土工实验,库区内土质能满足筑坝要求。该小流域主要由南、北两条毛沟组成,南沟较小。流域总体上属黄土丘陵地貌,最大相对高差244.5 m,年侵蚀模数4 000 t/(km²·a),多年平均24 h降水量88 mm,现状坡面治理措施的年平均拦沙率0.8,现需设计一拦砑坝，拦砑坝的设置地形如图11-3所示。

大坝坝型选定为均质碾压土坝；放水建筑物选用竖井，竖井布设在坝上游，井身设放水孔，底部设消力井，洪水经消力井消力后接横穿坝体的排洪涵洞将洪水排入下游主沟道。

拦砑坝总坝高18.55 m，坝顶宽度为3.5 m，坝长67.25 m，上游坝坡边坡比为1∶2.25，下游坝坡边坡比为1∶2.0。坝体下游坡脚设置贴坡式排水，排水体高3.0 m，底宽2.6 m，排水按反滤结构设计，最上层为厚0.25 m的砂层，砂层下为厚0.25 m的碎石层，碎石层下为厚0.6 m的块石层。

为增加坝体稳定性，在坝基设结合槽，结合槽断面为梯形，底宽5 m，深3 m，边坡比为1∶1.0。

为防止下游坝冲刷，在下游坝坡与岸坡结合处，修筑排水沟将径流排出，排水沟建于岸坡上，用浆砌石砌筑，过水断面为矩形，断面尺寸为30 cm×30 cm，全长200 m。

竖井用浆砌石材料，断面为圆环形，为提高竖井稳定性，形状为下粗上细，内圆直径由底部的1.5 m过渡到顶部的1.0 m。井壁厚0.6 m，井壁自上而下沿高度0.5 m左右设一放水孔，相对交错排列，并用木插板控制孔口开闭，孔口为矩形，尺寸为20 cm×20 cm。层间孔口相距50 cm，为单层放水。竖井高度为15.5 m，井底设消力井消能，消力井直径1.5 m，井深2 m。竖井底部与输水涵洞相连，涵洞采用M7.5水泥砂浆砌筑，涵洞底坡设计为1∶100，涵洞尺寸为0.8 m×1.2 m，洞长85 m，基础及侧墙厚均为0.8 m，拱厚0.8 m，洞身每隔10 m修一截水环，内设2 cm宽的沉降缝，用沥青油毛毡填缝。

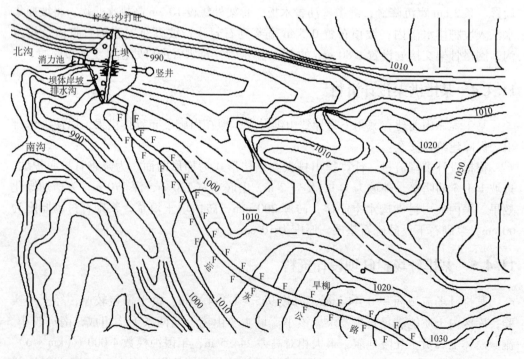

图11-3 枢纽设置地形

11.4.6 某建设项目表层剥离土临时防护工程设计资料

某建设项目取土场现状为耕地，在取料前需对表层耕作土进行剥离，取料结束后用于回填覆土。取土场共占用农用地面积 5.4 hm², 剥离厚度 0.3 m, 表土剥离总量约为 1 600 m³。清除表层耕作土临时堆放在取土场旁的平缓地，堆高约 4 m。现对表层剥离土临时堆放进行防护设计。

在堆土周边布置临时袋装土挡墙，挡墙高 1.0 m, 顶宽 0.5 m, 内外坡均为 1:1; 挡墙外侧设置土质临时排水沟，采用 0.4 m × 0.4 m 的梯形断面，坡比 1:1; 临时堆土边坡比为 1:1.5, 堆土高 6.7 m, 临时堆土表面撒播草籽加以防护，草种。选择紫花苜蓿和白喜草。

11.4.7 某拱坝设计资料

已知某拱坝的位置所处地形图及河谷断面如图 11-4 所示，坝址为 V 形河谷，假设该坝址处上下游河谷横剖面基本相同，即开挖后的基岩可利用等高线与原地面等高

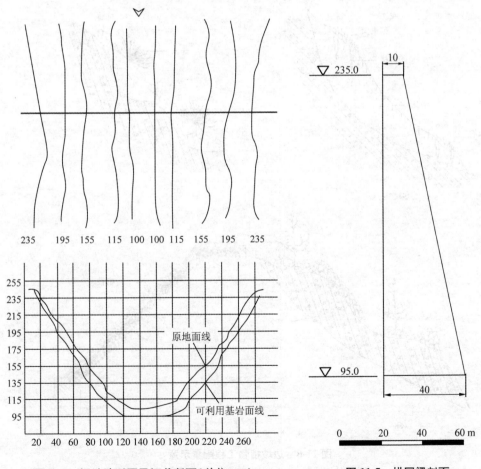

图 11-4 坝址地形图及河谷断面(单位：m)　　　　图 11-5 拱冠梁剖面

线的走势基本相同,河床段建基面高程为 95.0 m,初步确定坝顶高程为 235.0 m,拱圈为圆弧轴线形式,已知拱冠梁剖面图如图 11-5 所示,顶部厚度为 10 m,底部厚度为 40 m。

11.4.8 植物设计配置图

课程设计所需绘制的植物设计配置图如图 11-6 至图 11-12 所示。

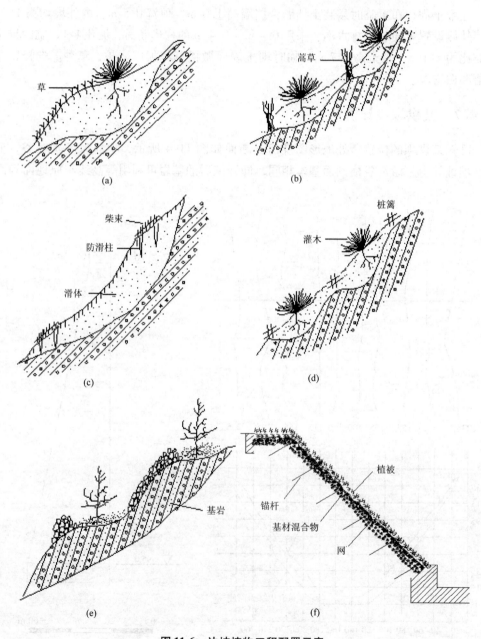

图 11-6 边坡植物工程配置示意
(a)草灌结合 (b)草灌护埂结合 (c)柴束固坡 (d)桩篱加固 (e)石垛护坡 (f)挂网喷播

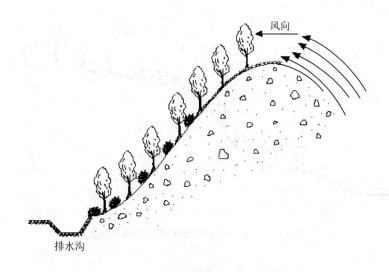

图 11-7　矸石山植物布局设计

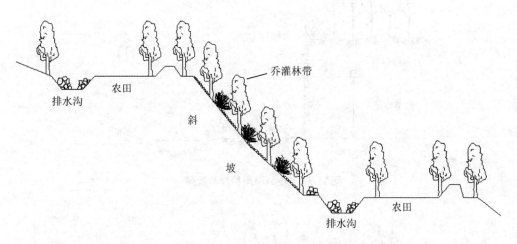

图 11-8　露天排土场农林复合系统结构布局与配置模式

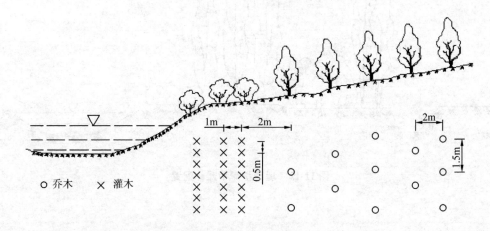

图 11-9　平缓河岸护岸林配置

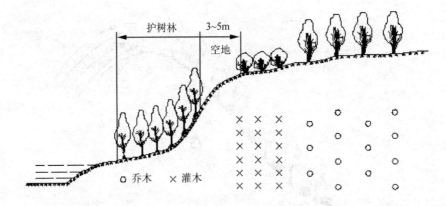

图 11-10　侵蚀崩塌严重的河岸护岸林配置

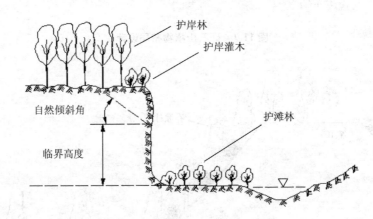

图 11-11　陡峭河岸护岸林配置

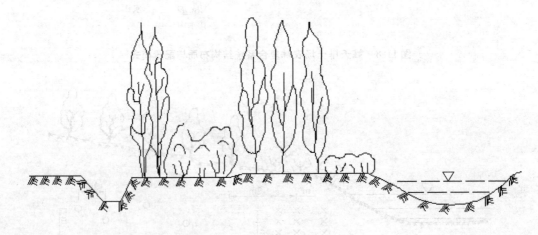

图 11-12　堤岸护岸护滩林配置

11.5　实习报告要求

11.5.1　实习报告总体要求

课程设计报告需提交电子版，要求提交的是扩展名为 dwg 的 AutoCAD 图形文件。各图形需满足通用图式的基本要求，即应包括图纸幅面、标题栏、比例、字体、图线、图例等。要求上交图形文件中保留绘图的辅助线。

11.5.2　实习报告写作要求

以下是对图形文件的各部分的基本要求。

（1）图纸幅面和标题栏

图纸幅面优先采用表 11-2 中所规定的基本幅面，必要时也可采用表 11-3 和表 11-4 所规定的加长幅面。

表 11-2　基本幅面　　　　　　　　　　　　　　　　　　　单位：mm

幅面代号	A0	A1	A2	A3	A4
$B \times L$	841×1 189	594×841	420×594	297×420	210×297
e	20	20	10	10	10
c	10	10	10	5	5
a	25	25	25	25	25

表 11-3　加长幅面（一）

幅面代号	尺寸 $B \times L$	幅面代号	尺寸 $B \times L$
A3×3	420×891	A4×4	297×841
A3×4	420×1 189	A4×5	297×1 051
A4×3	297×630		

表 11-4　加长幅面（二）

幅面代号	尺寸 $B \times L$	幅面代号	尺寸 $B \times L$
A0×2	1189×1 682	A3×5	420×1 486
A0×3	1189×2 523	A3×6	420×1 783
A1×3	841×1 783	A3×7	420×2 080
A1×4	841×2 378	A4×6	297×1 261
A2×3	594×1 261	A4×7	297×1 471
A2×4	594×1 682	A4×8	297×1 682
A2×5	594×2 102	A4×9	297×1 892

标题栏的配置需和图纸幅面相匹配，绘制图框时，其格式可分为不留装订边和留装订边，如图11-13、图11-14所示。

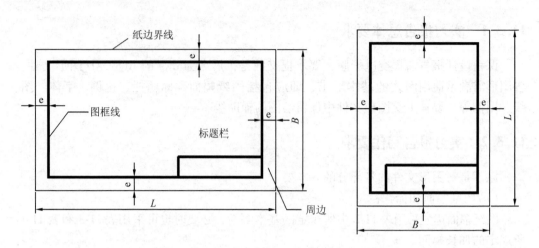

图11-13　不留装订边的图框格式和标题栏配置

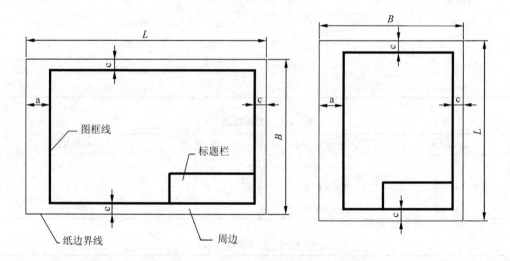

图11-14　留装订边的图框格式和标题栏配置

标题栏的外框线为粗实线，分格线为细实线。标题栏的式样可参照《制图标准》进行绘制。

植物工程设计图的图纸幅面大小不作严格限制，以可复制和内容表达完整为准。

(2)图层

设置图层的层次需分明，分类需清晰。分别对各图层进行图层名、线型、颜色、线宽的设置。

(3)字体、图线和尺寸标注

严格按照《水利水电工程制图标准　基础制图》(SL 73.1—1995)条文说明中的规定

来绘制和设置。

(4)其他内容

按照《制图标准 基础制图》(SL 73.1—1995)条文说明和《水利水电工程制图标准 水土保持图》(SL 73.6—2001)中的规定来进行。

实训 12
水土保持地理信息系统课程实习

12.1 实习目的

本次实习分为野外实践和室内计算机操作两部分。野外实践旨在通过对全球定位系统(GPS)和 TM 影像数据的使用,使学生掌握不同波段及组合的影像特征,以及 GPS 与地理信息系统在水土保持中的综合应用。室内计算机操作旨在通过对两期 TM 影像的遥感解译和土地利用景观格局数据库的建立,使学生通过对遥感和地理信息系统软件的使用,掌握土地利用格局时空变化过程的研究方法,深入理解水土保持地理信息系统理论知识的综合应用,提高学生的动手和实践工作能力。

参加实习的学生须按照《土地利用现状分类标准》(GB/T 21010—2007)进行研究区土地利用分类系统和解译标志的建立,完成指定研究区土地利用格局指数的计算和土地利用图件的设计和制作,并提交实习报告。

12.2 实习内容

12.2.1 野外实践

野外实践主要分两部分内容:GPS 的使用和 TM 影像地面控制点的建立。具体如下:分组进行,每 5 人一组,每组 1 张研究区的 TM 影像图。各组对 TM 影像进行细致解读,根据 GPS 的定位功能,熟悉主要地物的光谱组合特征,并对不明确的地物类型进行实地确认。

在使用 GPS 进行定位时需要注意,GPS 有 2 维、3 维两种坐标系统。当 GPS 能够收到 4 颗及以上卫星的信号时,它能计算出本地的 3 维坐标:经度、纬度、高度;若只能收到 3 颗卫星的信号,它只能计算出 2 维坐标:经度和纬度,这时它可能还会显示高度数据,但这时的高度数据是无效的。大部分 GPS 不仅能以经/纬度的方式显示坐标,还可以用 UTM(universal transverse mercator)等坐标系统显示坐标,但经常使用的还是经/纬度(Lat/Long)系统。此外,坐标的精度在 Selective Availability(美国防部为减小 GPS 精确度而实施的一种措施)打开时,GPS 的水平精度在 100~50 m 之间,且根据接收到卫星信号的多少和强弱而定。因此,考虑到 GPS 和 TM 影像的精度,在判断地物和影像特征的对应关系时,应该选择类型简单,面积在约 1 000~1 500 m^2

以上的地物类型。在此范围的中心用 GPS 定点，在影像中找到对应的位置和影像特征。

12.2.2 室内计算机操作

土地利用是人类最基本的经济活动，是一个多目标、多层次的系统工程，不仅仅是简单地向土地索取，而是一种集开发、利用、整治和保护为一体的综合性行为。在一个区域内研究土地利用变化的时空格局及趋势，探析影响土地利用变化的自然因素和社会因素，有利于揭示土地利用变化的动因和基本过程，并对预测未来变化方向以及制定相应的对策至关重要。随着信息化技术的发展，遥感和地理信息系统技术的广泛运用，区域土地利用变化研究正成为全球变化研究的前沿和热点。

本次实习以地处内蒙古自治区呼伦贝尔沙地的鄂温克旗为研究区，通过对研究区 1990 年和 2007 年 TM 遥感影像的解译，采用目前国际上通用的土地利用格局研究方法，以遥感和地理信息系统为主要技术支持，以 FRAGSTATS 软件包为分析工具，通过景观格局指数的计算来评价土地利用的时空动态变化特征。

12.2.2.1 数据源

实习以 1990 年和 2007 年 Landsat TM 影像为基本数据源，其地面分辨率分别为 30 m。在使用前，对两期影像数据进行了空间及几何校正，影像的成像时间及部分成像参数见表 12-1、图 12-1。

表 12-1　TM 影像数据背景资料及部分成像参数

序号	轨道号	成像时间	空间分辨率(m)	成像质量
影像1	12326，12327	1990 年 8 月 10 日	30	无云，质量好
影像2	12326，12327	2007 年 8 月 15 日	30	无云，质量好

12.2.2.2 土地利用分类系统和解译标志的建立

针对鄂温克旗的自然条件、土地利用特点和遥感影像特征，根据我们国家 2007 年制定的《土地利用现状分类标准》(GB/T 21010—2007)，每个实习小组对鄂温克旗的土地利用类型进行划分。划分的结果因组而异，基本原则是最少要划分出以下 6 种类型：水体、沙地、草地、灌丛、林地、樟子松，以此建立鄂温克旗的土地利用分类系统。

在土地利用分类系统建立以后，截取具有明显分类特征的影像，建立对应的解译标志系统，例如，表 12-2 中所示的基本类型解译标志。

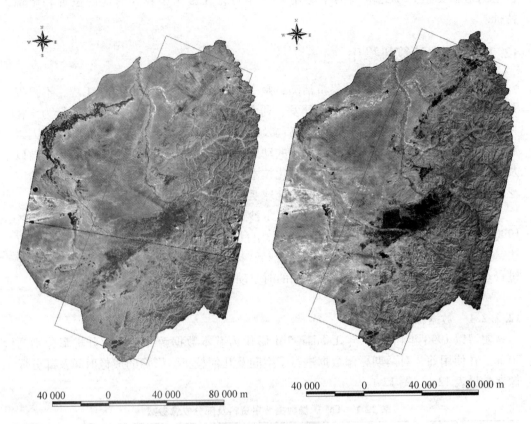

图 12-1 实习数据源

表 12-2 基本类型及解译标志

基本类型	解译标志	示例
水体	深黑色，深蓝色，蓝色	
沙地	白色发黄，灰色，白灰色	
草地	绿色，浅绿色	

(续)

基本类型	解译标志	示例
灌丛	水域附近的红色或绿色	
林地	分布于山上的红色区域	
樟子松林	黑红色,深红色	

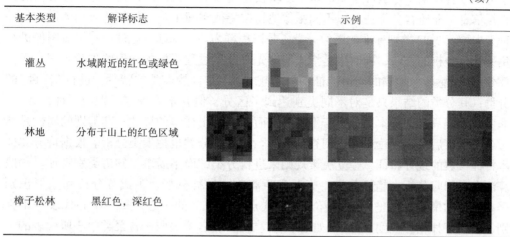

12.2.2.3 遥感影像的解译和分类

使用 ERDAS IMAGE 9.2 遥感图像处理软件，对 TM 影像进行处理。首先对所获取的遥感影像进行波段融合，取用了 TM4、TM5、TM3 波段。根据在研究区野外调查得到的 GPS 数据建立地面控制点并在此基础上进行非监督分类，最终获得整个研究区域的土地覆盖面积信息，程序调入及参数设置如图 12-2 所示。

遥感影像是地表物体反射或发射电磁波特征的记录，是地表景观特征的综合反映。根据由波谱曲线所决定的影像特征来识别物体的性质是遥感应用的基础。景观光

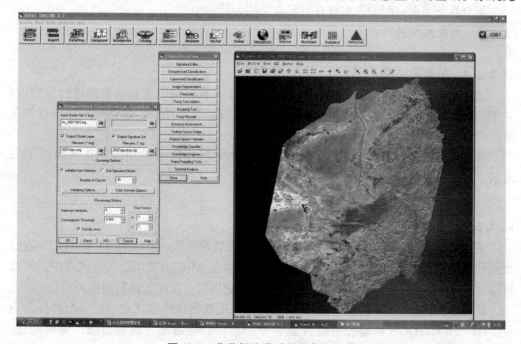

图 12-2 非监督分类过程及参数设置

学特性综合反映了植被和土壤的特征。植被覆盖在土地最表层，是遥感图像反映的最直接信息。非监督分类法是以不同影像地物在特征空间中类别特征的差别为依据的一种无先验（已知）类别标准的图像分类，是以集群为理论基础，通过计算机对图像进行集聚统计分析的方法，同时也是指人们事先对分类过程不施加任何的先验知识，而仅凭数据（遥感影像地物的光谱特征的分布规律），即自然聚类的特性，进行"盲目"的分类；其分类的结果只是对不同类别达到了区分，但并不能确定类别的属性，亦即：非监督分类只能把样本区分为若干类别，而不能给出样本的描述；其类别的属性是通过分类结束后目视判读或实地调查确定的。非监督分类也称聚类分析。根据待分类样本特征参数的统计特征，建立决策规则来进行分类，而不需事先知道类别特征。一般算法有：回归分析、趋势分析、等混合距离法、集群分析、主成分分析和图形识别等。一般的聚类算法是先选择若干个模式点作为聚类的中心，每一中心代表一个类别，按照某种相似性度量方法（如最小距离方法）将各模式归于各聚类中心所代表的类别，形成初始分类，然后由聚类准则判断初始分类是否合理，如果不合理就修改分类，如此反复叠代运算，直到合理为止。与监督法的先学习后分类不同，非监督法是边学习边分类，通过学习找到相同的类别，然后将该类与其他类区分开，但是非监督法与监督法都是以图像的灰度为基础，通过统计计算一些特征参数，如均值、协方差等进行分类的，所以也有一些共性。

非监督分类包括以下几个步骤：
①定义一系列参数，如最大类别数、叠代终止条件。
②执行分类。
③为各个类别分配颜色和具有实际意义的名称。
④对分类精度进行评价。

12.2.2.4　分类后处理

进行完非监督分类后，采用 ARCVIEW GIS 3.3 软件对分类后的数据进行再处理，在 TM 影像的基础上，逐条对非监督分类结果进行修改和校验，最终建立鄂温克旗土地利用分类数据库。

处理过程主要使用 ARCVIEW GIS 3.3 软件的数据库编辑功能，具体如图 12-3 所示。

12.2.2.5　土地利用格局指数的计算

采用美国俄勒冈州立大学森林科学系开发的景观指数计算软件 FRAGSTATS 进行土地利用格局指数的计算，FRAGSTATS 可以加载在 ARCVIEW GIS 3.3 软件中，因此可以在 ARCVIEW GIS 3.3 软件中直接计算出景观指数，也即土地利用格局指数。

景观指数是指能够高度浓缩景观格局信息，反映其结构组成和空间分布特征的定量指标。FRAGSTATS 格局分析软件能够分析：一般性参数，面积指数，斑块密度、大小和变异指数，边缘指数，形状指数，核心面积指数，最邻近指数，多样性指数，蔓延度和散置指数共 9 种类型的指数。由于许多指标之间都是高度相关的，因此仅选

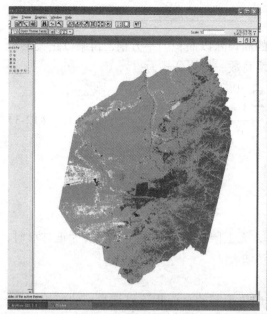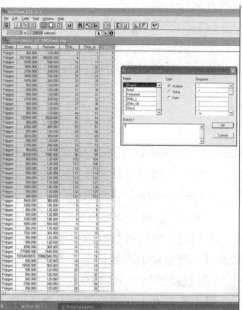

图 12-3　DBF 数据库修改程序及过程

取一些少量指数就能反映土地利用格局的特点。本实习要求计算以下 5 个土地利用格局参数：

（1）斑块数（NP）

斑块数指景观中斑块的总数，它能够反映景观的空间格局，计算公式为：

$$NP = N \tag{12-1}$$

式中　N——景观中全部斑块总数。

斑块数经常被用来描述整个景观的异质性，其值的大小与景观的破碎度有很好的相关性，一般规律是：NP 大，破碎度高；NP 小，破碎度低。NP 对许多生态过程都有影响，如可以决定景观中各种物种及其次生种的空间分布特征；改变物种间相互作用和协同共生的稳定性。而且，NP 对景观中各种干扰的蔓延程度有重要的影响，如某类斑块数目多且比较分散时，则对某些干扰的蔓延（虫灾、火灾等）有抑制作用。

（2）斑块密度（PD）

斑块密度指单位面积上某种类型斑块的个数，能够反映斑块的密集程度，计算公式为：

$$PD = \sum_{j=1}^{n} N_j / A \tag{12-2}$$

式中　A——景观总面积（m^2），

　　　N_j——第 j 类景观要素的斑块总数，

　　　j——斑块类型，$j = 1, 2, \cdots, n$。

斑块密度有助于确定景观模式或优势类型等，其值的大小决定着景观中的优势种、内部种的丰度等生态特征；其值的变化可以改变干扰的强度和频率，反映人类活动的方向和强弱。

(3) 平均斑块形状指数(MSI)

平均斑块形状指数指景观中每一斑块的周长除以面积的平方根,再乘以正方形校正常数,后对所有的斑块加和,再除以斑块总数。计算公式为:

$$MSI = \frac{\sum_{i=1}^{m}\sum_{j=1}^{n}\left[\frac{0.25P_{ij}}{\sqrt{a_{ij}}}\right]}{N} \qquad (12\text{-}3)$$

式中　i——斑块数目,$i=1,2,\cdots,m_i$;

　　　P_{ij}——斑块 ij 的周长(m);

　　　a_{ij}——斑块 ij 的面积(m^2);

　　　N——景观中全部斑块总数。

平均斑块形状指数取值范围:$MSI \geq 1$,无上限。当景观中所有斑块为正方形时,$MSI=1$,当斑块的形状偏离正方形时,MSI 增大。

(4) 斑块平均大小(MPS)

斑块平均大小在斑块级别上等于某一斑块类型的总面积除以该类型的斑块数目;在景观级别上等于景观总面积除以各个类型的斑块总数。计算公式为:

$$MPS = \frac{A}{N} \cdot 10^4 \qquad (12\text{-}4)$$

式中　A——景观总面积(m^2),

　　　N——景观中全部斑块总数。

斑块平均大小代表一种平均状况,在景观结构分析中反映两方面的意义:一方面,景观中 MPS 值的分布区间对图像或地图的范围以及对景观中最小斑块粒径的选取有制约作用;另一方面,MPS 可以指征景观的破碎程度,如我们认为在景观级别上一个具有较小 MPS 值的景观比一个具有较大 MPS 值的景观更破碎,同样在斑块级别上,一个具有较小 MPS 值的斑块类型比一个具有较大 MPS 值的斑块类型更破碎。研究发现,MPS 值的变化能反馈更丰富的景观生态信息,它是反映景观异质性的关键。

(5) 面积加权的平均形状因子($AWMSI$)

面积加权的平均形状因子在斑块级别上等于某斑块类型中各个斑块的周长与面积比乘以各自的面积权重之后的和;在景观级别上等于各斑块类型的平均形状因子乘以类型拼块面积占景观面积的权重之后的和,计算公式为:

$$AWMSI = \frac{\sum_{i=1}^{m}\sum_{j=1}^{n}\left[\frac{2\ln(0.25P_{ij})}{\sqrt{a_{ij}}}\right]}{N} \qquad (12\text{-}5)$$

式中　各符号意义同前;

　　　系数 0.25 是由栅格的基本形状为正方形的定义确定的。

公式表明,面积大的拼块比面积小的拼块具有更大的权重。当 $AWMSI=1$ 时说明所有的拼块形状为最简单的方形(采用矢量版本的公式时为圆形);当 $AWMSI$ 值增大时说明拼块形状变得更复杂,更不规则。$AWMSI$ 的生态意义:$AWMSI$ 是度量景观空间格局复杂性的重要指标之一,并对许多生态过程都有影响。如拼块的形状影响动物的迁移、觅食等活动,影响植物的种植与生产效率;对于自然拼块或自然景观的形状分析还有另一个很显著的生态意义,即常说的边缘效应。

12.3 实习计划与安排

12.3.1 实习安排

本实习需要 5 天时间,采取野外实践和室内计算机操作相结合的方式进行。野外实践需 1 天,主要让学生实地了解 TM 影像不同波段及波段组合间解译标志的不同,对遥感影像有更深入的理解,并通过手持式 GPS 的使用,熟悉地面控制点辅助解译及验证解译结果的流程;室内计算机操作需要 4 天,主要进行地面分类系统和解译标志的建立,以及整个遥感数据的解译和土地利用格局指数的计算。

实习分组进行,每 5~6 人 1 组,各项内容以组为单位进行,实习报告以个人形式提交,具体安排如下。

第 1 天:学习 GPS 使用,选取不同类型的地物学习解译标志的建立,并熟悉 GPS 地面控制点和遥感影像间的对应关系。

第 2 天:仔细阅读实习指导和研究区详细信息,熟悉研究区遥感影像的范围和土地利用类型的大致分布情况,建立分类系统和解译标志。

第 3 天:开展室内数据的非监督分类和解译过程。

第 4 天:继续室内数据的非监督分类和解译过程。

第 5 天:土地利用格局指数的计算及实习报告的撰写。

12.3.2 考核办法

实习成绩由两部分组成:一是野外实践实习的成绩,占 30%,根据学生出勤情况、积极互动、用心思考等表现打分;二是室内计算机操作和实习报告的成绩,占 70%,根据实习报告的撰写、解译结果的准确性、分类结果图布局效果等打分。

12.4 课程实习背景资料

12.4.1 鄂温克旗概况

内蒙古呼伦贝尔市鄂温克旗(118°48′02″E ~ 121°0′25″E,47°32′50″N ~ 49°15′37″N)位于内蒙古东北部,呼伦贝尔大草原南端,滨洲铁路海拉尔站南侧。旗域如下垂的枫叶状,东以大兴安岭脊梁为界,与牙克石市接壤,南同扎兰屯市、兴安盟科尔沁右翼前旗交界,西和新巴尔虎左旗为邻,北邻海拉尔区和陈巴尔虎旗,总面积 1.91×10^4 km^2。

鄂温克旗处于呼伦贝尔沙地东南端,大兴安岭山地向呼伦贝尔高平原过渡地段,属高原型地貌区。境内中山、低山、丘陵、高平原地貌自然融为一体,地势由东南向西北逐渐倾斜。长期以来,由于气候干旱和人类活动的加剧,加之对草原的投入、治

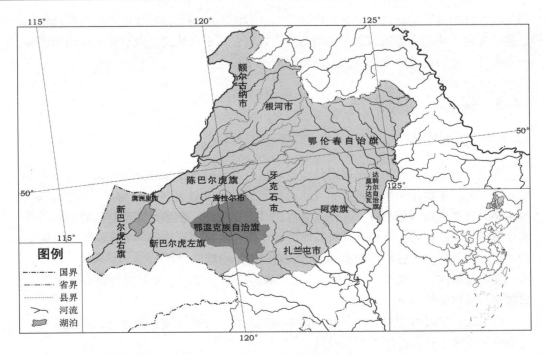

图 12-4 鄂温克旗地理位置

理力度不够,过度摄取造成草地退化、沙化状况十分严重。沙漠化的加剧使林地、草地生物生产量迅速降低,频繁引发浮沙和沙尘暴天气的发生,这不仅制约了当地经济的发展,而且给当地人民的生产、生活带来了越来越严重的危害,影响了我国经济和社会可持续发展战略实施。

进入 1990 年以来,全球环境变化研究加强了对土地利用,土地覆盖动态变化方面的工作。然而,对内蒙古鄂温克旗地区这方面的研究,却大多数局限于对土地利用现状的调查。因此,深入了解鄂温克旗土地利用的变化情况,掌握变化规律,对呼伦贝尔沙地沙化土地近年来的动态变化进行分析和研究,取得翔实的资料,将为恢复沙区的生态环境提供科学的依据。内蒙古鄂温克旗土地利用现状和 40 年来的土地利用动态变化研究,是深入研究内蒙古鄂温克旗地区土地利用、土地覆盖的变化机制及其驱动因子的必要条件和前提,对解释土地覆盖的时间和空间变化以及建立土地利用、土地覆盖变化预测模型具有十分重要的意义。

12.4.2 土地利用现状分类标准

我国土地资源分类标准不统一,土地资源基础数据口径不一、数据矛盾,给国土资源规范化管理和国家宏观管理科学决策带来了不利影响。本次实习在土地利用分类系统建立过程中参照的是中华人民共和国质量监督检验检疫总局和中国国家标准化管理委员会于 2007 年 8 月 10 日联合发布的《土地利用现状分类标准》(GB/T 21010—2007)。

《土地利用现状分类标准》国家标准是全国性的统一标准,采用一级、二级两个层次的分类体系,共分 12 个一级类、57 个二级类。其中一级类包括:耕地、园地、林地、草地、商服用地、工矿仓储用地、住宅用地、公共管理与公共服务用地、特殊用地、交通运输用地、水域及水利设施用地、其他土地。这个分类系统所确定的土地利用现状分类,严格按照管理需要和分类学的要求,对土地利用现状类型进行归纳和划分,既能与各部门使用的分类相衔接,又与时俱进,满足当前和今后的需要,为土地管理和调控提供基本信息,具有很强的实用性,节选的部分土地利用现状分类标准见表 12-3。

表 12-3　土地利用现状分类标准(节选)

一级类	二级类	含　义
01 耕地		指种植农作物的土地,包括熟地、新开发、复垦、整理地、休闲地(含轮歇地、轮作地);以种植农作物(含蔬菜)为主,间有零星果树、桑树或其他树木的土地;平均每年能保证收获一季的已垦滩地和海涂。耕地中包括南方宽度<1.0 m,北方宽度<2.0 m 固定的沟、渠、路和地坎(埂);临时种植药材、草皮、花卉、苗木等的耕地,以及其他临时改变用途的耕地
	011 水田	指用于种植水稻、莲藕等水生农作物的耕地。包括实行水生、旱生农作物轮种的耕地
	012 水浇地	指有水源保证和灌溉设施,在一般年景能正常灌溉,种植旱生农作物的耕地。包括种植蔬菜等的非工厂化的大棚用地
	013 旱地	指无灌溉设施,主要靠天然降水种植旱生农作物的耕地,包括没有灌溉设施,仅靠引洪淤灌的耕地
02 园地		指种植以采集果、叶、根、茎、汁等为主的集约经营的多年生木本和草本作物,覆盖度大于 50% 和每亩株数大于合理株数 70% 的土地。包括用于育苗的土地
	021 果园	指种植果树的园地
	022 茶园	指种植茶树的园地
	023 其他园地	指种植桑树、橡胶、可可、咖啡、油棕、胡椒、药材等其他多年生作物的园地
03 林地		指生长乔木、竹类、灌木的土地,及沿海生长红树林的土地 包括迹地,不包括居民点内部的绿化林木用地、铁路、公路征地范围内的林木,以及河流、沟渠的护堤林
	031 有林地	指树木郁闭度≥0.2 的乔木林地,包括红树林地和竹林地
	032 灌木林地	指灌木覆盖度≥40% 的林地
	033 其他林地	包括疏林地(指树木郁闭度 10%~19% 的疏林地)、未成林地、迹地、苗圃等林地
04 草地		指生长草本植物为主的土地
	041 天然牧草地	指以天然草本植物为主,用于放牧或割草的草地
	042 人工牧草地	指人工种植牧草的草地
	043 其他草地	指树木郁闭度<0.1,表层为土质,生长草本植物为主,不用于畜牧业的草地

（续）

一级类	二级类	含义
09 特殊用地		指用于军事设施、涉外、宗教、监教、殡葬等的土地
	091 军事设施用地	指直接用于军事目的的设施用地
	092 使领馆用地	指用于外国政府及国际组织驻华使领馆、办事处等的用地
	093 监教场所用地	指用于监狱、看守所、劳改场、劳教所、戒毒所等的建筑用地
	094 宗教用地	指专门用于宗教活动的庙宇、寺院、道观、教堂等宗教自用地
	095 殡葬用地	指陵园、墓地、殡葬场所用地
10 交通运输用地		指用于运输通行的地面线路、场站等的土地。包括民用机场、港口、码头、地面运输管道和各种道路用地
	101 铁路用地	指用于铁道线路、轻轨、场站的用地。包括设计内的路堤、路堑、道沟、桥梁、林木等用地
	102 公路用地	指用于国道、省道、县道和乡道的用地。包括设计内的路堤、路堑、道沟、桥梁、汽车停靠站、林木及直接为其服务的附属用地
	103 街巷用地	指用于城镇、村庄内部公用道路（含立交桥）及行道树的用地。包括公共停车场、汽车客货运输站点及停车场等用地
	104 农村道路	指公路用地以外的南方宽度≥1.0m、北方宽度≥2.0m 的村间、田间道路（含机耕道）
	105 机场用地	指用于民用机场的用地
	106 港口码头用地	指用于人工修建的客运、货运、捕捞及工作船舶停靠的场所及其附属建筑物的用地，不包括常水位以下部分
	107 管道运输用地	指用于运输煤炭、石油、天然气等管道及其相应附属设施的地上部分用地
11 水域及水利设施用地		指陆地水域，海涂，沟渠、水工建筑物等用地。不包括滞洪区和已垦滩涂中的耕地、园地、林地、居民点、道路等用地
	111 河流	指天然形成或人工开挖河流常水位岸线之间的水面，不包括被堤坝拦截后形成的水库水面
	112 湖泊	指天然形成的积水区常水位岸线所围成的水面
	113 水库	指人工拦截汇集而成的总库容≥10×10^{4}m^3 的水库正常蓄水位岸线所围成的水面
	114 坑塘	指人工开挖或天然形成蓄水量<10×10^{4}m^3 的坑塘常水位岸线所围成的水面
	115 沿海滩涂	指沿海大潮高潮位与低潮位之间的潮浸地带。包括海岛的沿海滩涂。不包括已利用的滩涂
	116 内陆滩涂	指河流、湖泊常水位至洪水位间的滩地；时令湖、河洪水位以下的滩地；水库、坑塘的正常蓄水位与洪水位间的滩地。包括海岛的内陆滩涂。不包括已利用的滩地
	117 沟渠	指人工修建，南方宽度≥1.0 m、北方宽度≥2.0 m 用于引、排、灌的渠道，包括渠槽、渠堤、取土坑、护堤林
	118 水工建筑用地	指人工修建的闸、坝、堤路林、水电厂房、扬水站等常水位岸线以上的建筑物用地
	119 冰川及永久积雪	指表层被冰雪常年覆盖的土地

(续)

一级类	二级类	含义
12 其他土地		指上述地类以外的其他类型的土地
	121 空闲地	指城镇、村庄、工矿内部尚未利用的土地
	122 设施农用地	指直接用于经营性养殖的畜禽舍、工厂化作物栽培或水产养殖的生产设施用地及其相应附属用地,农村宅基地以外的晾晒场等农业设施用地
	123 田坎	主要指耕地中南方宽度≥1.0 m、北方宽度≥2.0 m 的地坎
	124 盐碱地	指表层盐碱聚集,生长天然耐盐植物的土地
	125 沼泽地	指经常积水或渍水,一般生长沼生、湿生植物的土地
	126 沙地	指表层为沙覆盖、基本无植被的土地。不包括滩涂中的沙地
	127 裸地	指表层为土质,基本无植被覆盖的土地;或表层为岩石、石砾,其他覆盖面积≥70% 的土地

12.5 实习报告要求

12.5.1 实习报告总体要求

实习报告以 3 000~4 000 字为宜,使用 A4 纸打印,统一左侧装订。封面应包括《水土保持地理信息系统》课程实习报告名称、姓名、学号、班级、实习时间、实习地点、指导老师等内容。此外,课程实习报告中还用附两张 A3 彩色打印的土地利用分类图。土地利用分类图需满足标准地图的要求,即应包括标题、指北针、图例、比例尺、制图人、制图时间等制图信息。实习报告必须独立完成,凡抄袭或雷同者实习成绩一律不及格。

12.5.2 实习报告写作要求

实习报告主要分三部分内容,分类系统和解译标志的建立过程、影像解译和再分类过程、土地利用格局指数计算过程。撰写实习报告时需注意,每一部分除要写清结果外,还要写清相应的研究方法和途径,在格局指数计算过程中,要对计算出来的各种景观指数进行简单的说明,分析解释其深层次的原因。

水土保持地理信息系统实习报告大纲如下:

分类系统和解译标志的建立

一、根据分组讨论结果,建立如表 12-4 的分类系统表,并解释说明相关的解译特征。

表 12-4 分类系统和解译标志

一级分类	二级分类	解译标志

二、遥感数据解译和再分类
1. 非监督分类过程
2. 矢量数据的校正过程
3. 专题信息的提取过程
4. 专题图的生成过程

三、土地利用格局指数的计算

四、结果分析
1. 内蒙古鄂温克旗 2007 年土地利用分类图
2. 内蒙古鄂温克旗 1990 年土地利用分类图

实训 13

环境影响评价课程设计

13.1 实习目的

环境影响评价是水土保持与荒漠化防治专业一门专业选修课,该课程具有很强的实践性和应用性。通过环境影响评价课程设计,使学生了解环境影响评价的工作程序,熟悉环境影响评价的相关法律法规、标准、导则,掌握环境影响评价的技术方法和环境影响评价报告表的编制、环境影响评价报告书中有关章节的编写方法、编制要点等,巩固和加深对本课程基础理论的理解。

13.2 实习内容

课程设计内容:(任选以下课题之一)
(1)编制环境影响报告表
设计内容:×××大学 12#学生公寓
设计格式和要求:按环境影响报告表基本格式编写,见附表 13-1。
(2)结合任课老师提供的其他"环境影响评价"项目,进行环境质量影响评价报告的编制。

13.3 实习计划与安排

13.3.1 实习安排

课程设计时间一共 5 天。具体安排如下:
第 1 天:室内讲解,拟定资料清单,现场调研,收集资料,研究资料。
第 2 天:按照环评文件的格式,编写环境影响评价报告。
第 3 天:编写环境影响评价报告。
第 4 天:编写环境影响评价报告。
第 5 天:组织环境专业教师,对学生编写的报告进行点评,对报告内容提出指导意见。

13.3.2 考核办法

实习成绩由两部分组成:一是课程设计的成绩,占 80%,根据报告编制是否规范、内容是否合理、引用资料是否准确、语言是否通顺、是否存在拷贝抄袭等情况打分；二是实习过程中的表现，占20%，根据出勤况、积极互动、用心思考等表现，进行量化打分。

13.4 课程设计背景资料

13.4.1 基本概况

×××大学位于昆明市盘龙区小坝白龙寺，是一所以林学学科为主干，生物环境学科为特色，农、理、工、文、法、管等学科交叉融合、协调发展的高等学校，设有8院4系1部，现有本科专业44个，有硕士研究生470人，本科生8 562人，专科生528人，各类成人高等教育学生6 485人，其中全日制在校生10 000余人。

×××大学分为教学区、行政办公区和学生宿舍区，排放的污染物主要是废水、废气、噪声和固体废物。

排放的废气主要为学生食堂的锅炉烟气和炊事废气。食堂现有南通锅炉厂生产的WNS1—1.0—Y(Q)型燃油锅炉两台，一用一备，采用0#柴油为燃料，耗油量45 kg/h，每天运行5 h，产生的烟气经20 m高的烟囱排入大气。烟气排放量为763 m³/h，烟气中烟尘的浓度为5.04 mg/m³，SO_2 230 mg/m³，林格曼黑度<1级。食堂采用0#柴油、液化气和电为燃料，配有油烟净化器，每天工作5 h，产生的油烟经油烟净化器净化后从20 m高的烟囱排入大气，烟气中油烟的浓度为1.36 mg/m³。

产生的污水主要为生活排水，进入学校污水处理站处理后，回用于绿化，其余部分外排入白龙路市政管网，汇入明通河后进入第二污水处理厂，处理后水排入滇池外海。污水处理站处理规模为50 m³/h，工艺流程如图13-1所示。

排放的固体废物，主要为学生产生的生活垃圾。

产生的噪声主要为锅炉房和食堂的设备声，以及学生宿舍的人群声。

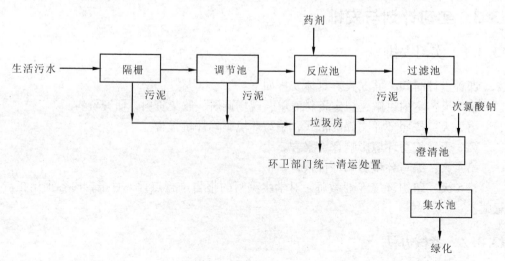

图13-1 污水处理站工艺流程

13.4.2 自然环境概况

（1）地理位置

×××大学地处有着"动植物王国"之称的云南省，校址位于美丽春城昆明市，总占地面积 $39.4 \times 10^4 \mathrm{m}^2$，与世界园艺博览园毗邻。

（2）气候、气象

所在区域为高原季风型气候，冬无严寒，夏无酷暑，四季如春。气温年差较小，日差较大。冬季平均气温9℃，夏季平均气温23℃，年平均气温15.1℃，年温差在12~13℃左右。每年5~10月为雨季，其余时间为旱季，年平均降水量为1 000 mm，全年日照2 250 h，无霜期230 d。年平均相对湿度73%。常年主导风向为西南风，其次为南风，年平均风速2.2 m/s，最大风速20.4 m/s，全年静风频率为16%。

（3）水文

×××大学学校所在区域属于第二污水处理厂的纳污范围，产生污水部分处理回用，剩余部分通过污水管汇入城市污水管网。

×××大学处于滇池流域内，附近较大的地表水体为金汁河和东大沟。金汁河由北向南流过昆明市，经六甲的清河村汇入大青河后流入滇池外海，水质较差，属于劣Ⅴ类水。东大沟水源来自松花坝，主要功能为农灌，由北向南流，最终进入东白沙河，汇入滇池外海。东白沙河和滇池外海的水质保护目标为《地表水环境质量标准》（GB 3838—2002）Ⅲ类水体，由于汇入了流域内的工、农业废水和生活污水，水质现劣于Ⅴ类水体，主要超标污染物为 COD_{Cr}、BOD_5、TN、TP。

（4）地形、地貌和地质

×××大学所在区域属于昆明市盘龙区辖地，区内地势起伏较大，北低南高，东面较为平坦，西面为山脉，属于新生代第四纪以来沉积物，沉积厚度达40~50 cm，土壤类型为水稻土、红壤和冲积土。

拟建项目原址为闲置仓库，地形平坦、开阔，周边无不良地质现象。

（5）植被、生物多样性

×××大学所在区域属于昆明市的城乡结合部，经过近年来的开发建设，区内农田、旱地逐年减少，建筑物逐渐增多，地表植被主要为人工植被，生态环境主要为人工环境，生物多样性较差，生态环境自身调控能力也较差。

13.4.3 社会环境概况

×××大学所在区域属于盘龙区辖区，盘龙区处于昆明主城的东北片区，位于102°43′E，25°02′N，是昆明市中心城区之一。最北端为昆明火车北站，最南端至昆明站，东、南、北三面以贵昆、昆河铁路为界与官渡区毗邻相接，西面同五华区交错相衔。辖区面积约340 km²，建成面积达45.79 km²，辖拓东、鼓楼、东华、联盟、金辰、青云、龙泉、茨坝8个街道办事处和松华、双龙2个乡。

×××大学所在区域，属于世博园的环境协调区和文教区，入住的教育文化单位有本单位,科研单位有中国林业科学研究院生物中心,无文物保护单位。

13.4.4 拟建学生公寓概况

随着招生规模的扩大,×××大学将增加学生招生人数,而现有的学生公寓、学生宿舍不能满足招生规模。为了解决这一矛盾,学校向省教育厅提出了《关于自筹资金建盖学生公寓的请示》,经教育厅研究,同意该校自筹资金在学校规划用地内新建学生公寓一幢,用于改善办学条件。

拟建12#学生公寓位于学生宿舍区内,原址为闲置仓库,拆除后新建一幢9层楼房,由学生宿舍和接待中心组成,用地面积4 369.53 m^2,建筑面积12 402.6 m^2,容积率2.71,绿化率30%,建筑密度0.43,配有电梯两部。由昆明市供电局供电,自来水公司供水。

学生公寓按6人间设计,一共80间,配有浴室、卫生间、饮水机和太阳能热水器。接待中心设有大堂、餐厅、厨房和客房,采用太阳能和电热水器集中供应热水。客房一共93间,其中标间73间,套间20间,按2人间设计。接待中心设有配套设施4间会议室、2间休息室、4间棋牌室、1间多功能厅以及值班室、设备室和消防控制室等。学生公寓内设公共卫生间4个,分布在一楼至四楼,主要为工作人员和来访的客人服务。

各楼层具体设置情况如下:

一楼:为学生公寓和接待中心的厨房、餐厅、休息厅。配套设施有值班室、配电室、消防控制室和公共卫生间。学生公寓11间。厨房配两眼灶2台,煲仔炉1台,厨具若干,采用电、液化气和0#柴油为燃料,灶具上方配有油烟净化器。

二楼:为学生公寓和接待中心的多功能厅、休息厅、大堂和总台。配套设施有设备室、值班室、配电室和公共卫生间。学生公寓12间。

三楼:为学生公寓、会议室、值班室、配电室和公共卫生间。其中,学生公寓12间,会议室5间。

四楼:为学生公寓、棋牌室、值班室和公共卫生间。其中,学生公寓15间,棋牌室5间。

五楼:为学生公寓、客房、配电室和值班室。其中,学生公寓15间,客房13间。

六楼:为学生公寓、客房、配电室和值班室。其中,学生公寓15间,客房13间。

七楼:为29间客房和配电室。

八楼:为19间客房和配电室。

九楼:为19间客房和配电室。

拟建的学生公寓,总投资1 800万元,其中环保投资占100万元,环保投资用途见表13-1。

表 13-1　拟建项目工程投资表

序号	名称	环保用途	金额(万元)
1	景观绿化	美化环境	30
2	配置雨水管网和污水管网	雨污分流	30
3	修建化粪池和隔油沉渣池	污水处理	10
4	油烟净化器	去除油烟	5
5	中水回用	水资源综合利用	25

13.5　实习报告要求

13.5.1　实习报告总体要求

①报告编制规范，格式正确，符合《环境影响评价技术导则》要求。
②报告内容书写规范，图文清晰，调查数据真实可靠，评价结论客观、可信。
③必须按时、独立完成环评报告的编写，有抄袭或内容雷同者，实习成绩一律不及格。
④用 A4 纸打印，统一左侧装订。

13.5.2　环境影响评价报告表书写作要求

环境影响评价报告表的内容包括以下几个方面：
(1)建设项目基本情况
项目名称：实行审批制的建设项目，应当以报送可行性研究报告时的名称为准；实行核准制的建设项目，应当以提交项目申请报告时的名称为准；实行备案制的建设项目，应当以批复的备案文件名称为准。

编制环境影响报告表项目，大部分是实行备案制项目，项目名称以批复的省级（或市级、县级）《企业投资项目备案确认书》名称为准。实际操作也可以以环保局出具的指导意见文件上的名称为准。

建设单位：以工商局颁发的营业执照上的名称为准(营业执照也可能是临时的)。
行业类别及代码：按照《国民经济行业分类》(GB/T 4754—2011)填写，见附录13-2。
环保投资：可以按照各行业环境保护设计规范中规定的"环保投资项目"进行估算。

(2)工程内容与规模
①建设项目概况　项目名称、建设性质(新建、技改、扩建)、建设规模、建设地点、投资总额、环保投资额。附：地理位置图。
②项目建设内容　根据项目特点，按主体工程、辅助工程、公用工程、储运工程和环保工程分别列表填写。

③总平面布置　简述建设项目总平面布置及厂区总平面布置情况，并附总平面布置图。可以采用建设项目可行性研究报告或者设计文件的图纸进行制图。

（3）与本项目有关的原有污染情况及主要环境问题

新建建设项目所在地原有用地的性质及建设情况，相应产生的污染问题。

（4）建设项目所在地自然环境、社会环境简况

自然环境包括：地形、地貌、地质、气候、气象、水文、植被、生物多样性等；

社会环境包括：社会经济结构、教育、文化、文物保护等。

（5）环境质量状况

①阐明建设项目所在地区域环境质量现状和主要环境问题（环境空气、地表水、地下水、声环境、生态环境）。

如果在评价范围附近，有近1~2年的有监测资质单位出具的现状监测数据，可以引用；如果项目所在地近几年没有上马工程项目，环境质量没有多大变化，也可引用近三年内监测数据，并将监测报告附在报告表后面。通过监测数据，说明当地环境质量现状，是否达到当地环境功能区划要求，有无环境容量等问题。

②说明主要环境保护目标（列出名单及保护级别）。对项目区周围一定范围内集中的居民住宅区、学校、医院、保护文物、风景名胜区、水源地和生态敏感点等列出名单，应尽可能给出保护目标、性质、规模、方位和距厂界距离等，用列表方法表示，并在平面图中标注。

（6）评价适用标准

包括环境质量标准，污染物排放标准和总量控制指标。

（7）建设项目工程分析

简述工艺流程和主要污染工序。

（8）项目主要污染物产生及预计排放情况

按施工期和运营期，分别列出排放源，排放的污染物名称，处理前产生浓度及产生量（单位），处理后排放浓度及排放量（单位）。

注意：

①产污及排污系数首先选用中央或地方政府公布的产污排污系数；其次，用公开出版物提供的产污排污系数；最后，参照和类比同类项目。

②有可研报告，用可研报告提供的用水量；无可研报告，用水量可参照《取水用水定额标准与法律法规汇编》（上下册）。

③煤（含煤质资料），气（天然气、煤气等），电等能源消耗量等咨询建设单位。

④原辅材料消耗量咨询建设单位。

（9）环境影响分析

包括施工期和营运期的环境影响分析。

（10）建设项目的防治措施及预期治理效果

①废气防治措施　详述燃料燃烧废气采取的治理设施名称、处理规模、处理工艺、污染物去除率等，说明废气收集系统等。

②废水防治措施　详述厂区排水体制、污水处理能力、处理工艺（附污水处理工

艺流程图)、各处理工段的污染物去除率。

③噪声治理措施　详述各高噪声设备采取的具体降噪措施和降噪效果,绿化降噪效果。

④固废(废液)治理措施　详述固废收集、储存方式,综合利用途径,储存处置方案及是否符合国家相关法律及标准的要求。

⑤生态恢复和水土保持措施　拟采取的生态恢复措施和水土保持方案及其效果。

⑥绿化设计方案　明确绿化指标,化工等项目应细化绿化方案。

(11)结论与建议

明确建设项目与国家产业政策、法规是否相符;选址或选线与区域总体规划、城市规划、环境功能区划和环境保护规划是否相符;污染物排放达标可行性;是否符合区域污染物总量控制要求;项目实施后是否满足区域环境质量与环境功能的要求;项目清洁生产水平。从环境保护的角度,明确项目建设是否可行。

结论务必明确、客观、公正。

(12)附件和附图

附件包括:"立项批准文件"及"其他与环评有关的行政管理文件";

附图包括:

①项目地理位置图　图中应反映行政区划、水系、运路交通、城镇等。图中标明拟建项目所在的相对位置、方位(即指北向)、图例、相对比例尺和风玫瑰图(方位指向及风玫瑰图可合并一起标注),方位一般标注在本图右上方,图例和相对比例尺一般标注在右下方。比例尺一般采用1/50 000~1/100 000。对于大区域开发项目比例尺可适当大些。

②周边环境示意图　图中标注比例尺、风玫瑰以及方位(指北向)。

③项目平面布置图　图中标注比例尺(比例尺大小自定)、风玫瑰以及图例等,图例标明污水排放口的位置,污水处理设施位置,烟囱或主要排气筒位置,主要噪声源位置,临时渣场位置。

④如果报告表不能说明项目产生的污染及对环境造成的影响,应进行专项评价。根据项目特点和环境特征,应选择下列1~2项进行专项评价,如大气环境、水环境(地表水和地下水)、生态环境、声环境、土壤、固体废弃物等。

13.5.3　环境影响评价报告书写作要求

(1)环境影响评价报告书的编写原则

环境影响报告书是环境影响评价程序和内容的书面表现形式之一,是环境影响评价项目的重要技术文件。在编写时应遵循以下原则:

①环境影响报告书应该全面、客观、公正,概括地反映环境影响评价的全部工作,重点评价项目可另编分项报告书,主要技术问题可另编专题报告书。

②文字应简洁、准确,图表要清晰,论点要明确。原始数据、全部计算过程等不必在报告书中列出,必要时可编入附录。大(复杂)项目应有总报告和分报告(或附件),总报告应简明扼要,分报告要把专题报告、计算依据列入。

(2)环境影响评价报告书编制的基本要求

①环境影响评价报告书总体编排结构应符合《建设项目环境保护管理条例》的要求,客观全面,重点突出,实用性强。

②基础数据可靠。基础数据是评价的基础,基础数据必须可靠,对不同来源的同一参数数据出现不同时应进行核实。

③预测模式及参数选择合理。环境影响评价预测模式都有一定的适用条件,参数也因污染物和环境条件的不同而不同,因此,预测模式和参数选择应"因地制宜"。应选择模式的推导条件和评价环境条件相同或相近的模式。

④结论观点明确、客观可信。结论中必须对建设项目的可行性、选址的合理性作出明确回答,不能模棱两可。结论必须以报告书中客观的论证为依据,不能带感情色彩。

⑤语句通顺、条理清楚、文字简练、图表清晰、篇幅适中。凡带有综合性、结论性图表应放到报告书正文中,有参考价值的图表可以作为报告书附件,以减少篇幅。

附表 13-1：建设项目环境影响报告表

建设项目环境影响报告表
（试行）

项目名称：_____

建设单位(盖章)：_____

编制日期　　　年　月　日

国家环境保护总局制

实训 13　环境影响评价课程设计

```
环 境 影 响 评 价 资 格 证 书

（彩色原件缩印 1/3）
```

评价单位_____（公章）

项目负责人：_____

评价人员情况				
姓　名	从事专业	职称	上岗证书号	职责

建设项目基本情况

项目名称					
建设单位					
法人代表			联系人		
通讯地址		省(自治区、直辖市)		市(县)	
联系电话		传真		邮政编码	
建设地点					
立项审批部门			批准文号		
建设性质	新建□改扩建□技改□		行业类别及代码		
占地面积 (平方米)			绿化面积 (平方米)		
总投资 (万元)		其中：环保投资 (万元)		环保投资占 总投资比例	
评价经费 (万元)		预期投产日期		年　　月	

工程内容及规模：

与本项目有关的原有污染情况及主要环境问题：

建设项目所在地自然环境社会环境简况

自然环境简况(地形、地貌、地质、气候、气象、水文、植被、生物多样性等)：

社会环境简况(社会经济结构、教育、文化、文物保护等)：

环境质量状况

建设项目所在地区域环境质量现状及主要环境问题(环境空气、地面水、地下水、声环境、生态环境等)

主要环境保护目标(列出名单及保护级别):

评价适用标准

环境质量标准	
污染物排放标准	
总量控制指标	

建设项目工程分析

工艺流程简述(图示):

主要污染工序:

项目主要污染物产生及预计排放情况

类型\内容	排放源（编号）	污染物名称	处理前产生浓度及产生量（单位）	排放浓度及排放量（单位）
大气污染物				
水污染物				
固体废物				
噪声				
其他				

主要生态影响（不够时可附另页）

环境影响分析

施工期环境影响简要分析：

营运期环境影响分析：

建设项目拟采取的防治措施及预期治理效果

类型＼内容	排放源（编号）	污染物名称	防治措施	预期治理效果
大气污染物				
水污染物				
固体废物				
噪声				
其他				

生态保护措施及预期效果

结论与建议

附表13-2：国民经济行业分类（GB/T 4754—2011）

代码	行业名称	代码	行业名称
01	农业	36	汽车制造业
02	林业	37	铁路、船舶、航空航天和其他交通运输设备制造业
03	畜牧业	38	电气机械和器材制造业
04	渔业	39	计算机、通信和其他电子设备制造业
05	农、林、牧、渔服务业	40	仪器仪表制造业
06	煤炭开采和洗选业	41	其他制造业
07	石油和天然气开采业	42	废弃资源综合利用业
08	黑色金属矿采选业	43	金属制品、机械和设备修理业
09	有色金属矿采选业	44	电力、热力生产和供应业
10	非金属矿采选业	45	燃气生产和供应业
11	开采辅助活动	46	水的生产和供应业
12	其他采矿业	47	房屋建筑业
13	农副食品加工业	48	土木工程建筑业
14	食品制造业	49	建筑安装业
15	酒、饮料和精制茶制造业	50	建筑装饰和其他建筑业
16	烟草制品业	51	批发业
17	纺织业	52	零售业
18	纺织服装、服饰业	53	铁路运输业
19	皮革、毛皮、羽毛及其制品和制鞋业	54	道路运输业
20	木材加工及木、竹、藤、棕、草制品业	55	水上运输业
21	家具制造业	56	航空运输业
22	造纸及纸制品业	57	管道运输业
23	印刷和记录媒介复制业	58	装卸搬运和运输代理业
24	文教、工美、体育和娱乐用品制造业	59	仓储业
25	石油加工、炼焦和核燃料加工业	60	邮政业
26	化学原料和化学制品制造业	61	住宿业
27	医药制造业	62	餐饮业
28	化学纤维制造业	63	电信、广播电视和卫星传输服务
29	橡胶和塑料制品业	64	互联网和相关服务
30	非金属矿物制品业	65	软件和信息技术服务业
31	黑色金属冶炼和压延加工业	66	货币金融服务
32	有色金属冶炼和压延加工业	67	资本市场服务
33	金属制品业	68	保险业
34	通用设备制造业	69	其他金融业
35	专用设备制造业	70	房地产业

(续)

代码	行业名称	代码	行业名称
71	租赁业	84	社会工作
72	商务服务业	85	新闻和出版业
73	研究和试验发展	86	广播、电视、电影和影视录音制作业
74	专业技术服务业	87	文化艺术业
75	科技推广和应用服务业	88	体育
76	水利管理业	89	娱乐业
77	生态保护和环境治理业	90	中国共产党机关
78	公共设施管理业	91	国家机构
79	居民服务业	92	人民政协、民主党派
80	机动车、电子产品和日用产品修理业	93	社会保障
81	其他服务业	94	群众团体、社会团体和其他成员组织
82	教育	95	基层群众自治组织
83	卫生	96	国际组织

实训 14

专业综合实习

14.1 实习目的

专业综合实习是专业课结束后对专业知识的一次综合实践应用训练,关键是在专业课课程实习或课程设计基础上,训练水土保持与荒漠化防治专业学生专业知识的综合应用能力,把分散的、孤立的课程知识转化为全面、系统的综合专业技能,并应用这些专业知识和技能解决生产实践中的主要问题。

14.2 实习内容

专业综合实习的内容包括小流域尺度土壤侵蚀规律调查与识别、小流域水土流失综合防治措施布局调查与分析、开发建设项目水土保持监测三部分,后两部分可根据教学条件选择其中一个安排实习。专业综合实习应由专业课教师集体承担教学任务,一般不少于3人。

专业综合实习第一部分小流域尺度土壤侵蚀规律调查与识别是水土保持与荒漠化防治专业学生必须掌握的基本技能,是今后任何水土保持工作岗位不可或缺的,专业综合实习主要是在专业基础课《土壤侵蚀原理》课程实习基础上,注重小流域尺度土壤侵蚀的调查,为水土流失综合治理规划、措施设计、效益评价等打下基础。后两部分主要是对水土保持措施体系、布局概念的建立、认识,第二部分的着重点在小流域尺度自然因素造成水土流失治理的措施方面,第三部分的关注点在开发建设项目造成的人为水土流失治理的措施方面,二者着眼点不同,但都注重对学生水土流失综合防治措施体系和布局的实践锻炼。

14.2.1 小流域尺度土壤侵蚀规律调查与识别

①按坡面地块和沟道网络划分调查单元,完成土壤侵蚀类型、形式、形态及土壤侵蚀强度调查。

②分析小流域尺度不同土壤侵蚀类型、形式和形态在上下游、左右岸、不同地貌部位、不同地类的分布规律。

③识别小流域尺度土壤侵蚀危害及成因,分析不同土壤侵蚀形式的发生、发展及相互关联。

④甄别小流域尺度土壤侵蚀、土壤流失、断面输沙的泥沙输移特点。
⑤完成《小流域尺度土壤侵蚀调查报告》。

14.2.2　小流域水土流失综合防治措施布局调查与分析

①调查水土流失综合防治措施体系的组成,调查坡面防治措施、沟道防治措施的布置。
②调查小流域尺度针对不同土壤侵蚀特点的水土保持措施布局。
③分析水土保持工程措施、植物措施和农业措施的互补和衔接关系。
④根据《水土保持综合治理 效益计算方法》(GB/T 15774—2008),进行水土保持效益评价。
⑤完成《小流域水土保持措施布局与效益分析》实习报告。

14.2.3　开发建设项目水土保持监测

①按防治分区,观察土壤侵蚀类型、形式、形态,用野外简易方法调查土壤流失量。
②分析开发建设项目水土流失的特点。
③调查不同防治分区的水土保持措施体系及不同类型措施的作用。
④分析开发建设项目水土流失防治特点。
⑤完成实习报告《开发建设项目水土保持监测报告》。

14.3　实习计划与安排

14.3.1　实习安排

专业综合实习时间安排两周,共 10 天。小流域尺度土壤侵蚀规律调查与识别实习安排 4 天;小流域水土流失综合防治措施布局调查与分析和开发建设项目水土保持监测实习可选其一进行实习,安排 4 天;实习准备 1 天,实习总结讲评 1 天。

第 1 天:指导教师进行实习安排和准备,讲解实习内容,学生 3 人 1 组制定实习方案,准备野外记录表格和仪器设备。

第 2~4 天:小流域尺度土壤侵蚀规律调查与识别实习野外调查。

第 5 天:撰写《小流域尺度土壤侵蚀调查报告》。

第 6~8 天:小流域水土流失综合防治措施布局调查与分析和开发建设项目水土保持监测实习野外调查。

第 9 天:撰写《小流域尺度水土保持措施布局与效益分析》或《开发建设项目水土保持监测报告》实习报告。

第 10 天:指导教师对专业综合实习情况进行总结点评,主要总结学生在实习过程中存在的普遍问题,对优秀的实习报告进行讲评,特别强调专业调查报告、研究报告和监测报告的写作方法,以及应注意的问题。

14.3.2 考核方法

专业综合实习成绩考核分两部分,第一部分为野外操作部分,根据小组同学之间的配合、实习仪器的规范使用、调查方法的正确与否进行考核,占总成绩的40%;第二部分为实习报告成绩,根据数据的准确性、写作的规范性、分析的逻辑性进行打分,占总成绩的60%。

14.4 实习操作方法

14.4.1 小流域尺度土壤侵蚀规律调查与识别实习

14.4.1.1 野外调查步骤

①选择没有经过国家与地方专项经费治理的典型小流域,以便具有小流域尺度土壤侵蚀特点;小流域面积控制在 5～10 km^2,以使既具有小流域特点,又能保证在 3～4 d 时间完成野外调查。

②在 1:10 000 比例尺地形图上按主干沟、1 级支沟、2 级毛沟等分级系统,现场进行沟道分级并编号,按小流域面积大小和沟蚀特点划分调查单元,主干沟和较长的支毛沟可分段编号,然后填写沟蚀土壤侵蚀调查表(表14-1),再根据《土壤侵蚀分类分级标准》(SL 190—2007)沟蚀分级指标分析确定土壤侵蚀强度登等级。

表 14-1 小流域沟道网络土壤侵蚀调查表

沟道编号	典型断面尺寸(m)			断面形状	占地面积 (m^2)	沟道冲刷沉积情况
	长	宽	深			
⋮						

③在 1:10 000 比例尺地形图上,按坡面地块顺序编号,勾绘调查图斑,填写小流域坡面土壤侵蚀图斑调查表(表14-2)。

表 14-2 小流域坡面土壤侵蚀图斑调查表

图斑号	地类	图斑面积 (m^2)	坡度 (°)	植被盖度 (%)	土层厚度 (cm)	土壤侵蚀现状
⋮						

④观察记录小流域整体的土壤侵蚀类型、形式、形态分布规律,画出草图;观察小流域从分水岭至坡面以及沟道系统的泥沙输移特点,并画出草图;观察记录土壤侵蚀危害程度及成因,画出草图。

14.4.1.2 室内数据图件处理要求

①野外调查图扫描后,利用 GIS 工具进行面积、距离、坡度等量算。

②尽量用定量数据表表达土壤侵蚀定量调查结果,用柱状图、曲线图表达对比、变化趋势,用饼状图等表达组分关系等。

③由于时间关系没有调查到定量数据,但属于土壤侵蚀调查必备内容的其他调查结论可定性表达,但不能缺漏。

14.4.2 小流域水土流失综合防治措施布局调查与分析实习

14.4.2.1 野外调查步骤

①选择经过国家或地方专项经费治理具有初步设计资料的典型小流域,面积在 10 km² 左右,尽可能治理成果较好,措施类型齐全,布局合理,具有典型性和代表性。

②在 1:10 000 比例尺初步设计措施布局图上按措施类型编号填图,登记措施类型,典型措施调查记录典型措施的特征数据,如植物措施物种组成、混交模式、整地规格,工程措施的断面尺寸等。措施调查登记表见表 14-3,典型措施调查表见表 14-4。

表 14-3 小流域综合治理措施调查登记表

编号	措施类型	布设部位	防治效果现场评价	与其他措施衔接关系	备注
⋮					

表 14-4 小流域综合治理典型措施调查表

	植物措施				
编号	部位	物种组成、混交模式	整地规格	防治效果	面积(m²)
⋮					

续表

工程措施					
编号	沟道在小流域位置	措施布设位置	断面尺寸	防治效果	措施数量
⋮					

农业措施				
编号	措施部位	措施描述	效果描述	面积(m^2)
⋮				

其它措施				
编号	部位	措施描述	效果描述	数量/面积
⋮				

③观察记录小流域水土保持措施布局特点，画出草图；总结不同措施的配置模式，画出草图；观察不同类型措施的完好程度、运行情况、水土流失防治效果。

14.4.2.2 室内工作

①野外调查图扫描后，利用 GIS 工具进行面状植物措施、农业措施的面积量算；
②按类型统计工程措施的数量；
③从不同角度评价水土保持措施实施效果；
④根据《水土保持综合治理 效益计算方法》(GB/T 15774—2008) 评价水土保持效益。

14.4.3 开发建设项目水土保持监测

14.4.3.1 野外调查步骤

①选定具有代表性的在建交通、矿山、电站等水土流失比较严重的开发建设项目，以便考察水土流失特点和治理措施特点。也可考察一个在建项目，主要关注水土流失特点，再考察一个完工项目，主要关注治理措施特点。
②利用 GPS、地形图或其它量测工具，量测水土流失面积和治理面积、弃土弃渣数量等。
③考察项目区整体的水土流失情况，关注径流来源和排导线路、弃土弃渣来源、开挖和回填边坡等水土流失敏感区域，考察不同防治分区的水土流失差异，对水土流失敏感部位按《水土保持监测技术规程》(SL 277—2002) 关于开发建设项目水土保持监

测要求，用简易坡面量测法调查土壤流失量。开发建设项目土壤流失调查表见 14-5。

表 14-5　开发建设项目土壤流失调查表

项目名称									
调查地点	压占地类	压占面积（m²）	原地面坡度/现地面坡度	挖深/堆高（m）	周边植被状况	现植被状况	土壤侵蚀类型	土壤侵蚀强度	水土流失危害
⋮									

④考察开发建设项目水土保持措施体系布局情况和特点，画出草图；按防治分区调查水土保持措施布置，观察水土保持效果，画出草图，填写水土保持措施调查表（见表 14-6）。

表 14-6　开发建设项目水土保持措施调查表

项目名称									
调查地点	防护对象	占地面积（m²）	土壤侵蚀描述	原土地利用类型	治理措施类型	措施规格	与周边措施的衔接	措施运行状况	备注
⋮									

14.4.3.2　室内数据图件处理要求

①统计计算水土流失面积、土壤流失量、弃土弃渣量。
②统计计算不同类型措施数量、面积。
③绘制选定开发建设项目水土流失分布图和措施布局图。

14.5　综合实习背景资料

14.5.1　东川实习地点情况简介

14.5.1.1　东川概述

昆明市东川区位于云南省东北部，102°48′E～103°19′E，25°47′N～26°33′N。东邻会泽县，西接禄劝县，南与寻甸县接壤，北与四川省会东县隔金沙江相望。全区土地面积 1 859 km²，山地面积占 97.3%，属深、中切割的高、中山狭谷地貌类型。东川是我国六大产铜基地之一。由于多年的铜矿开采，加上地质构造等方面的原因，水土流失严重，泥石流灾害频繁。水土流失面积占全区土地面积 68.5%，是我国雨洪型泥石流发育的典型地区，被称为"泥石流博物馆"。

1975~1963年，铁道部第二勘测设计院为修建塘子——东川铁路支线，曾组织专业人员对东川泥石流进行了连续七年的实地观测试验工作。1964年起，东川矿务局开始在蒋家沟建立泥石流观测站和治理工地，进行泥石流活动规律的定位观测研究，并对蒋家沟泥石流堵江危害进行了整治。嗣后，中国科学院兰州冰川冻土沙漠研究所、成都地理研究所（现在的成都山地所）、北京大学地质地理系等单位相继参与了观测试验研究，并由成都山地所延续至今。在云南省有关部门和市委、市政府的领导下，首先对威胁城区安全最大的石羊沟进行了整治（主要是排导措施），1975年成立了小江整治办公室（1984年改为泥石流防治研究所），1976年开始了大桥泥石流综合治理。经过多年的治理，取得了明显的社会效益、经济效益和生态环境效益，为在小江流域开展泥石流防治积累了经验，为以后开展大规模泥石流防治奠定了基础。

14.5.1.2　泥石流灾害与环境

泥石流是发生在山区的一种泥沙、石块和水混合在一起的两相流体，它和滑坡一样同属山地灾害，对国民经济发展和人民生命财产危害严重。它的发生、发展与灾变和山区的地质环境、生态环境及社会经济密切相关。

（1）地质条件

大断裂常常是提供泥石流松散固体物质诸因素中最基本的因素。新构造运动对泥石流的发生和发展起到重要作用，在垂直差异性运动地区，泥石流沟集中发育，活动频繁。大部分泥石流沟分布于新构造运动抬升或垂直差异性抬升地段。东川小江断裂由于两侧地层遭受近东西向断裂的切割而成构造断块，其间发生了差异运动，形成了大断裂南段的东支和西支之间山及此段的东侧地段，成为泥石流极强烈活动区。

（2）地貌条件

泥石流多发生在高原边缘的陡峻坡面上和深切割的河谷中。东川山地陡峭，沟谷切割深度和密度大，极易发生地质灾害，如崩塌、滑坡和泥石流。

（3）气象条件

温度、风、降水等气象要素对泥石流的形成都有一定的作用，但降水在各要素中与泥石流的关系最为密切。东川所处的小江流域，降水特点：一是降水集中。小江流域全年降水量集中在夏秋季节（5~10月），而其中又以6~8月的降水最为集中，占全年降水量的50%以上。降水集中期，也恰恰是泥石流的高发期，如蒋家沟历年泥石流约70%集中在6~8月。二是多雨区与泥石流形成区吻合。海拔1 200 m以下河谷地带是少雨区，海拔2 400 m以上山区是多雨区，而最大降水区出现在海拔2 400~3 300 m之间，这个最大降水区正好是小江两岸的泥石流沟的形成区。三是多局地性暴雨。这是在季风气候影响下形成的一种控制面积小、历时短、强度大的局地性暴雨（即点暴雨），表现为雷电交加、狂风冰雹和倾盆大雨齐来，这是形成小江流域灾害性泥石流的主要激发因素。如1984年5月27日东川市民沟暴发的灾害性泥石流就是由于点暴雨形成的。著名的蒋家沟每年暴发十几次至几十次泥石流，其中60%是这种降水过程的产物。四是多夜雨。夜雨导致泥石流常于夜间暴发。除暴雨外，连续降水后的大雨，也常能促使泥石流暴发。

(4)水文

上述降雨特点直接影响着水文特征，其具体反映为暴雨洪水普遍存在于山区，而且来势凶猛，水量集中，历时短暂。在高山峡谷坡度陡缓，支流短促的小流域内山洪暴涨暴落。东川地区在每年6～9月间，雨量充沛且多暴雨，河流处于丰水期；10月到翌年5月为旱季，此间降水稀少，气候干燥，河流进入枯水期，这期间河流主要靠地下水补给。据考察表明，泥石流一般发生在50 km²以内的小流域，由于流域面积小，植被条件差，岩石裸露多，降水径流系数大，汇流时间短，容易形成强大的径流。径流有坡面径流与沟槽径流两种表现形式，坡面径流具有强大的侵蚀性，将大量细颗粒物质带入主沟，由坡面径流汇成沟槽径流的过程，也是由清水变成泥浆的过程。在许多情况下，可以见到坡面泥浆流。沟槽径流集中坡面径流后，下切沟床，强烈冲刷两岸的崩滑体前缘，为形成泥石流提供了有利条件。

(5)土壤

径流发生时影响侵蚀量的主要土壤特征是土壤分散的难易。当土壤干而略显坚实时，初降的雨水引起表土分散，随着降水继续进行，松散土层被侵蚀带走，接着出现的湿而坚实的表层可使径流的强度减低，尽管此时径流量较大，但湿土层的抗分散力却明显地随粘土含量增加而增强。东川山区土壤处于起伏不平的斜面上，雨滴、径流对坡地物质的冲蚀推移作用以及土体自重使之具有下移势能，加之山区的人为活动及新构造运动等，使山区土壤基底稳定性差，这又加剧了土体的破坏。山区土壤含碎屑砾石多，土层浅薄，土壤质地较粗、结构差、生物循环作用弱，土壤有效养分含量低，一旦原来处于动态平衡的土壤系统遭到破坏，就可能发生不可逆转的退化，直到基岩裸露，土壤系统瓦解，随之而来的便是水土流失。

(6)植被

东川铜矿已有2 000多年的开采历史，至新中国成立前，共产铜约100×10^4t，为中华民族的文明、进步与发展，作出了不可磨灭的贡献。同时也由于伐木炼铜，大量砍伐森林，消耗木柴约$1.5 \times 10^8 m^3$，给生态环境造成了巨大的破坏。新中国成立后，虽然林业生产有所发展，但由于种种原因，森林资源不断减少，至1985年，森林覆盖率仅为13.3%。

上述诸因素共同作用的结果是：水土流失严重，泥石流灾害频发，且规模巨大，类型齐全，形成了举世瞩目的"泥石流博物馆"。

14.5.1.3 实习地点概况

(1)深沟简介

深沟是危害东川城区的灾害性泥石流沟之一，流域面积29.32 km²，主沟长9.6 km，沟口高程1 161 m，源头高程4 017.3 m，高差2 856.3 m，主沟床平均比降16.67%。

深沟及其主要支沟尼拉姑沟位于城区东北部，整沟自上而下穿越城区，流域范围内有新村、碧谷2镇的5个村公所，10个自然村，总人口2.6万余人，固定资产2.7亿元，东川地区唯一的佛教活动圣地——祝国寺位于沟内。历史上，深沟曾数次暴发大型泥石流，1879年和1881年（清光绪五年、七年），泥石流冲毁官庄民房多处，街道部分遭毁，丧生数十人，大部分老城沦为砂坝；1961年和1964年的2次大规模泥石流，淤埋良田374.7 hm^2，泥石流冲进村庄和城区街道，对居民及区人民医院、武装部、区委、防疫站等单位产生极大危害和威胁，造成7人死亡，经济损失达1 000多万元。

深沟有农地305.5 hm^2，荒山1 581.3 hm^2，崩滑体0.9 km^2。可移动量508.5×10^{4}m^3，零星松散可移动量753 m^3。

深沟的治理始于20世纪80年代，采取工程治理与生物治理相结合的综合措施，沟床内以工程治理为主，修筑拦、固床坝、排导槽等工程措施（图14-1），沟帮及坡面则实行大面积封山育林、退耕还林和植树造林。1987年，根据中国科学院成都山地灾害与环境研究所作的《云南东川城市后山泥石流综合治理规划》，共完成排导槽5 590 m，修建拦挡坝6座，截流沟420 m，完成砼路面4.2 km，封山育林植树587.73 hm^2，截至1997年，完成总投资400多万元。

经过10多年的治理，深沟已具备综合防御体系。泥石流灾害发生的势头得到了控制和缓解，有效地保障了沿岸6 424户居民，20 044名城市人口；1 331户农户，5 902名农业人口的生命和财产的安全。同时，人民医院、电力公司、邮电系统等重要单位也得到了保护。进入20世纪90年代后，随着治理工作的不断深入，深沟已从单纯的因害设防，被动防治走上了治理与开发相结合的路子，有意识地进行深沟旅游项目的开发。工程的治理方面更加注重工程设施布局的合理性，结构造型的可观赏性，生物治理方面有选择地栽植了多种风景树，不仅为保持水土涵养水源，而且也为居民提供了良好的休息场所。目前，一个绿树成荫的森林公园已初具雏形。

深沟拦砂坝

深沟泥石流排导工程

图14-1　深沟泥石流防治工程

（2）石羊沟简介

石羊沟位于城区南部，自东向西注入大白河，最高海拔3 045 m，最低海拔1 200 m，主沟长7 026 m，汇水面积9.2 km^2。1964年6月4日暴发的泥石流，毁房屋8间，淤埋汽车10余辆，8人遇难，冲毁农田20 hm^2。而后，中国科学院成都山地灾害与环境研究所和东川科技工作者合作，对石羊沟进行规划设计综合治理，并将其列为省计委、财政厅、建设厅管理项目，迄今30余载，累计投资410.8万元，建拦挡坝2座（图14-2），总库容25.4×10^{4}m^3，建谷坊284座，护岸堤1 523 m，修排导槽

图 14-2　石羊沟拦砂坝

3 580 m，造林 270 hm^2，种植果树 3.5 万余株。工程保护 3 区人口 1.6 万余人，固定资产原值 2.3 亿元，私有财产 8 800 万元。

（3）大桥河简介

大桥河发源于乌蒙山西支主峰牯牛岭，是小江右岸的一条大型泥石流沟，由清水河、浑水沟 2 沟汇成，自东向西注入小江上游大白河，流域面积 53.1 km^2，最高海拔 4 016.4 m，最低海拔 1 100 m，主沟长 18 km，沟床比降 4～21%，其上游支沟浑水沟主要发生黏性泥石流。

早在两三百年前，该流域山上林草繁茂，四季常绿，下游是一片良田，也是通往昆明、巧家的交通要道和物资集散地，但由于受地质构造和强烈地震活动的影响，流域内岩石破碎，地层松散，加之人类不合理的生产活动，使得森林植被遭到严重破坏，水土流失严重，生态环境日趋恶化，最终在点暴雨的激发下，产生了危害严重的泥石流，并且日趋频繁，使村庄、农田、交通等受到了严重的破坏和威胁。据调查，治理前流域内不同程度的水土流失面积 33.27 km^2，其中崩塌、滑坡面积就有 11.64 km^2。1976 年，在原东川市委、市政府领导下，在中国科学院等有关单位的帮助下，在对小江流域泥石流进行全面考察并制定小江流域泥石流防治规划的基础上，把大桥河泥石流综合治理作为试点工程，进行规划设计，并开始治理。经过十多年连续不断的治理，预定规划治理内容已基本完成，并加大了生物治理方面的力度，超额完成了造林计划。

治理方案主要包括稳、拦、排 3 个方面。"稳"主要是在支沟、冲沟中修建干砌、浆砌块石谷坊 189 座，在堆积区营造 3 km 长的护堤林和护路林，以稳定沟床和山坡，减少泥石流形成所需的松散固体物质。"拦"主要是在沟道中修建拦砂坝 9 座，谷坊 214 道，截流沟 500 m，用以截留泥石流的大量固体物质，防止沟床继续下切，抬高局部侵蚀基准面以加快沟床的回淤速度，稳定山坡坡脚，抑制泥石流的发展。"排"主要是在下游修建浆砌石人工排洪道 6 400 m，用以集中排泄泥石流，防止泥石流对下游农田、村庄、铁路和公路等的危害。在工程措施的基础上封山育林 2 667 hm^2，在荒山荒坡上植树造林 1 867 hm^2，同时还完成退耕还林 20 hm^2，保土耕作 367 hm^2，营造经济林 30 hm^2，这样形成了一个以工程措施与生物措施相结合，拦挡、排导和稳沟固坡有机组合的大型泥石流防治措施体系。

2000 年 3 月 22 日，中华人民共和国水利部、财政部正式命名昆明市东川区大桥河排导工程(图 14-3)为"全国水土保持生态环境建设示范小流域"。

图 14-3　大桥河排导工程

(4)蒋家沟简介

蒋家沟(图 14-4)是小江流域最具有代表性的一条泥石流沟，流域面积 48.6 km^2，主沟长 13.9 km，海拔 1 042～3 269 m，植被稀少，崩塌滑坡发育，可移动固体物质储量丰富，地形陡峭，降雨充沛(年降水量为 700～1 200 mm)并集中于雨季(6～

图 14-4　蒋家沟

9月),导致泥石流频发,屡屡成灾,仅1919年至1968年,就曾7次堵断小江。据观测,平均每年发生泥石流15次左右,最多的一年达28次,国内罕见。泥石流大多为阵流,一场泥有几十阵至几百阵,历时三四小时,甚至数十小时;最大流量2 820 m³/s(相当于小江洪峰流量的5倍),最大流速15 m/s,最大泥深5.5 m,最高容重2.37 t/m³,最大输沙量6 079 t/s,最多一次固体径流总量约200 m³。蒋家沟泥石流流态多样,过程完整,类型齐全,是世界上难得的天然泥石流观测试验研究基地。

14.5.2 大春河小流域实习点情况简介

14.5.2.1 自然概况

(1)自然概况

①地理位置 大春河小流域位于云南省晋宁县宝峰乡境内,距县城15 km,东至上蒜乡,南至酸水塘,西至清水河,北至中和铺,地理坐标为102°33′E~102°38′E,24°33′N~24°37′N。流域内有昆玉高速公路、昆洛公路、昆玉铁路通过,交通便捷,与现代新昆明规划的南城区毗邻,生态旅游资源较为丰富。大春河为长江流域金沙江水系普渡河的二级支流,流域面积31.39 km²,海拔在1 930~2 404 m之间。

②气候 大春河小流域属亚热带气候,其主要特点是:气候温和,四季如春,冬无严寒、夏无酷暑。冬、春季节受印度大陆干暖气流控制,干旱少雨;夏、秋季受孟加拉湾和北部海洋暖湿气流影响,雨量充沛。多年平均气温14.8℃,年最高气温29.3℃,年最低气温-3.1℃。1月最冷,平均气温为8.1℃,7月最热,平均气温为19.5℃。多年平均日照时数为1 928~2 411 h。多年平均无霜期为230 d。多年平均降水量905 mm,5~10月降水量占全年降水量的85%以上,多年平均蒸发量1 955 mm,相对湿度80%。主导风向为西南风。

③地形地貌 大春河小流域海拔在1 930~2 404 m之间,流域平均海拔在2 000 m左右,相对高差100~500 m,整个流域为构造剥蚀和溶蚀地貌,呈波状起伏浅切割低山丘陵和低丘洼地。

整个流域地形错综复杂,大部分地区地势南高北低,呈波峰谷形向滇池倾斜,属东湖盆地高原区。境内出露地层较为齐全,最古老的地层系元古界昆阳群的黄草岭组、黑山头组、大龙口组、美党组及柳坝塘组。岩性以板岩、石英砂岩、砾岩和石灰岩为主。在古生代地层中,出露面积最大的是寒武系下统筇竹寺的页岩、粉砂岩、富含磷矿。中生代地层主要出露三叠系上统一平浪群、侏罗系下统冯家河组、中统张河组、上统蛇店组及白垩系石门群,岩性以泥岩及砂岩为主。新生代第三系及第四系地层为冲积、湖泊为主的淤泥、砂质黏土、钙质黏土、砂、砾石等。

④土壤资源 大春河小流域内地层较为复杂,岩石矿物种类繁多,岩石主要是砂岩、粉砂岩、页岩。土壤主要类型有红壤、紫色土、冲和土、岩土和水稻土五大类。红壤分布于海拔1 930~2 400 m之间的广大地区,土壤肥力较差,石砾含量高;紫色土分布于海拔1 900~2 100 m的沟谷,多与红壤交错分布,土层不厚;水稻土主要分布在平坝区,包括冲积物、沉积物和坡积物。土壤pH值一般在5.0~5.5之间,底土酸性较大,阳离子交换量为20毫克当量/100 g左右。土壤质量一般。

⑤植被资源　大春河小流域地带性森林植被为亚热带半湿润常绿阔叶林,主要类型有滇青冈、炮仗花杜鹃、小铁子群丛、黄毛青冈、小铁子、地盘松群丛,窄叶青冈、元江栲群丛;落叶阔叶林有栓皮栎、云南松、老鸦泡群丛;旱冬瓜林;温暖性针叶林有云南松、华山松、云南油杉林;灌草丛主要有绣叶杜鹃、米饭花、杜鹃灌丛,清香木、地石榴灌丛、火把果(火棘)、川梨灌丛;还有零星大白花杜鹃、马缨花、杨梅等灌木分布。人工造林形成了较大面积的蓝桉、圣诞树(银荆)、云南松林,藏柏也有小块栽培。果树主要有板栗、核桃、桃、梨、山楂、柿、杏等种类。草本植物主要有四脉旱茅、云南蕨、野姜、沿阶草、菅草、紫茎泽兰、云南裂稃草、白健杆等。

⑥土地资源　大春河小流域土地总面积为 31.39 km^2。耕地面积为 6.594 km^2,占土地总面积的 20.35%,其中水田 2.669 km^2,梯坪地 1.808 km^2,坡耕地 2.117 km^2,分布在地势平坦、人口密集的坝区和中低山丘区、半山区;果木林地总面积为 0.635 km^2,占土地总面积的 1.96%,其中果园 0.239 km^2,以梨、李、桃为主;林地总面积为 20.344 km^2,占土地总面积的 63.07%,其中有林地 4.157 km^2,疏幼林 12.878 km^2,灌木林 2.675 km^2;荒山荒坡总面积为 4.3493 km^2,占土地总面积的 13.42%;非生产用地总面积为 0.4547 km^2,占土地总面积的 1.40%;水域面积 0.24 km^2,占土地总面积的 0.75%;其他土地总面积为 0.426 km^2,占土地总面积的 1.31%,包括沙地、裸岩石砾等。

⑦水资源　大春河小流域属长江流域金沙江水系普渡河的二级支流,流域内主要河流有大春河和大沙河,均为东大河的支流。全流域多年平均径流量为 $785 \times 10^4 m^3$,径流年内分配较为不均,雨季(5～10月)占全年径流量的 76.5%,枯季(11月至翌年4月)占全年径流量的 23.5%。

(2)社会经济

大春河小流域内有 4 个村委会,6 个自然村,共有 318 户,1 270 人,其中农业人口 1 262 人,农业人口密度 39 人/km^2,人口自然增长率为 0.74%。2002 年农民人均年收入 2 064 元,农民收入主要来自种植业。

(3)水土流失情况

大春河小流域水土流失主要为水力侵蚀类型,以面蚀和沟蚀为主。流域内水土流失主要分布在坡耕地、荒山荒坡和疏幼林地上,尤其在坡耕地区域的侵蚀沟壑,水土流失较为严重。

根据外业调查资料,大春河小流域内水土流失面积为 18.96 km^2,占流域土地面积的 60.40%,其中轻度流失面积 13.71 km^2,占流失面积的 72.31%;中度流失面积 3.04 km^2,占流失面积的 16.03%;强度流失面积 2.21 km^2,占流失面积的 11.66%。流域平均侵蚀模数为 2 475 t/(km^2·a)。

(4)园区发展简史

• 1995 年,大春河小流域被列为"长治"项目第三期治理工程。

• 1996 年,晋宁县水保办在各级领导和专家的支持和帮助下,确定了该流域布局以调整农业产业结构、合理利用土地资源为基础,工程措施、生物措施和农耕措施3 大措施并举,从根本上改变农业生产条件,促进当地农村经济的发展,走水土保持可持续发展道路的基本思想。

- 1998年，根据云南省水利水电厅文件《关于下达云南省长江上中游水土保持试验示范区建设1998年度实施任务与经费的通知》（云水水保[1999]42号）要求，晋宁县大春河小流域水土保持试验示范区项目下达计划任务12 km^2，由晋宁县水土保持管理站具体负责，对大春河小流域水土保持试验示范开展了各项水保科技研究工作。
- 1998年，晋宁县水务局水保办抽调管理人员4人，成立了"晋宁县大春河小流域管理所"实行所长负责制，正式迈开了建设水保产业的步伐。
- 从1998年至今，在大春河小流域水土保持试验示范区内举办过有越南、伊朗、日本等国内外专家参加的各类水保培训班数次，参观人次达1 000人次，使大春河小流域水土保持综合治理区成为了水土保持的一个"活"课堂。
- 2000年被列为全国"十百千"示范工程。
- 2000年12月4日，云南省晋宁县大春河小流域被中华人民共和国财政部命名为"全国水土保持生态环境建设示范小流域"。
- 2001年以来，区域内生态环境优美，随着经果林项目的初见效益，由于经济果树林种植的新、特、优、稀等特点，在每年果实成熟的季节，慕名前来品尝、观光及游玩的人数日益增多，据不完全统计，2003年8月底人数达2 000多人。
- 2003年晋宁县大春河小流域水土保持试验示范项目申请云南省科学技术奖。

14.5.2.2 水土保持综合治理现状分析

（1）水土流失成因分析

①成土母岩易风化、土壤抗侵蚀性差　小流域内山势较陡，成土母岩多为砂岩、粉砂岩、页岩，易风化，土壤多为红壤、紫色土，黏结率差，这些都是造成严重水土流失的重要因素。

②土地利用结构不合理　小流域内坡耕地、荒山荒坡面积比重过大，缺乏地被覆盖物，易产生地表径流，冲刷地表，出现水土流失状况。

③植物种群单一　按植物区划划分，小流域内主要分布为亚热带半湿性常绿阔叶林，由于人为活动原生植被破坏严重，次生人工造林形成了较大面积的蓝桉、圣诞树（银荆）、云南松林，植物种群单一，以针叶树居多。

④落后的耕作习惯　农户大多采用落后的顺坡耕作方式在陡坡开荒种地，造成大量坡耕地表土流失，土壤肥力下降，蓄水保土能力降低，形成了"低产——扩大耕地面积——低产"的恶性循环，最终使森林面积日益减少，水土流失量不断增加。

⑤开发建设项目增多　近几年，在山区开矿、挖沙、采石和其他开发建设项目忽视对水土保持工程的合理配合，造成了新的人为的水土流失增加。

（2）水土保持治理现状

针对大春河小流域水土流失形成原因及实际情况，1996年，晋宁县水土保持办公室在各级水保部门有关领导和专家的支持和指导下，确定了该流域布局上以调整农业产业结构、合理利用土地资源为基础，工程措施、生物措施和农耕措施三大措施并举，从根本上改变农业生产条件，促进当地农村经济的发展，走水土保持可持续发展道路的基本思想。

县水土保持办公室结合自身条件,受让荒山荒坡 125 hm^2,作为水土保持试验示范区建设,力求通过典型治理与科技探索,开创出一条治理水土流失新路子。从 1996 年到 2002 年,持续 6 年的综合治理过程中,完成了以下水土流失预防治理工作:

①坡改梯工程 针对区内坡耕地较多,土质较差等实际问题,进行坡耕地连片改造治理。回填冲沟坡箐 30×10^4 m^3,增加土地使用面积 4 hm^2,共计改成土坎梯田 69 hm^2。并根据土质情况分片改良土壤,使只能种包谷的"三跑田"变成了既能种花卉,又能种蔬菜的"三保田"。

②种植水保林 在水土流失严重的山坡,种植云南松,进行封禁治理;在荒山荒坡种植水保林 30 hm^2,以藏柏防风护埂或作行道树,以蓝桉、黑荆或蓝桉、圣诞树混交。

③种植经果林 在改造好的梯田上种植经果林:其中日本藤梨 4 hm^2,油桃 8 hm^2,布朗李 0.8 hm^2,枇杷 2 hm^2,银杏 3.3 hm^2,杨梅 4 hm^2,酸木瓜 2.2 hm^2。

④种植鲜切花 配合节水灌溉技术种植鲜切花非洲菊 1.2 hm^2、玫瑰 1.9 hm^2,还有百合花和水晶花等多种优质鲜切花。

⑤种植中草药 在 2003 年开始尝试种植中草药,例如,板蓝根、党参、连翘等。

⑥布置节水灌溉设施 从 1999 年至今,已实施了高标准节水灌溉项目 40 hm^2,包括固定式喷灌、轻小型机组移动式喷灌、微喷灌、喷灌带喷灌、滴灌和渗灌等节水灌溉技术,灌区被昆玉高速公路划分为东和西两片灌区。东片布设固定式喷灌 13 hm^2,轻小型机组移动式喷灌 4 hm^2;西片区大棚种植采用滴灌和微喷灌 9.1 hm^2,露地滴灌 10.7 hm^2,渗灌 1 hm^2,喷灌带喷灌 1.7 hm^2。配套建成泵房 4 座,装机容量 85 kW,钢架塑料大棚 90 个,架设 380V 输电线 1 500 m。

⑦搭建自动控制温室 建成了 2 560 m^2 的 WGK80(A) 型自动控制温室,作为以金雀花育苗为主的水保经济林种苗基地。

⑧建设小型水利水保工程 修建抽水站一座,蓄水池 72 个,容积 1 370 m^3,沉沙池 6 个,体积 12 000 m^3,排水沟 14.3 km,拦砂坝 6 座,拦蓄泥沙 13 250 m^3。铺设管道 7.65 km,修建区内道路 7.15 km,其中泥结石路面 2.95 km。建设生物防护栏 3.744 km,管理房 16 间。

⑨布设预防监测设施 在撂荒 1 年以上的荒坡上建成两个坡度 15°,垂直投影长度 10 m,宽 5 m 的标准径流小区。

(3)治理成效评价

大春河小流域各项水土保持措施实施以后,小流域内 12 km^2 土地上的水土流失得到控制,流域年平均土壤侵蚀模数由 1995 年的 2 475 t/(km^2·a) 降低至 2003 年的 710 t/(km^2·a),土壤流失量减少 71.3%。

从 1995 年至 2003 年,以大春河小流域为单元的水土流失治理,做到了治理与开发,治理与资源可持续利用相结合,初步形成了水、电、路通畅,山、水、林、田、路综合治理的格局,使水土保持与农业开发有机地结合在一起,带动了周边地区的经济发展,吸引了 5 家外来企业投资,6 位农户承包荒山,流域内农民年人均纯收入由 1995 年的 846 元/(年·人) 增长到 2003 年的 2 064 元/(年·人)。

14.6 实习报告要求

14.6.1 实习报告总体要求

专业综合实习报告提交 2 份，第 1 份为《小流域尺度土壤侵蚀调查报告》，第 2 份为《小流域水土保持措施布局与效益分析》或《开发建设项目水土保持监测报告》，每份实习报告字数在 8 000~10 000 字为宜。封面应该包含实习名称、指导教师、学生姓名、学生学号和完成日期；要求使用 A4 纸双面打印，统一左侧装订。

14.6.2 小流域尺度土壤侵蚀调查报告

14.6.2.1 实习报告大纲格式

实习报告按土壤侵蚀调查报告格式撰写，以下《小流域尺度土壤侵蚀调查报告》大纲供同学们参考。

1. 前言
2. 小流域自然环境基本情况
2.1 地理位置、地形地貌
2.2 气候
2.3 植被及土壤
2.4 河流及水文
3. 社会经济情况
4. 土地利用现状
5. 土壤侵蚀特点
5.1 土壤侵蚀类型及形式
5.2 土壤侵蚀分布
5.3 土壤侵蚀强度
5.4 泥沙输移特点
5.5 土壤侵蚀危害及成因
6. 土壤侵蚀控制措施建议

14.6.2.2 实习报告写作要求

①前言 主要包括调查时间，调查的目的、意义，调查方法，小流域范围和面积，调查成果等。前言相当于规划设计报告的综合说明，具有独立性，要涵盖调查报告的核心信息。调查成果要言简意赅，主要是把土壤侵蚀特点部分的内容进行总结和提炼。前言可分小标题叙述，使叙述内容更具逻辑性。

②小流域地理位置和地形地貌 地理位置包括小流域所包含的乡镇、村及村民小组的数量、名称、范围，经纬度。地貌类型主要是自然地理区划的地貌类型，地形主要指小流域的形状、起伏、海拔范围等。

③气候　主要是气候类型以及与土壤侵蚀关系紧密的气温、降水、风等特点，气候决定土壤侵蚀类型，气温、降水、风决定土壤侵蚀的特征。降水关注多年平均降水量、年内分布、年际变化、时段雨强等。

④植被与土壤　主要指地带性植被和土壤，以及局地具体群落类型、物种组成、岩石类型、土壤类型等。

⑤河流与水文　明确流域水系，对调查小流域最近的下一级河流的水文情况进行叙述。

⑥社会经济情况　一般根据年鉴调查最近的统计数据，但与实际调查数据不符的，要斟酌用你认为最可用的数据。

⑦土地利用现状　根据外业填图及内容计算结果，统计分析不同地类所占比例，不同地类的坡度组成等。

⑧土壤侵蚀类型与形式　细述调查小流域的土壤侵蚀类型、形式与形态，类型与形式定性描述，形态根据典型调查数据尽量定量描述。

⑨土壤侵蚀分布　主要是不同土壤侵蚀类型、形式以及形态在左右岸、上下游、不同地貌部位及地类的分布，明确定量分布面积。

⑩土壤侵蚀强度　根据国标土壤侵蚀判别标准，确定取值范围，定量评价不同地貌部位的土壤侵蚀强度，不同侵蚀强度的构成比例。

⑪泥沙输移特点　定性描述调查小流域从分水岭开始，通过坡面不同地貌部位，各级沟道系统，最终从小流域出口断面下泄泥沙的沉积、冲刷大致趋势和特点。

⑫土壤侵蚀危害及成因　明确主要危害是什么，危害严重程度，危害范围，分析危害是怎么造成的。

⑬土壤侵蚀控制建议措施　根据土壤侵蚀调查成果结合学生自己的专业知识，对不同类型、形式、形态的土壤侵蚀提出综合治理的思路和措施体系。

14.6.3　小流域水土流失综合防治措施布局与效益评价报告

14.6.3.1　实习报告大纲格式

实习报告按论文格式撰写，以下《小流域水土流失综合防治措施布局与效益评价》大纲供同学们参考。

题目

摘要

关键词

无标题引言

1. 小流域概况

1.1 地理位置

1.2 地质地貌及地形情况

1.3 气候、土壤、植被

1.4 河流水文

1.5 水土流失和水土保持现状

2. 小流域水土保持措施布局
2.1 措施体系的构成及布局特点
2.2 坡面治理措施
2.3 沟道治理措施
3. 小流域水土保持措施效益分析
4. 结语
参考文献

14.6.3.2 实习报告写作要求

①题目　可自拟，但要涵盖实习主要内容。

②摘要　摘要具有独立性，应涵盖论文的核心信息，论文的正文完稿后最后写摘要。

③关键词　涵盖论文核心内容的规范术语，一般3～5个。

④无标题引言　写在论文最前面的一段话，主要包括研究现状、目的意义等。

⑤小流域概况　根据收集到的资料和自己的观察撰写，宜简洁，与论文无关的内容不罗列。

⑥小流域水土保持措施体系的构成与布局特点　论文的核心内容，应重点关注。首先要搞清楚小流域有哪些水土流失防治措施，措施类型要齐全不能遗漏。然后总结这些措施的布局特点，主要考虑不同地貌部位针对不同土壤侵蚀特点的措施，重点研究不同土壤侵蚀类型、形式和形态分别用哪些措施来进行治理，措施之间怎么衔接，不同措施之间起到怎样的互补和叠加效果。

⑦坡面治理措施　分析坡面治理措施的特点，有哪些措施，不同措施起到什么作用，详细调查具体措施的规模、构件、形式等。植物措施关注不同立地条件下的物种组成、混交方式、整地规格、抚育方法等；坡面工程措施主要是田间工程、小型蓄引排水工程等，关注布设位置、主要构件、断面尺寸等；农业措施关注措施类型、不同措施的作用等，其他起到水土保持作用的设施进行调查和描述。

⑧沟道治理措施　按沟道分级关系，调查和分析上下游、左右岸、支毛沟和主干沟系统的不同措施类型、形式、构件、断面尺寸、作用等。

⑨治理效益评价　按《水土保持综合治效益计算方法》(GB/T 15774—2008)的指标体系，选择其中代表性指标对小流域综合治理实施后的水土保持效益进行半定量和定性评价。

⑩结语　对论文的核心内容进行归纳，也可对实习的体会收获进行总结。

14.6.4　开发建设项目水土保持设施验收技术规程实习报告

实习报告按《开发建设项目水土保持设施验收技术规程》(SL 387—2007)"开发建设项目水土保持监测报告"格式撰写，以下是《开发建设项目水土保持监测总结报告》大纲，供同学们参考，可根据实习情况选择其中主要内容重新组织提纲。

1. 建设项目及项目区概况

1.1 项目概况
1.2 项目区概况
1.3 工程水土流失特点分析
2. 监测实施
2.1 监测目标与原则
2.2 监测工作的实施情况
3. 监测内容与方法
3.1 监测内容
3.1.1 防治责任范围动态监测
3.1.2 弃土弃渣量动态监测
3.1.3 水土流失防治动态监测
3.1.4 施工期土壤流失量动态
3.2 监测方法和频次
3.3 监测时段
3.4 监测点布设
4. 不同侵蚀单元侵蚀模数的分析确定
4.1 不同侵蚀单元划分
4.1.1 原地貌侵蚀单元划分
4.1.2 地表扰动类型划分
4.1.3 防治措施分类
4.2 各侵蚀单元侵蚀模数
4.2.1 原地貌侵蚀模数
4.2.2 地表扰动类型侵蚀模数
4.2.3 防治措施实施后侵蚀模数
5. 水土流失动态监测结果与分析
5.1 防治责任范围动态监测结果
5.2 弃土弃渣监测结果
5.3 地表扰动面积动态监测结果
5.4 土壤流失量动态监测结果
6. 水土流失防治动态监测结果
6.1 水土流失防治措施进度
6.2 水土流失防治效果动态监测结果
6.3 水土流失危害调查结果
6.4 运行初期水土流失分析
7. 结论
7.1 水土保持措施评价
7.1.1 防治达标情况
7.1.2 综合结论

7.1.3 存在问题与建议

7.2 监测工作中的经验与问题

14.6.5　开发建设项目水土保持监测实习报告

根据开发建设项目水土保持监测报告大纲，结合综合实习时间紧、选择适宜项目区困难等特点，列出《开发建设项目水土保持监测报告》实习报告的大纲，供同学们参考。

1. 建设项目及项目区概况

1.1 项目概况

1.2 项目区概况

2. 监测内容与方法

2.1 防治责任范围面积监测

2.2 弃土弃渣量监测

2.3 土壤流失量监测

2.4 水土保持措施监测

3. 土壤流失监测

3.1 不同侵蚀单元划分

3.1.1 原地貌侵蚀单元划分

3.1.2 地表扰动阶段侵蚀单元划分

3.1.3 防治措施阶段侵蚀单元划分

3.2 各侵蚀单元侵蚀模数确定

3.2.1 原地貌侵蚀模数

3.2.2 地表扰动阶段侵蚀模数

3.2.3 防治措施实施后侵蚀模数

3.3 项目区土壤流失量计算

4. 防治措施及效果监测

4.1 各防治分区水土保持措施监测

4.2 水土流失防治六项指标监测

4.3 水土流失危害调查

4.4 运行初期水土流失分析

5. 结论

5.1 防治达标情况

5.1 综合结论

5.1 存在问题与建议

实训 15
毕业实习与毕业论文(设计)

15.1 实习目的

毕业实习是水土保持与荒漠化防治专业教学计划的必修课程,是毕业论文撰写的前期调研活动,是培养学生全面系统地运用所学专业基本理论和基本方法综合分析和解决问题能力的主要过程,也是培养高素质应用型人才必不可少的实践性教学环节。撰写毕业论文是学生将理论知识与工作实践相结合的主要途径,可以培养学生对所学理论知识进行综合和归纳的能力,对各种实际问题的认识能力,理论联系实际、运用所学理论知识解决实际问题的能力,从而使学生掌握解决具体问题的方法。为了规范毕业实习与毕业论文写作,提高毕业实习和毕业论文的质量,使学生熟练掌握和应用理论知识,积累实际工作经验,有效训练学生的写作能力并进一步检验大学所学综合知识和专业知识,特编写毕业实习与毕业论文指导。

15.2 实习内容

毕业实习的内容应根据具体的毕业论文题目选定,根据选题的不同,实习内容可分为以下三种:

(1)科研论文

围绕科学研究工作选题的,毕业论文应满足科研论文的要求,主要工作应包括野外调查或室内试验,论文撰写等。

(2)水土保持规划设计

围绕生产实践中水土保持规划设计的水土保持规划、小流域初步设计、水土保持方案编制等内容选题的,应在外业调查基础上,按相关规范、规程、标准,编制完整的规划或设计报告,也可按实习时间长短,编制完成相关规范、规程、标准要求的关键章节内容,自成体系。

(3)综述论文

对少数民族学生,或因故不能参加野外实习、室内实验等实习实训工作的学生,经相关教学管理部门批准,可在查阅大量资料基础上,完成综合评述论文,实习内容主要是查阅资料和论文撰写。

15.3 实习计划与安排

集中实习时间共 16 周，安排在四年级最后一个学期，但要求在三年级末学生就要积极与指导教师双向选择进行选题，尽早结合指导教师的科研课题或社会服务项目开展工作，获取论文所需的数据和资料，以便有充足的时间完成各阶段工作，顺利进行论文答辩。

（1）论文的选题

学生自大学三年级下学期开始选定指导教师，结合指导教师的科研项目选题，在指导教师的帮助下准备论文相关材料及实验安排，完成毕业论文计划。

（2）开题报告

在大学四年级下学期开学之前，学生应将毕业论文的开题报告（表 15-1）交给指导教师审阅并指导。开学第 1 周，学生提交开题报告并提交毕业生实习计划表（表 15-2），填写论文工作计划和预期目标；教师填写指导教师计划表（表 15-3），阐述毕业论文的立题依据和目的意义，制订毕业实习指导工作计划。

（3）野外调查及室内实验

野外调查及室内实验按照开题报告设计的计划进行，应在中期检查之前完成。

（4）中期检查

大学四年级下学期第 8 周，学生填写毕业论文中期检查表（表 15-4），总结目前已完成的任务、尚未完成的任务及存在的问题和解决办法，指导教师对学生是否能按期完成论文进行评估。

（5）论文初稿的撰写

在毕业设计期间，学生应与指导教师密切联系，并结合所选题目及实习内容进行毕业论文的初稿写作。论文初稿必须于第十周前完成并交给指导教师。

（6）论文修改

毕业论文的修改至少要有 3 稿。指导教师可根据论文的质量确定修改次数，学生应按照指导教师的具体要求进行论文的修改工作。

（7）论文评阅

第 12 周，经指导教师评阅通过后，将毕业论文交指导教师指定的评阅教师评阅。修改意见须在 13 周之内返还给学生。

（8）论文上交

第 14 周，学生提交毕业论文（封面格式见表 15-5）。在进行论文装订之前，必须经指导教师同意，才能定稿及装订。同时，指导教师提交指导教师意见（表 15-6）和评分，评阅教师提供评阅意见（表 15-7）和评分。

（9）毕业答辩

第 15 周，论文答辩。答辩后，根据答辩意见进行修改并提交论文存档。

（10）论文成绩

答辩一周后可上网查询毕业论文成绩。

(11) 优秀论文推荐

根据毕业论文成绩，专业前 5% 的论文评选为优秀论文。优秀论文需要有评阅教师的推荐意见(表 15-8)。所有优秀论文装订成合集存档。

15.4 毕业论文要求

15.4.1 毕业论文(设计)的基本结构

一份完整的毕业论文(设计)应由封面、中英文摘要(包括题目、作者信息及关键词)、目录、正文、参考文献、指导教师简介、致谢、附录等基本部分组成(有设计的须有设计图纸)。

(1) 论文题目

题目应该简短、明确，有概括性。字数要适当，不宜超过 20 个字。如果有些细节必须放进题目中，可以采用副标题。题目中尽量不采用英文缩写词。

(2) 论文摘要或设计总说明

论文摘要应概括地反映出毕业论文(设计)的目的、地点、内容、方法、结果和结论。摘要中不宜使用公式、图表，不标注引用文献编号。中文摘要在 300~500 字左右，外文摘要以 250~400 个左右实词为宜。为便于文献检索，应在摘要下方另起一行注明本文的关键词。关键词要符合学科分类，一般为 3~5 个。每个词均为专业名词(或词组)，一个词在 6 个字之内。中英文关键词之间均须用分号隔开。

设计总说明主要介绍设计任务来源、设计标准、设计原则及主要技术资料，中文字数要在 1 500~2 000 字以内，外文字数以 1 000 个左右实词为宜。

(3) 目录

目录按三级标题编写(即：1……、1.1……、1.1.1……)，要求标题层次清晰，一级标题顶格排列，二级标题空一格排列，三级标题空两格排列。目录中的标题应与正文中的标题一致。目录中还应包括参考文献、指导教师简介、致谢、附录等。

(4) 正文

毕业论文(设计)正文包括前言、研究内容与方法、结果与分析、结论等部分。其内容分别如下：

前言应包括研究背景、国内外发展概况及存在问题、研究目的和意义三部分。提出所探讨科学问题的本质和应用范围，阐述本次研究对该科学问题或实践应用最重要的发现和贡献，指出本文的研究背景，繁简适中，一般性的常识可略去。在背景介绍和问题提出中，应引用"最相关"的文献，尤其要引用相关研究中的经典重要和最具说服力的文献。

研究内容与方法应包括研究内容、研究区或材料的介绍、调查研究方法和数据分析方法等部分。对材料的描述要清楚准确，生物名称第一次在文中出现加拉丁名(属名和种加词，斜体，属名首字母大写；命名人不列出)；仪器、化学试剂应列出生产厂商名称、编号型号、公司所在城市和国家。研究地区列出与本文研究相关的地区特征，应说明该地区的代表性(即为何选在这一地区进行该项研究工作)，可根据不同课题的需要进行调整。研究方法若采用已报道过的方法，只需注明相关文献即可。运用已有的数据进行分析的论文应说明数据的来源情况。

结果与分析是论文最精华的部分，应根据研究内容，分章节进行描述。通过图表介绍研究结果，通过文字描述重要的实验结果，通过与他人研究结果比较阐述实验结果的特点。对于重要的数据采用"原始数据"；对于一般数据采用处理过的数据（平均值±标准偏差或误，或转换成百分比的数据）；进行统计分析的数据可给出检验显著性的方法及相应的置信区间、自由度等。用表格强调精确的数据；用图强调数据的分布特征或变化趋势，用文字指出图表资料的重要特性和趋势，不能简单地重复图表中的数据，要体现其趋势、意义及相关的推论。结果中应该尽量避免讨论性的内容或评述。

结论是对整篇毕业论文（设计）的总结，是整篇论文的归宿。要求精炼、准确地阐述自己的创造性工作或新的见解及其意义和作用，还可进一步提出需要讨论的问题和建议。

(5) 参考文献

毕业论文（设计）的撰写应本着严谨求实的科学态度，凡有引用他人成果之处，应在参考文献中列出。只列作者阅读过、在正文中被引用过、正式发表近年来该领域的主要论文，不得间接引用。外文文章应列出原名。

(6) 指导教师简介

包括姓名，性别，出生年月，籍贯，学历，职称，社会职务，学术研究情况，获奖及发表论文情况，指导学生工作情况等。

(7) 致谢

致谢应以简短的文字对在课题研究和论文撰写过程中曾直接给予帮助的人员（例如指导教师、答疑教师及其他人员）表示自己的谢意。

(8) 附录

对于一些不宜放入正文中、但作为毕业论文（设计）又是不可缺少的部分，或有重要参考价值的内容，可编入毕业论文（设计）的附录中。例如，过长的公式推导、重复性的数据、图表、程序全文及其说明等。

一般附录的篇幅不宜过大，若附录篇幅超过正文，会让人产生头轻脚重的感觉。

15.4.2 毕业论文（设计）的写作细则

(1) 标点符号

毕业论文（设计）中的标点符号应按新闻出版署公布的"标点符号用法"使用。中文行文中需用全角标点，参考文献部分统一采用半角标点。

(2) 名词、名称

科学技术名词术语应采用全国自然科学名词审定委员会公布的规范词或国家标准、部标准中规定的名称，尚未统一规定或叫法有争议的名称术语，可采用惯用的名称。使用外文缩写代替某一名词术语时，首次出现时应在括号内注明其含义。外国人名一般采用英文原名，按名前姓后的原则书写。一般很熟知的外国人名（如牛顿、达尔文、马克思等)可按通常标准译法写译名。

(3) 量和单位

量和单位必须采用中华人民共和国的国家标准 GB 3100 ~ GB 3102—1993，它是以国际单位制(SI)为基础的。非物理量的单位，如件、台、人、元等，可用汉字与符号构成组合形式的单位，例如件/台、元/km。

(4) 数字

毕业论文(设计)中的测量统计数据一律用阿拉伯数字，但在叙述不很大的数目时，一般不用阿拉伯数字，如"他发现两颗小行星"、"三力作用于一点"，不宜写成"他发现2颗小行星"、"3力作用于1点"。大约的数字可以用中文数字，也可以用阿拉伯数字，如"约一百五十人"，也可写成"约150人"。

(5) 标题层次

毕业论文(设计)的全部标题层次应有条不紊，整齐清晰。相同的层次应采用统一的表示体例，正文中各级标题下的内容应同各自的标题对应，不应有与标题无关的内容。

章节编号方法应采用分级阿拉伯数字编号方法，第一级为"1"、"2"、"3"等，第二级为"2.1"、"2.2"、"2.3"等，第三级为"2.2.1"、"2.2.2"、"2.2.3"等，但分级阿拉伯数字的编号一般不超过四级，四级以下标题序数可采用(1)、(2)、(3)的形式。

各级标题均单独占行书写，序数后空一格写标题，末尾不加标点。

(6) 注释

毕业论文(设计)中有个别名词或情况需要解释时，可加注说明。注释采用篇末注，将全部注文集中在文章末尾。

(7) 公式

公式应居中书写，公式的编号用圆括号括起放在公式右边行末，公式和编号之间不加虚线。

(8) 表格

表格统一用三线表。每个表格应有自己的表序和表题，用中英两种文字标注，中文在上英文在下。表序和表题应写在表格上方正中，表序后空一格书写表题。根据表格在文中出现的顺序依次编为表1，表2，表3，……表格允许下页接写，续表表题可省略，表头应重复写，并在右上方写"续表×"。

(9) 插图

毕业设计的插图应有图序和图题，放在插图正下方，用中英两种文字标注，中文在上英文在下。根据插图在文中出现的顺序依次编为图1，图2，图3，…。能用黑白图表示的尽量不用彩图。对坐标轴必须进行说明，有数字标注的坐标图，必须注明坐标单位。

插图与图题为一个整体，不得拆开排写为两页。插图处的该页空白不够排写该图整体时，可将其后文字部分提前排写，将图移至次页最前面。引用图应在图题上注明出处。图中若有分图时，分图号用(a)、(b)等置于分图之下。

(10) 参考文献

参考文献中的作者，三名及以下者全部列出，三名以上者只列前三名后加"等"（中文）、"et al."（拉丁语系）、"цдр"（俄文）、"他"（日文）。

参考文献有两种标注方法，可任选一种，但不能混用：

①著者—出版年制：

A. 正文部分标注方法

正文中，在被引用的著者姓名之后，用圆括号标注参考文献的出版年代。如：黄荣辉（1986）或 Burchard（1965）。若文中只提及所引用的资料内容而未提著者，应在引文叙述文字之后用圆括号标注著者姓名和出版年份，两者之间空一格，不加逗号。如：（黄荣辉 1986）或（Crane 1965）。若引用同一著者在同一年份出版的多篇文献时，出版年份之后用小写字母 a，b，c……加以区别。如：（黄荣辉 1986a，1986b）。在引用多著者文献时，只标注第一个著者，其后加"等"字。如：（黄荣辉等 1986）或（Jones et al. 1975）。同一处叙述引自多篇文献时，按出版年份依次标注，中间用逗号隔开。如：（黄荣辉 1986，陈联寿 1997）。

B. 参考文献标注方法

参考文献列于正文之后。中外文分别排列，中文在前，外文在后。中文按第一作者姓氏的汉语拼音顺序排列，外文按姓氏的字母顺序排列。排版时居左，悬挂缩进。

期刊类：作者．文献题名[J]．刊物名称，发表年份，卷（期）：首页页码~尾页页码．

例1：刘湘生．关于我国主题法和分类法体系标准化的浅见[J]．北图通讯，1980，6（2）：19~23．

例2：Hewitt J A. Technical services in 1983[J]. Library Resources and Technical Services, 1984, 28(3): 205~218.

专著类：作者．专著题名[M]．出版地：出版社名称，发表年份，首页页码~尾页页码．

例1：刘国钧，陈绍业．图书馆目录[M]．北京：高等教育出版社，1957，278~281．

例2：BORKO H, CHARLES L B. Indexing concept and methods[M]. New York: Academic Press, 1978, 141~147.

②顺序编码制：按在文中出现的先后顺序排列在正文后，并将其序号在文中以右上标形式标注。文后主要格式如下：

期刊类：[序号]作者．文献题名[J]．刊物名称，发表年份，卷（期）：首页页码~尾页页码．

例：[1]郭英德．元明文学史观散论[J]．北京师范大学学报（社会科学版），1995，28（3）：27~31．

专著类：[序号]作者．专著题名[M]．出版地：出版社名称，发表年份，首页页码~尾页页码．

例：[1]张志建．严复思想研究[M]．桂林：广西师范大学出版社，1989，

120~122.

(11) 附录

论文的附录依序用大写正体 A，B，C……编序号，如：附录 A。附录中的图、表、式等另行编序号，与正文分开，也一律用阿拉伯数字编码，但在数码前冠以附录序码，如：图 A1；表 B2；式(B3)等，字体字号同正文。

15.4.3 毕业论文(设计)要求

(1) 论文的总字数要求

本科毕业论文每篇不低于 8 000 字(有设计图纸的可酌量减少)。

(2) 毕业论文可以用其他语种写作，但必须有相应的中文摘要。

(3) 毕业论文排版要求

①纸型：A4，纵向。

②页边距：上 3 厘米，下 2.5 厘米，左 3 厘米，右 2.5 厘米。

③正文：中文：宋体，小四号字；英文(包括文中出现的单位、阿拉伯数字、序号等)：Times New Roman，小四号字；行距：1.5 倍行距。

④标题：A) 正文一级标题用小三号黑体加粗居中，段后间距设为 1 行；B) 正文二级标题用四号黑体加粗左对齐；C) 正文三级以上标题用小四号宋体加粗左对齐。二、三级标题的段前、段后间距各设为 0.5 行。

⑤页眉用五号宋体字(奇数页为论文题目，偶数页写"×××大学本科毕业论文(设计)")，距页边 2.4 cm。

⑥页码位于页面底端，五号字 Times New Roman 居中，从前言至附录用阿拉伯数字连续编排，摘要和目录用罗马数字单独编页码，封面不设页码。

⑦表格、插图的标题，中文用五号黑体字居中，英文用五号 Times New Roman，加粗居中。表格、图中文字用宋体小五号字。

⑧参考文献：五号字。一般列入的主要文献在 10 篇以上。

⑨论文中出现的所有数字和字母，如无特殊要求都用 Times New Roman 体。

⑩毕业论文的封面格式见"×××大学本科毕业论文封面格式"，封面为黄色。

(4) 论文打印要求

①论文封面单面打印。

②摘要和目录双面打印。

③正文部分双面打印。

④以上三部分打印时需分开。

15.4.4 毕业论文(设计)评分标准

(1) 毕业论文成绩计算

毕业论文成绩分别由指导教师、评阅教师和答辩委员共同给定，成绩按以下公式计算：

论文成绩 = 指导教师成绩×30% + 评阅教师成绩×20% + 答辩成绩×50%

论文成绩实行五级计分制，即优(90分以上)、良(80~89分)、中(70~79分)、及格(60~69分)、不及格(60分以下)。

(2)答辩成绩评分标准

答辩评分标准参见表15-9：

①论文完整，符合毕业论文格式，总字数达到毕业论文要求；
②论文选题具有实际应用价值或具有一定科学意义；
③对选题的研究历史有充分了解，立论依据充分，参考文献恰当；
④实验方案设计合理，研究方法科学，数据图表正确，结论可靠；
⑤论文在科学、生产或研究方法上具有一定创新或创造性；
⑥论文的难度恰当，人力和时间到位，毕业实习总体工作量恰当；
⑦论文语言流畅简洁，阐述清楚，打印誉写认真，中外文摘要贴切；
⑧毕业实习及论文写作中综合应用所学知识解决实际问题的能力强；
⑨对毕业论文的报告使用普通话，条理清楚，重点突出，不超时；
⑩能有条理、清楚准确地回答针对论文内容的提问。

答辩成绩采取四级评分制，每项<6分为差，6~7分为中，8~9分为良，10分为优。以上十项得分总和为答辩成绩。

附：毕业实习及毕业论文相关表格

表 15-1 开题报告样表

×××大　学

本科毕业论文(设计)开题报告

论文题目_____

　　　　　_____

专业名称_____

年　级_____

学生学号_____

学生姓名_____

指导教师(职称)_____

填表时间_____年_____月_____日

填　表　说　明

　　一、开题报告各项内容要实事求是，逐条认真填写，表达要明确、严谨。外来语应用中文和英文同时表达，第一次出现的缩写词，须注出全称。

　　二、开题报告需用计算机打印，一律为 A4 开本双面打印，于左侧装订成册。各栏空格不够时，请自行加页。

　　三、开题报告需在第八学期开学之前完成。

15.4 毕业论文要求

指导教师 基本情况	指导教师姓名	性别	年龄	学历或学位	专业技术 职务或职称	工作单位

题目来源		科研项目□	横向课题□	其他来源□

1. 该研究的目的、意义

2. 国内外研究现状及发展趋势

3. 主要参考文献

4. 该研究的简要内容，重点解决的问题，预期结果或成果

5. 拟采取的研究方法或实验方法，步骤，可能出现的技术问题及解决办法

6. 完成该研究已具备的条件

指导教师意见

　　　　　　　　　　　　　　　　　　　　　　　　　　　签名：
　　　　　　　　　　　　　　　　　　　　　　　　　　　　年　月　日

教研室意见	教研室负责人： 时间：　年 月 日	教学院系 部意见	教学院系部负责人： 时间：　年 月 日

表15-2　毕业生实习计划表样表

×××大学_____届本科毕业论文(设计)
毕业实习计划表

(本表由毕业生填写)

论文(设计)题目					
题目类型	毕业论文□　毕业设计□		题目来源	科研项目□　横向课题□　其他来源□	
指导教师			职称		
辅助指导教师			职称		
学生姓名		学生班级		学生学号	
所属教学院(系、部)(公章)					
论文工作计划和预期目标摘要：					

注：每位毕业生须填写一份；如表栏不够填写，请加附页。

表 15-3　指导教师实习计划表样表

×××大学_____届本科
毕业论文(设计)毕业实习指导计划表

(本表由指导教师填写)

论文(设计)题目				
题目类型	毕业论文□　毕业设计□	题目来源	科研项目□　横向课题□　其他来源□	
指导教师			职称	
辅助指导教师			职称	
学生姓名		学生班级	学生学号	

毕业设计(论文)的立题依据和目的意义：

毕业实习指导工作计划：
指导教师：　　　年　月　日

教研室审查意见： 　　签名：　　　年　月　日

学院意见： 　　签名(公章)：　　　年　月　日

注：每项论文(设计)须填写一份；如表栏不够填写，请加附页。

表 15-4 中期检查表样表

×××大学本科毕业论文(设计)中期检查表

学生学号		学生姓名	
学生班级		指导教师	
论文题目			
目前已完成任务			是否符合计划进度？□是 □否
尚须完成的任务			能否按期完成任务？□是 □否
存在的问题和解决办法			
（以上部分由学生填写）			
指导教师评语	指导教师： （签名） 时间： 年 月 日		
评 分 项 目	最高分值	评分	备 注
指导教师对毕业实习的指导力度	25		
毕业论文的实验条件	15		
毕业论文的适合度	20		
完成论文的进度	15		
学生表现	25		
总 分			
教研室意见	教研室负责人： 时间： 年 月 日	教学院系部意见	教学院系部负责人： 时间： 年 月 日

表 15-5 毕业论文封面格式样表

×××大学

本科毕业论文(设计)

(届)

题　目：_____

教学院系_____　专　业_____

学生姓名_____

指导教师姓名(职称)_____　姓名(职称)_____

评阅人姓名(职称)_____

年　月　日

表15-6 指导教师意见样表

×××大学本科毕业论文(设计)指导教师意见

论文(设计)题目：_____

学生姓名：_____ 专业：_____

评阅时，请参照以下几个方面提出意见

1. 工作量和工作态度；

2. 独立查阅资料和综合利用信息的能力；

3. 技能与分析、解决问题的能力；

4. 对论文质量的评价(设计、方法、结果、创新性等)；

5. 建议。

评　语：

评分：_____ 指导教师(签名)：_____ 日期：　年　月　日

表 15-7　评阅意见样表

×××大学本科毕业论文(设计)评阅意见

论文(设计)题目：_____

学生姓名：_____　专业：_____

评阅时，请参照以下几个方面提出意见

1. 论文选题是否恰当，有何意义；

2. 论文结构是否完整，写作是否认真，文字是否通顺；

3. 对论文质量的评价(设计、方法、结果、创新性等)；

4. 存在的主要问题；

5. 建议。

评　语：

评分：_____　评阅人(签名)：_____　日期：　　年　月　日

表 15-8　优秀论文推荐意见样表

×××大学优秀本科毕业论文推荐意见书

专　业：_____　　学生姓名：_____

论文题目：_____

推荐意见(论文选题和意义；论文的结构和文字；论文质量评价，包括实验、设计、方法、结果、创新性等的评价；建议。)

推荐教师(职称)：

院系领导(签章)：

日　　期：

表 15-9　答辩评分表样表

×××大学本科毕业论文(设计)答辩评分表

专　　业：_____　　学生姓名：_____

论文题目：_____

评　分　标　准	论文水平及分值				评分
	差	中	良	优	
1. 论文完整，符合毕业论文格式，总字数达到毕业论文要求	<6	6~7	8~9	10	
2. 论文选题具有实际应用价值或具有一定科学意义	<6	6~7	8~9	10	
3. 对选题的研究历史有充分了解，立论依据充分，参考文献恰当	<6	6~7	8~9	10	
4. 实验方案设计合理，研究方法科学，数据图表正确，结论可靠	<6	6~7	8~9	10	
5. 论文在科学、生产或研究方法上具有一定创新或创造性	<6	6~7	8~9	10	
6. 论文的难度恰当，人力和时间到位，毕业实习总体工作量恰当	<6	6~7	8~9	10	
7. 论文语言流畅简洁，阐述清楚，打印誊写认真，中外文摘要贴切	<6	6~7	8~9	10	
8. 毕业实习及论文写作中综合应用所学知识解决实际问题的能力强	<6	6~7	8~9	10	
9. 对毕业论文的报告使用普通话，条理清楚，重点突出，不超时	<6	6~7	8~9	10	
10. 能有条理、清楚准确地回答针对论文内容的提问	<6	6~7	8~9	10	
总　　分					

答辩日期：_____　　答辩委员(签名)：_____

参考文献

张洪江. 2008. 土壤侵蚀原理[M]. 2版. 北京：中国林业出版社.

中华人民共和国水利部. 2008. 水土保持试验规范[S]. 北京：中国水利水电出版社.

中华人民共和国水利部. 2008. 土壤侵蚀分类分级标准[S]. 北京：中国水利水电出版社.

刘俊民，余新晓. 2010. 水文与水资源学[M]. 2版. 北京：中国林业出版社.

赵志贡. 2005. 水文测验学[M]. 郑州：黄河水利出版社.

中华人民共和国水利部. 1993. 河道流量测验规范[S]. 北京：中国计划出版社.

水利部长江水利委员会水文局. 2000. 水文资料整编规范[S]. 北京：中国水利电力出版社.

王治国，张云龙，刘徐师，等. 2000. 林业生态工程学[M]. 2版. 北京：中国林业出版社.

王礼先，王斌瑞，朱金兆，等. 2000. 林业生态工程学[M]. 2版. 北京：中国林业出版社.

王礼先，朱金兆主编. 2005. 水土保持学[M]. 2版. 北京：中国林业出版社.

向劲松. 2002. 林业生态工程[M]. 北京：高等教育出版社.

王礼先，王斌瑞，朱金兆，等. 2000. 林业生态工程技术[M]. 郑州：河南科学技术出版社.

王秀茹. 2009. 水土保持工程学[M]. 2版. 北京：中国林业出版社.

中华人民共和国水利部. 2003. 水土保持工程概算定额[M]. 郑州：黄河水利出版社.

中华人民共和国水利部. 2003. 水土保持生态建设工程概（估）算编制规定[M]. 郑州：黄河水利出版社.

朱震达. 1980. 中国沙漠概论[M]. 北京：科学出版社.

朱朝云，丁国栋，杨明远. 1992. 风沙物理学[M]. 北京：中国林业出版社.

朱震达，陈光庭. 1994. 中国土地沙质荒漠化[M]. 北京：科学出版社.

刘贤万. 1995. 实验风沙物理与风沙工程学[M]. 北京：科学出版社.

蒋定生，郭胜利. 1998. 水力治沙造田与沙区农业可持续发展[M]. 北京：中国水利水电出版社.

朱俊凤，朱震达. 1999. 中国沙漠化防治[M]. 北京：中国农业出版社.

孙保平. 2000. 荒漠化防治工程学[M]. 北京：中国林业出版社.

吴正. 2003. 风沙地貌学与治沙工程学[M]. 北京：科学出版社.

胡兵辉，廖允成. 2010. 毛乌素沙地农业生态系统耦合研究[M]. 北京：科学出版社.

吴正. 1987. 风沙地貌学[M]. 北京：科学出版社.

马玉明，姚洪林，王林和，等. 2004. 风沙运动学[M]. 呼和浩特：远方出版社.

朱朝云，丁国栋，杨明远. 1989. 风沙物理学[M]. 北京：中国林业出版社.

兰宗建. 2003. 钢筋混凝土结构[M]. 南京：东南大学出版社.

滕智明. 1995. 混凝土结构及砌体结构[M]. 北京：中国建筑工业出版社.

滕智明. 1987. 钢筋混凝土基本构件[M]. 2版. 北京：清华大学出版社.

王祖华. 2008. 馄饨结构设计[M]. 广东：华南理工大学出版社.

段红霞. 2007. 混凝土结构工程设计施工使用图集[M]. 北京：机械工业出版社.

郭元裕. 1995. 农田水利学[M]. 3版. 北京：中国水利水电出版社.

石自堂，洪林，夏富洲. 2008. 农业水利工程专业实践教学指导书[M]. 北京：中国水利水电出版社.

高甲荣，齐实. 2009. 生态环境建设规划. 北京：中国林业出版社.

中华人民共和国水利部. 2006. SL 335—2006 水土保持规划编制规程[S]. 北京：中国标准出版社.

中华人民共和国水利部. 2008. GB/T 15772—2008 水土保持综合治理 规划通则[S]. 北京：中国标准出版社.

中华人民共和国水利部. 2008. GB/T 16453—2008 水土保持综合治理 技术规范[S]. 北京：中国标准出版社.

中华人民共和国水利部. 2008. GB/T 15773—2008 水土保持综合治理 验收规范[S]. 北京：中国标准出版社.

中华人民共和国水利部. 2008. GB/T 15775—2008 水土保持综合治理 效益计算方法[S]. 北京：中国标准出版社.

郭索彦，苏仲仁. 2009. 开发建设项目水土保持方案编写指南[M]. 北京：中国水利水电出版社.

贺康宁，王治国，等. 2009. 开发建设项目水土保持[M]. 北京：中国林业出版社.

王治国，贺康宁，等. 2009. 水土保持工程概预算[M]. 北京：中国林业出版社.

李智广. 2008. 开发建设项目水土保持监测[M]. 北京：中国水利水电出版社.

姜德文. 2008. 开发建设项目水土保持损益分析研究[M]. 北京：中国水利水电出版社.

中华人民共和国水利部. 2001. SL 73.6—2001 水利水电工程制图标准 水土保持图[S].

中华人民共和国水利部. 1995. SL 73.1—1995 水利水电工程制图标准 基础制图及土建图[S].

水利部国际合作与科技司. 2002. 水利技术标准汇编——水土保持卷[M]. 北京：中国水利水电出版社.

王礼先. 2000. 水土保持工程学[M]. 北京：中国林业出版社.

杨新政，张哲，吴鹏. 2007. AutoCAD 2007中文版入门与提高[M]. 北京：清华大学出版社.

许良乾，殷佩生. 2001. 画法几何及水利工程制图[M]. 4版. 北京：高等教育出版社.

全国勘察设计注册工程师水利水电工程专业管理委员会，中国水利水电勘测设计协会. 2009. 水利水电工程专业案例（水土保持篇）[M]. 2版. 郑州：黄河水利出版社.

傅伯杰，陈利项，马克明，等. 2001. 景观生态学原理及应用[M]. 2版. 北京：科学出版社.

中华人民共和国国家质量监督检验检疫总局，中国国家标准化管理委员会. 2007. GB/T 21010—2007 土地利用现状分类标准[S]. 北京：中国标准出版社.

宋小冬. 2010. 地理信息系统实习教程[M]. 北京：科学出版社.

邬建国. 2004. 景观生态学——格局、过程、尺度与等级[M]. 北京：高等教育出版社.

浙江省环境保护局. 2005. 建设项目环境影响评价技术要点（修订版）[M].

赵济洲. 2009. 环境影响评价从业人员实用手册[M]. 北京：中国纺织出版社.

中华人民共和国环境保护部. HJ/T 2.1—1993 环境影响评价技术导则 总纲[S].

中华人民共和国环境保护部. HJ 2.4—2009 环境影响评价技术导则 声环境[S].

中华人民共和国环境保护部. HJ 2.2—2008 环境影响评价技术导则 大气环境[S].

中华人民共和国环境保护部. HJ 2.3—1993 环境影响评价技术导则 地表水环境[S].

王礼先. 1995. 水土保持学[M]. 北京：中国林业出版社.

孙立达，孙保平. 1992. 小流域综合治理理论与实践[M]. 北京：中国科学技术出版社.

张洪江. 2008. 土壤侵蚀原理[M]. 2版. 北京：中国林业出版社.

刘震. 2004. 水土保持监测技术[M]. 北京：大地出版社.

王礼先. 2004. 中国水利百科全书. 水土保持分册[M]. 北京：中国水利水电出版社.

水利部水土保持司、水土保持监测中心. 2002. 水土保持监测技术规程[S]. 北京：中国水利水电出版社.

水利部水土保持监测中心.2008.水土保持监测技术指标体系[S].北京：中国水利水电出版社.
唐克丽,等.2003.中国水土保持[M].北京：科学出版社.
王礼先,2000.水土保持工程学[M].北京：中国林业出版社.
辛树帜,蒋德麟.1982.中国水土保持概论[M].北京：农业出版社.
唐克丽.2004.中国水土保持[M].北京：科学出版社.

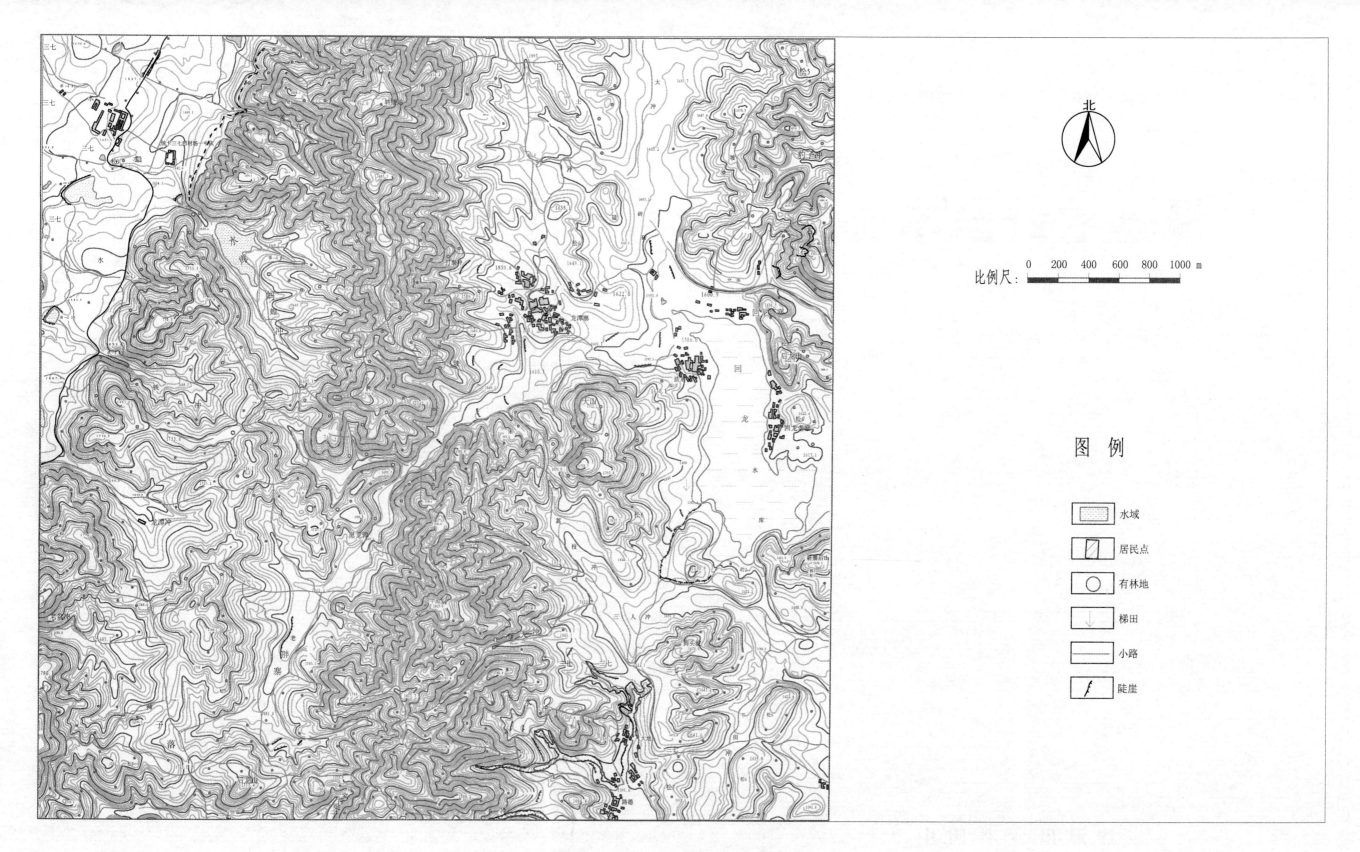

附图1 回龙小流域地形图

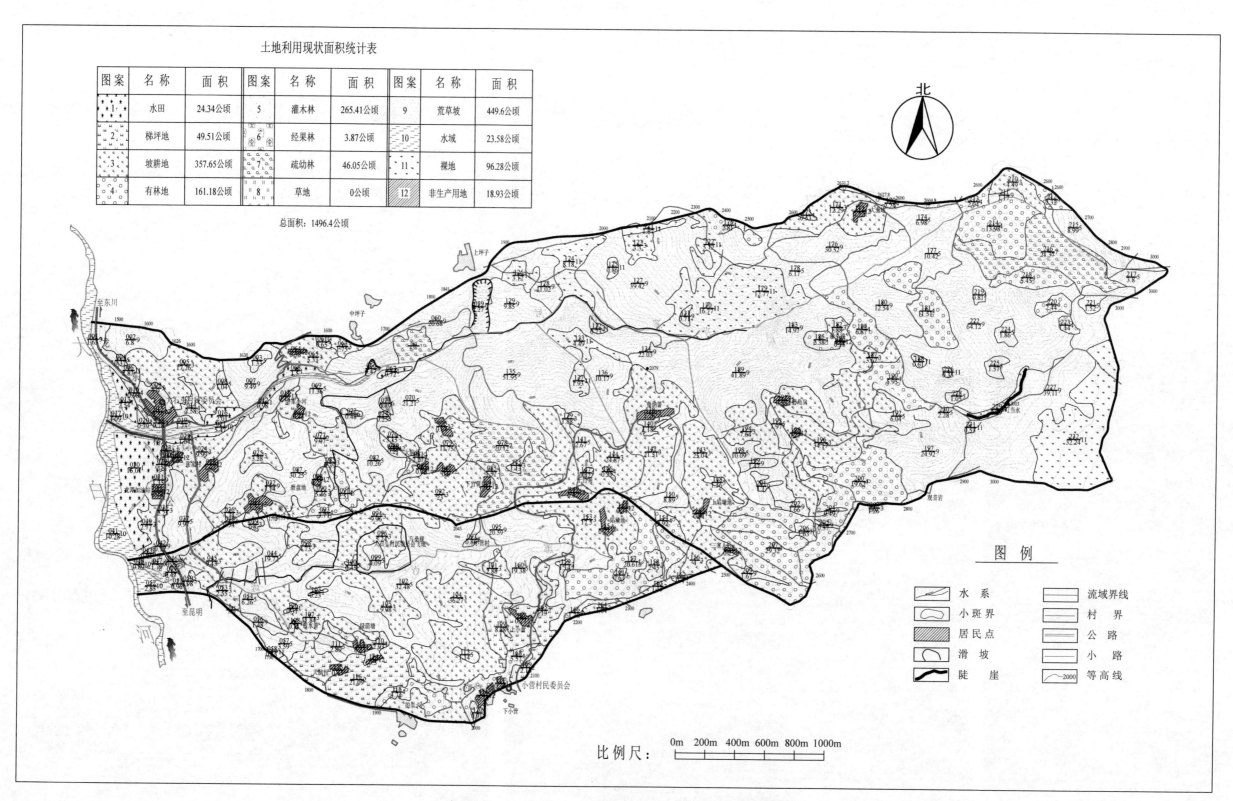

附图4 许家小河流域土地利用现状图